国家出版基金项目
NATIONAL PUBLICATION FOUNDATION

“十三五”国家重点出版物出版规划项目·重大出版工程规划
中国工程院重大咨询项目成果文库
秦巴山脉区域绿色循环发展战略研究丛书（第一辑）

秦巴山脉区域绿色循环发展战略研究
（四川卷）

谢和平 等 著

科 学 出 版 社
北 京

内 容 简 介

本书由谢和平、罗平亚、荣廷昭三位院士牵头组织四川大学、西南石油大学、四川农业大学百余名研究人员，联合攻关而成。贯彻“创新、协调、绿色、开放、共享”五大发展理念，以科教进步驱动创新发展、文明进程引领绿色发展，从顶层设计绿色发展战略，科学谋划循环经济路径，提升科技源动力，释放生态生产力，构建集“区域协调发展、新型城乡建设、绿色交通构建、水资源开发、矿产资源开发、工业与信息化发展、农林畜牧发展、文旅产业发展、绿色循环政策”于一体的绿色循环发展引导体系，谱写秦巴山脉区域绿色循环发展的四川篇章。

本书可供经济学、社会学、扶贫发展、环境保护和政府治理领域的研究人员阅读参考。山区政府的决策者及政府官员也能从本书中受益，为他们未来的扶贫决策提供思路和建议。本书避免了专业术语和深奥概念的定义和说明，因此，只要具有基本的微观经济、宏观经济、环境保护和政府治理学科背景，就足以读懂本书。

审图号：GS（2019）3233号

图书在版编目（CIP）数据

秦巴山脉区域绿色循环发展战略研究. 第一辑. 四川卷 / 谢和平等著. —北京：科学出版社，2019.11

“十三五”国家重点出版物出版规划项目 · 重大出版工程规划 中国工程院重大咨询项目成果文库 国家出版基金项目

ISBN 978-7-03-062575-5

Ⅰ. ①秦… Ⅱ. ①谢… Ⅲ. ①绿色经济-区域经济发展-发展战略-研究-四川 Ⅳ. ①F127

中国版本图书馆CIP数据核字（2019）第219432号

责任编辑：陈会迎 / 责任校对：王丹妮

责任印制：霍 兵 / 封面设计：无极书装

科学出版社 出版

北京东黄城根北街16号

邮政编码：100717

http://www.sciencep.com

北京九天鸿程印刷有限责任公司 印刷

科学出版社发行 各地新华书店经销

*

2019年11月第 一 版 开本：720 × 1000 1/16

2019年11月第一次印刷 印张：16 3/4

字数：338 000

定价：178.00元

（如有印装质量问题，我社负责调换）

“秦巴山脉区域绿色循环发展战略研究丛书”编委会名单

“秦巴山脉区域绿色循环发展战略研究（四川卷）”课题组成员名单

谢和平　中国工程院院士
罗平亚　中国工程院院士
荣廷昭　中国工程院院士
赵金洲　西南石油大学校长、教授
许唯临　四川大学常务副校长、研究员
徐玖平　四川大学校长助理、教授
何　沙　西南石油大学副厅级调研员、教授
姚乐野　四川省社会科学院副院长、教授
胡常伟　四川大学化学学院教授
李　嘉　四川大学水利水电学院教授
蒋远胜　四川农业大学经济学院院长、教授
尹华强　四川大学建筑与环境学院教授
唐　亚　四川大学建筑与环境学院教授
刘志斌　西南石油大学理学院教授
蔡尚伟　四川大学文学与新闻学院教授
姚　建　四川大学建筑与环境学院教授
第宝锋　四川大学灾后重建与管理学院副院长、教授
郗爱华　西南石油大学地球科学与技术学院教授
王兴志　西南石油大学资源与环境学院副院长、教授
高世斌　四川农业大学玉米研究所副所长、研究员
胡知能　四川大学商学院教授
杨金燕　四川大学建筑与环境学院教授
张　鹏　西南石油大学土木工程与建筑学院教授
孙　辉　四川大学建筑与环境学院教授

王　安　　四川大学建筑与环境学院教授
胡启军　　西南石油大学土木工程与建筑学院教授
蒋　强　　四川大学商学院副研究员
张陵蕾　　四川大学水力学与山区河流开发保护国家重点实验室副研究员
王　钺　　西南石油大学土木工程与建筑学院副教授
郭家秀　　四川大学建筑与环境学院副研究员
梁　宏　　西南石油大学化学化工学院副教授
刘本洪　　四川大学建筑与环境学院副研究员
卢　莉　　四川大学计算机学院副教授
杨　峰　　四川大学公共管理学院副教授
葛玉辉　　西南石油大学地球科学与技术学院副教授
李　永　　四川大学水力学与山区河流开发保护国家重点实验室副研究员
卡比力江　四川大学灾后重建与管理学院副教授
贺立龙　　四川大学经济学院副教授
卢　毅　　四川大学商学院副教授
林　敏　　西南石油大学理学院副教授
方　乙　　西南石油大学地球科学与技术学院副教授
郭　华　　四川农业大学经济学院副教授
马丽丽　　西南石油大学化工学院副教授
乔　雪　　四川大学新能源与低碳技术研究院副研究员
唐　艳　　四川大学法学院讲师
张江波　　西南石油大学理学院讲师
成受明　　四川大学建筑与环境学院讲师
陈春华　　四川大学建筑与环境学院讲师
黄文典　　四川大学水力学与山区河流开发保护国家重点实验室助理研究员

丛 书 序

秦巴山脉雄踞中国地理版图中心，是中国南北气候的分界线、黄河水系与长江水系的分水岭；是中华民族的重要发祥地、中华文明的摇篮；是国家重点生态功能区和生物多样性保护优先区，是中国的中央水库、生态绿肺和生物基因库；与欧洲阿尔卑斯山脉、北美落基山脉一同被世界地质和生物学界称为“地球三姐妹”，孕育了众多举世闻名的历史城市和人类聚居地。同时，秦巴山脉区域目前也是中国跨省级行政区最多、人口最多的集中连片贫困区，生态保护与扶贫攻坚任务艰巨。秦巴山脉区域及周边大中城市构成了中国承东启西、连接南北的重要战略区。认知秦巴、保护秦巴、振兴秦巴，坚持“绿水青山就是金山银山”的发展目标，协同做好绿色发展这篇大文章，对于确保国家生态安全，全面建成小康社会，推进区域协同创新发展，实现中华民族伟大复兴中国梦，具有重大战略意义。

2015年，中国工程院实施“秦巴山脉区域绿色循环发展战略研究”重大咨询项目，组织水资源保护、绿色交通、城乡统筹、农林畜药、工业信息、矿产资源、文化旅游等专题组和陕西、河南、湖北、四川、甘肃、重庆六省市地方组，由分属化工、环境、农业、土木、管理、能源、信息、机械等8个学部的24位院士分别负责相关课题，在六省市党政领导，国家发展和改革委员会、科学技术部、交通运输部、环境保护部、工业和信息化部、国家林业局、国务院发展研究中心等部委和单位的高度重视与大力支持下，由全国300余名专家学者参与，深入实地，对秦巴山脉区域进行了广泛的调研和认真研究。项目历时两年，先后召开大型研讨会14次，专题研讨会50余次，并赴阿尔卑斯山脉和落基山脉进行了有针对性的比对调研，探讨了秦巴山脉区域生态环境保护与经济社会发展之间的绿色、低碳、循环发展路径，形成了一系列研究成果：在项目执行期间，项目组以中国工程院名义向国务院提交建议报告一份、以全国人大代表名义向全国人大提交建议3份，完成研究报告15份，发表相关研究论文60余篇；协助组织“丹江口水都论坛”一次，成功举办了“第231场中国工程科技论坛——秦巴论坛”，并在该论坛上发布《秦巴宣言》。

本丛书是“秦巴山脉区域绿色循环发展战略研究”重大咨询项目研究成果的

整体凝练，从8个领域的专业视角，以及相关六省市的地域综合视角，通过跨领域、跨地域研究体系的搭建，以秦巴山脉区域为主要研究对象，同时对周边城市地区进行关联研究，提出了秦巴山脉区域生态保护与绿色发展必须以周边城市区域为依托协同共进的重要思路，探索了生态高敏感地区保护与发展创新路径，并从国家公园建设、产业转型培育、空间整理优化、文化保护传承、教育体制创新等方面明晰了战略对策。本丛书可为秦巴山脉区域和国内其他贫困山区实现“绿水青山就是金山银山”的战略目标提供借鉴，可供咨询研究单位、各级行政管理部门和大专院校师生学习参考。

“秦巴山脉区域绿色循环发展战略研究”重大咨询项目的实施旨在牢固树立优美的生态环境就是生产力、保护生态环境就是保护生产力、改善生态环境就是发展生产力的理念，倡导绿色生产、生活方式，使蓝天常在、青山常在、绿水常在，实现人与自然和谐共处的创新发展新格局！

周济

目　录

第一章　战略顶层设计

秦巴山脉位于我国地理中心，面积为20多万平方千米，不仅具有重要的历史和文化价值，而且在我国未来的发展中也会发挥重要作用。因此，这一区域在我国具有重要的地位[1]。在自然地理上，秦巴山脉是我国亚热带和温带的分界线，是黄土高原与四川盆地的分界线，具有典型的生态交错带特征；在水资源上，秦巴地区地处汉江中上游流域、嘉陵江上游流域和渠江流域等三个流域的交汇区，是我国水资源富集区之一，也是水资源中资源丰富、污染小的少数地区之一，在水资源安全，特别是饮用水安全方面具有重要地位[2]；在跨流域供水方面，它是南水北调中线工程水源地，这一区域的水资源量和水质直接决定南水北调工程的成功程度与工程价值，具有跨流域和跨区域的重要意义；在我国生态保护方面，这一区域是生物多样性比较丰富的区域之一，拥有多个自然保护区，对我国生物多样性保护、实施全国生态保护战略和《生物多样性公约》的国际履约等都有很重要的意义；在环境保护方面，该区域有大面积保存良好的植被，在保持水土、改善大气环境质量、涵养水源等方面能够发挥巨大作用；在区域和交通地理方面，秦巴地区位于我国地理中心，有承接东西地区发展的重要责任，是区域交通的重要枢纽；在历史文化方面，秦巴地区是我国几种重要文化的交汇区，具有许多独特的文化遗迹和文化遗产。可以看出，秦巴山脉对我国生态文明建设具有重大的潜在价值。

第一节　问 题 框 架

秦巴山脉四川片区覆盖川西北地区的绵阳、广元、南充、达州和巴中5市25个县（市、区），2015年总人口为1 735万人，总面积约为6.18万平方千米（表1-1），地处秦岭与大巴山地带，是长江上游地区重要的生态屏障[3]。该区域自然资源丰富，保持着生态多样性，是我国重要的有色金属、贵重金属矿藏区，也是四川五大经济区的重要组成部分，拥有巨大的资源储量和潜在的生态优势。同时，该区域是集革命老区、贫困地区、边远山区为一体的欠发达区域，属于我国四大连片贫困、特困地区之一，发展基础较为薄弱，社会经济发展水平相对较低。

表1-1　2015年秦巴山脉四川片区各县（市、区）人口及面积

地级市	区			县/县级市		
	个数	人口/万人	面积/千米^2	个数	人口/万人	面积/千米^2
达州市	通川区	58	901	宣汉县	133	4 271
	达川区	120	2 245	开江县	61	1 033
				万源市	60	4 065
巴中市	巴州区	82	1 407	平昌县	105	2 227
	恩阳区	61	1 159	南江县	69	3 383
				通江县	77	4 116
广元市	利州区	48	1 534	旺苍县	46	2 976
	昭化区	24	1 437	青川县	24	3 216
	朝天区	21	1 613	剑阁县	69	3 204
				苍溪县	79	2 330
绵阳市				平武县	18	5 950
				北川羌族自治县（简称北川县）	24	3 083
				梓潼县	39	1 444
				江油市	89	2 721
南充市				仪陇县	113	1 791
				南部县	132	2 229
				营山县	95	1 633
				阆中市	88	1 878
合计	7	414	10 296	18	1 321	51 550

近年来，尽管国家对秦巴山脉的发展持续重视、积极投入，但其连片贫困的特点依然存在，发达程度仍有待提高。加强系统研究，制定完善政策，以及促使中央财政资金和国家大型项目、重点工程更多地向秦巴山脉四川片区倾斜，有利于解决长期制约该地区发展的交通阻塞、设施滞后、产业层次低、社会事业弱等问题，从而实现跨越发展。通过大规模深入实地调研，全面掌握秦巴山脉四川片区的状况，并进行系统研究，为该地区发展提出有针对性的、可操作的对策建议和方案举措，切实为四川省委全面实施“三大发展战略”、奋力推进“两个跨越”的重大部署提供科技支撑。

2015年6月至7月，十大课题组150余人次奔赴绵阳、南充、达州、巴中和广元开展联合调研，与相关市发展和改革委员会、经济和信息化委员会、住房和城乡建设局、环境保护局、交通局、规划局、农业局、林业局、旅游局等部门及下辖区县发展和改革局开展座谈交流，并考察典型园区企业。经调研发现，秦巴山脉四川片区各地区状况各有不同。课题组在对绵阳、南充、达州、巴中和广元等地进行调研时发现，秦巴山脉四川片区虽然整体发展水平落后，但支撑发展的资源潜力较大；绿色循环理念普及，但专项支持的资金政策不足；天然气资源储量丰富，但开发收益补偿地方较少；贫困生态县限制开发，但政绩考核仍用统一标准；产业发展资源依赖严重，现代产业体系尚未建成；没有贯通各市的铁路大动脉，区域难以联动发展；光雾山、嘉陵江、阆中古城和剑门蜀道等旅游资源分散，缺少整体打造措施。

调研对全面掌握秦巴山脉四川片区状况及进行系统研究有重大贡献，方便为该地区发展提出有针对性、可操作的对策建议和方案举措，在区域统筹协调统领下，通过实现区间联动发展，构筑适宜、贯通的交通，支撑建设城乡体系，区域持续发展，打造循环、互补的产业体系，促进区际协同发展，开发绿色、融合的资源体系，构建一整套绿色循环发展战略系统框架（图 1-1），切实为四川省委全面实施“三大发展战略”、奋力推进“两个跨越”的重大部署提供科技支撑，为政府相关部门的决策提供有益的依据和参考。本书也是基于这一问题框架，共拟定了十章研究内容。

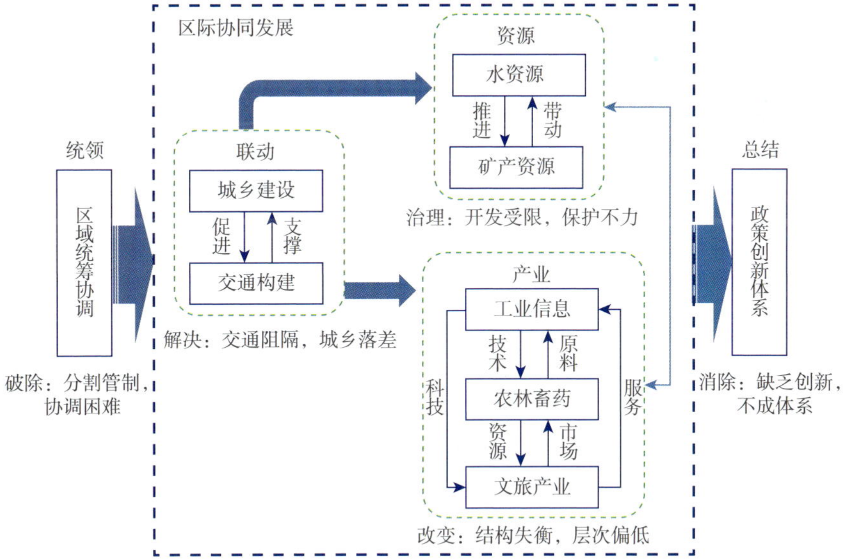

图1-1　课题研究的问题框架

秦巴山脉“碳汇氧源”、“生物基因库”、“矿产富集区”和“中西部崛起核心块”的资源禀赋与发展潜力，早已为专家学者甚至公众认知，但未能充分转化为绿色发展科学之策。体制、机制与政策创新滞后，严重制约了秦巴山脉绿色发展的主体功能发挥，甚至使之成为区域梗阻。从中央下发的《国务院关于印发全国主体功能区规划的通知》（国发〔2010〕46号）和《国务院扶贫办国家发展改革委关于印发秦巴山片区区域发展与扶贫攻坚规划（2011—2020年）的通知》（国开办发〔2012〕37号），到四川制定的《秦巴山区（四川部分）扶贫开发规划纲要（2011—2015年）》和《川东北经济区发展规划（2014—2020年）》，针对秦巴山脉生态保护、绿色发展和扶贫攻坚的战略、规划、政策，研究主要从城乡、资源和产业三大体系进行，探索秦巴山脉四川片区的绿色发展、创新发展、协调发展、开放发展和共享发展，建设秦巴生态主体功能区，释放生态生产力。

第二节　战略目标

秦巴山脉四川片区是长江上游的生态屏障，对中下游地区的生态安全和全国水资源保护起决定性作用。在这一自然生态环境脆弱、经济社会基础薄弱的地区发展经济，必须以可持续发展为目标，走以绿色、低碳、循环为特征的生态发展之路[4]。

一、战略思考

四川片区是秦巴山脉区域的重要组成部分，是四川省北部和东北部的重要屏障。秦巴山脉四川片区处于我国扬子地台、华北地台和青藏高原三大地质单元的结合部分，各地质单元由于相互碰撞及挤压在结合处及附近形成高山区，区内西部为近北东向展布的龙门山北段山系、中部为近东西向展布的米仓山系、东部为近北西向展布的大巴山系，区域内部自然条件及社会经济差异较大。这样的地貌条件导致交通不便、矿产资源（油气除外）相对贫乏，但气候资源、生物资源、水资源等自然资源及历史文化资源较为丰富。

（一）资源优势

（1）自然资源。秦巴山脉四川片区地处秦岭以南，降水丰沛，气候温暖湿润，生物生产力高，自然条件优裕，拥有丰富的森林资源、生物资源、水资源及矿产资源。大部分区域森林覆盖率达到50%以上，远高于四川省平均水平。该区域的米仓山和大巴山是四川省山地常绿阔叶林等重要的生态系统聚集区域。丰富的森林资源使该区域具有极其重要的生态系统服务功能，如天然碳汇功能、水源涵养功能、气候调节功能和空气净化功能等。该区域拥有的重要原始森林为野生珍稀物种提供了栖息地，是生物多样性保护的关键地区和生态屏障区域；也是世界同纬度地区重要的绿色宝库和天然生物种质的“基因库”。秦巴山脉四川片区水系发达，水资源丰富，包含嘉陵江、涪江、渠江三大水系和众多支干流，径流资源丰富，水库数量众多，是重要的水源涵养生态功能区。

（2）社会经济资源。秦巴山脉四川片区拥有丰富的社会文化资源和地方特色农产品资源。一方面，该区域古道纵横（包括米仓古道、阴平古道、荔枝古道、秦古蜀道及古盐道等），包含以秦文化、三国文化、楚文化、丝绸文化和巫文化为代表的古历史文化，以及以红色文化为代表的近代历史文化相融合的多元文化，是川北蜀道旅游的重要组成部分。同时，该区域汇集了三处国家级风景名胜区、五处国家级森林公园、两处国家地质公园，以及两处国家湿地公园等自然景观，这为该地区的旅游经济提供了丰富的资源。因此，发展以多元融合的文化旅游和风景名胜旅游为导向的旅游经济，可推动当地社会经济的可持续发展。另一方面，秦巴山脉四川片区具备良好的空气、土壤、水源等自然条件，是绿色农产品生产基地和加工供应中心。其中，巴药、茶叶是该区域的重点打造产品。

（3）区位资源。囊括广元、巴中、绵阳、南充和达州5市部分区域的秦巴山脉四川片区位于四川省的北部和东部，紧邻陕、甘、渝三个省（市），处于丝绸之路经济带和长江经济带交汇处。北与甘肃陇南、陕西汉中和安康相接，东与重庆相邻。其中，广元地处四川盆地北部、嘉陵江上游、川陕甘三省接合部，是四川的北大门，是三国历史文化的重要走廊，同时还是川陕革命根据地的重要组成部分。万源位于四川东北部及大巴山腹心地带，是嘉陵江、汉江的分水岭，地处川、陕、渝三省（市）接合部，也是7个县（市、区）的交汇处，襄渝铁路、国道210线（包南路）、达陕高速（包茂高速）及川东电网纵贯全市，是进出四川省的主要通道和重要门户，是连接川陕渝经济、文化、交通的重镇，素有秦川锁钥之称，享有“万宝之源”的美誉。

（二）存在的问题

秦巴山脉四川片区由于偏处内陆，地势险峻，自然阻隔，区划分割，联系不紧密，交通不顺畅，信息不互通，资源不共享；加之，历史形成的贫困人口多，贫困程度深，生产要素弱，自身发展能力差，经济发展速度慢，城市化水平低，城市带动力弱，自然协调性差，未能实现区域合作、互补共赢、均衡发展格局。另外，近百年来的不合理开发，使该地区自然环境恶化、生态系统结构简化、生态系统服务功能下降，出现了严重的水土流失、地质灾害频发、普遍的水污染和生物多样性被破坏等生态环境问题，不仅影响区域社会经济的健康发展，而且影响生态生产力的释放[5]。

通过对秦巴山脉四川片区的资源状况进行调研，发现该区域主要存在以下发展瓶颈。

（1）交通落后，梗阻严重。该区域交通基础设施建设滞后，路网覆盖范围不足，综合交通运输网络化程度低，大山深处还有一些群众靠溜索出行，严重制约了区位优势和资源优势的发挥。

（2）开发受限，经济落后。该区域是重要的水源地和生物多样性地区，保护性政策和未进行充分调研使资源开发利用受到较大限制，水、矿产等富集的自然资源没有得到合理开发，这导致经济发展水平落后。

（3）分割管制，联动困难。该区域在生态价值、地理区位和资源禀赋等方面具有先天优势，由于各市分割管治，相互间联动薄弱，没有重视区内整体协调发展，造成碎片化的治理格局。如何实现该区域的综合协调管理，以及避免各自为政的局面，是该区域绿色协调发展的基础。

（4）文明冲突，发展缓慢。该区域落后的生活方式、传统的文化观念与外界现代社会的工业文明形成巨大冲突，这导致四川省内区域出现“二元效应”，同时也导致该区域经济发展缓慢，落后于全省平均水平。

（5）创新不够，人才缺乏。与东部发达地区相比，该地区创新意识不强。由于社会经济发展缓慢，本区域与四川省大多数地区相比，缺乏吸引和留住人才的条件。

（6）生态受胁，资源未保。生物多样性生态功能区目前面临水土流失严重、地质灾害频繁等问题，生物多样性受到威胁。虽拥有丰富的资源，但实现绿色循环发展缺乏基层执行政策和资金保障。另外需考虑在实现经济发展与不破坏当地的自然生态环境的情况下，如何合理利用和保护该区域丰富的森林资源。

（三）发展机遇

秦巴山脉四川片区是一个拥有优厚资源条件、潜在后发优势的待开发区，面临区域一体化、西部大开发和国家扶贫开发等战略机遇的同时，也面临交通受阻、开发受限等现实挑战。开展系统性研究、推进绿色循环发展，是该区域突破发展瓶颈及实现跨越发展的战略选择。我们应抓住机遇，抢占先机，实现绿色循环和跨越发展。目前，党中央、国务院高度重视区域协调发展，就深入推进西部大开发、加大扶贫开发力度和促进中部地区崛起做出了一系列战略部署，为加快秦巴山脉的发展提供了根本保证。

（1）新增长极。秦巴山脉四川片区是川东北地区的核心区域，推进其绿色循环发展，不仅有利于形成新兴绿色增长极，而且有利于实施多点多极支撑发展战略，构建全省竞相绿色循环跨越发展新格局。

（2）空间拓展。秦巴山脉四川片区与陕西、河南、湖北、甘肃、重庆五省（市）在绿色循环协同发展的战略框架下构筑相互贯通的交通网络和产业体系，有利于深入实施中部崛起与西部开发战略，拓展新的经济发展空间。

（3）城乡统筹。秦巴山脉四川片区是集中连片贫困地区，绿色循环发展能充分整合各县（市、区）优势资源和特色产业，实现同步发展，有利于积极稳妥扎实地推进新型城镇化，促进统筹城乡发展一体化。

（4）创新驱动。秦巴山脉四川片区绿色循环跨越发展，不仅有利于发挥科技创新的支撑和引领作用，而且有利于聚集全省科技创新资源，深入实施创新驱动发展战略，推进经济结构战略性调整。

秦巴山脉四川片区发展应抓住机遇，打破长期以来山区只能依靠农业产业的传统观念，把山区的自然资源转化为优势，不断增强自我发展能力，使山区的文化遗产、乡村景观和地方产品等特色得到重视与发展，利用现有资源和政策，寻求适合自我发展的道路。

可以看出，秦巴山脉四川片区一方面拥有优越的自然资源和历史文化资源条件，另一方面又面临经济相对落后、人民生活水平低下的局面，丰富的自然资源与历史文化资源并没有为该区域的经济发展发挥应有的作用。如何在充分、科学地认识该区域的优势、限制性条件的基础上，确定能够充分利用该区域资源的发展道路，因势利导，制定绿色循环发展策略，提出能够促进该区域自然、社会、经济和环境协调发展的策略及方式，破解资源丰富与贫困的矛盾，在利用和保护秦巴山脉四川片区自然资源的同时，促进该区域的社会经济发展，打造一个自然与社会和谐发展的“桃花源”，使其成为具有世界影响力的山区绿色循环发展典范，对四川省乃至全国的经济发展都具有重要意义。应当认识到，破坏资源环境就是破坏生产力，保护资源环境就是保护生产力，改善资源环境就是发展生产力。我们应该明确“生态高地、经济洼地”的区域特征，加强生态保护，强化生态文明建设，不断释放生态生产力。

二、区域定位

秦巴山脉四川片区位于秦岭—大巴山脉南侧、四川盆地北部，地处川渝陕甘四省（市）接合部、成渝经济区腹地，地理区位独特，自然资源丰富，人口较为密集，历史文化悠久。同时，该区域发展基础较为薄弱、发展水平相对较低，是集革命老区、贫困地区、边远山区为一体的欠发达区域。将旺苍县、青川县、通江县、南江县和万源市整体划入秦巴生物多样性生态功能区，使其成为长江上游地区重要的生态屏障。基于西部大开发战略，立足全国主体功能区划，根据区域发展基础、比较优势和资源环境承载能力，该地区应当从顶层设计区域定位。

秦巴山脉四川片区总体定位是西部生态文明协同建设示范区。依托成渝经济区，衔接陕、甘、渝三省（市），以交通网和信息网为载体，打破行政区划界限，统筹区内区外，协同共建城镇、资源、产业“三位一体”生态文明先行示范区。实施差别化政策支持，着力在投融资、资源开发、生态保护与环境建设、扶贫攻坚、统筹城乡等方面大胆探索、先行先试，创新体制机制，不断增强跨越发展的内生动力；因地制宜地发展不影响主体功能定位的特色产业，引导人口分布、经济布局与资源环境承载能力相适应，促进人口、经济、资源环境的空间均衡，推进区域协调、持续发展。总结提炼出生态基底好、自然资源丰富、经济欠发达区域生态文明协同建设的有效模式与典型路径，为国家和其他类似地区提供经验借鉴。

在西部生态文明协同建设示范区的总体定位下，从城镇、资源和产业三个维度，构建生态城镇联动群、生态资源保育带和生态经济协作圈。

（一）以低碳城镇为依托，创建生态城镇联动群

设立“一体多核、差异发展”的发展战略，大力推进巴中、广元、达州、南充和绵阳等区域中心城市建设，形成中心城市圈；依托中心城市，培育发展一批中小城市，构成中小城市群；围绕中心和节点城市，建设一批特色重点镇，汇成重点镇聚落。形成中心城市圈、中小城市群和重点镇聚落协调发展的城镇联动群。

（1）中心城市圈。明确中心城市功能定位与分工，强化产业支撑能力；突出城市特色和发展品位，加快建设城际快铁、高速公路等，促进互联互通，提高城市联动能力。分别对巴中市、广元市、达州市、南充市和绵阳市五大中心城市做出功能定位。

第一，巴中市：秦巴山脉中心城市，川陕革命老区振兴发展核心示范区、红色生态旅游区，建成重要的能源开发服务基地、区域性交通枢纽和商贸物流中心。

第二，广元市：川陕甘接合部的商贸物流中心、旅游集散中心、能源供给中心，打造交通物流节点和港口城市、特色农产品生产加工基地、国家低碳试点和新能源示范城市。

第三，达州市：川、渝、鄂、陕接合部区域中心城市，全国重要的清洁能源基地、次级综合交通枢纽和商贸物流节点城市，建设新能源、新材料和特色农产品生产加工基地。

第四，南充市：成渝经济区北部中心城市，川东北经济区与成都经济区、川南经济区合作的门户城市，打造区域性高端公共服务基地和商贸物流中心、国家

级现代农业示范区。

第五，绵阳市：西部区域性科教中心，以国家科技城为核心建设自主创新示范区和电子信息产业基地、汽车及零部件产业基地、冶金机械产业基地等。

（2）中小城市群。突出各市县发展定位，优化人口经济集聚规模和产业布局，加快一批中小城市建设发展，完善城市群基础网络和城乡连接纽带。强化与区域中心城市产业的分工协作，积极引导重大产业配套项目和劳动密集型、资源加工型产业向中小城市集聚，提升商贸流通、休闲旅游等服务业发展水平，大力扶持县域民营经济发展。重点建设江油、阆中、营山、南部、仪陇、宣汉、开江、平昌、南江、旺苍和苍溪等20万人口以上的城市，以及北川、万源、通江、剑阁、青川等10万人口左右的城市。

（3）重点镇聚落。按照因地制宜、突出特色、完善功能的要求，重点培育区位条件优越、基础好、潜力大的小城镇，将其发展成为集聚人口、连接城乡、服务“三农”的重要载体。积极发展特色工矿业、文化旅游业和农产品加工业等，拓展面向农村的市场服务网络，打造一批工业型、商贸型和旅游型特色小城镇。推动中心城市周边的小城镇建设中心城市的农副产品供应基地、居民休闲旅游的目的地，完善靠近农村地区小城镇的商贸流通、农业科技服务等体系，增强对“三农”的服务功能。加强生态地区小城镇生态环境保护，促进城镇发展、旅游开发、生态保护有机结合。全面放开小城镇落户限制，鼓励引导农村居民进入重点小城镇居住和创业。

（二）以绿色资源为基础，创设生态资源保育带

秦巴山脉四川片区是自然和文化资源富集区，属于秦巴生物多样性生态功能区的重要组成部分。加强与陕、甘、渝、鄂四省（市）协作，共同保护秦巴生物多样性生态功能区；加强区内各市县合作，强化森林资源保护区、生物多样性保护区、水源涵养区等生态功能区的建设，打造水资源涵养带、矿产资源保护带和文旅资源培育带。

（1）水资源涵养带。秦巴山脉四川片区水资源丰富，共有大小河流5 000余条，水能蕴藏量约581.53万千瓦，以嘉陵江、湔江、涪江和白龙江为主要干流，水系发达，径流丰富，流经广元、南充、绵阳，至重庆，汇入长江。其中，涪江和渠江均为嘉陵江的一级支流。为此，针对水体污染、水土流失等突出问题，以嘉陵江流域为主体，规划水资源涵养带，实现生态保护、水土保持、水资源涵养。

（2）矿产资源保护带。秦巴山脉四川片区是我国重要的有色金属、贵重金属矿藏区，是一个拥有巨大潜在优势的待开发区；同时，作为我国中央“绿芯”，主体上突出生态涵养功能，政策导向是面上保护，局部开发，在保护好环境的基

础上，重点发展特色矿业经济。

（3）文旅资源培育带。秦巴山脉四川片区具有丰富的文化资源和自然风光，以达州为增长点，将嘉陵江流域沿线各旅游景点和城市连接成增长轴线。借助达州在川东北地区和川、渝、鄂、陕接合部的区域中心优势，通过不同类型、不同特色和不同功能的旅游产品的优势互补与整合作用，形成一批区际旅游环线，实现区域内各市之间、区域内与区域外旅游线路的融合和串联。

（三）以循环产业为主导，创立生态经济协作圈

针对秦巴山脉四川片区“长江上游生态屏障”和“集中连片贫困地区”的区位特征，统筹生态保护与扶贫开发，全面加强区际合作，大力发展绿色产业，引导人口合理布局，深入推进扶贫攻坚，建设“生态经济协作区”，推动秦巴红色革命老区、秦巴集中连片贫困山区加快发展。这既符合国家区域协调发展的总体战略布局，也是推动秦巴山脉四川片区乃至整个秦巴山脉加快缩小差距、全面建设小康社会的必然要求。

（1）国家重要的清洁能源和天然气化工基地。充分发挥达州、巴中、广元和南充等天然气资源优势，创新资源开发模式，大力发展清洁能源、天然气和石油精细化工产业，促进资源就地转化，提高资源综合开发利用水平，努力把资源优势转化为产业优势和经济优势，建成国家重要的清洁能源基地和天然气化工生产基地。

（2）国家重要的特色农产品生产和加工基地。立足生态资源和特色农林牧业资源优势，以科技创新为动力，突出绿色生态、集聚集约、特色高效发展，加快建设国家级现代农业示范区、农业产业化示范基地和西部有机食品基地，打造一批绿色、有机农产品和国家地理标志产品，鼓励发展“互联网+农业”，大力发展农村电子商务，探索西部贫困山区特色农业绿色高效发展的新路子。

（3）国家重要的红色文化传承区和生态旅游目的地。以巴中、广元和达州等革命老区为核心，加大红色文化、革命遗址保护力度，加强全国爱国主义教育、革命传统教育和红军精神教育基地建设，积极探索红色文化保护新机制，推动红色文化与历史文化、民俗文化融合发展。树立秦巴山脉四川片区全域旅游理念，充分发挥生态资源优势，积极挖掘历史文化旅游资源，大力发展生态、休闲、历史文化和民俗等特色旅游，打造生态文化旅游基地，促进文化繁荣、经济发展与人民富裕。

三、发展目标

秦巴山脉四川片区的发展要坚持创新驱动与绿色发展，以科技创新支撑区域生态经济、绿色经济、低碳经济和循环经济的发展，以壮大特色优势产业，增强

自我发展能力。以新型城镇化作为发展动力，推动区域发展与扶贫攻坚，实现城乡一体化。加强基础设施建设，突破交通等瓶颈制约，改善区域发展条件。以生态建设和环境保护为发展主题，提高资源综合开发利用水平，全面推动秦巴山脉四川片区跨越式发展，达成“两个一百年”奋斗目标。

为推动秦巴山脉四川片区跨越式发展，达成“两个一百年”奋斗目标，建成山川秀美、经济繁荣、社会进步、民族团结和人民富裕的“新秦巴”，应实施“三步战略”，平衡短、中、长期发展，达成近期、中期与远期目标。

第一步，近期目标：2020年同步建成小康社会。

统筹生态保护与扶贫开发，搭建内联外通的交通网和物联网，创新“点、群、链、网”一体化协同开发模式，建立跨行政区域的国家天然气综合开发利用示范区和特色农产品生产加工基地。实施生态移民，推行减贫旅游，推动产业升级，如期达成山区全面建成小康社会的目标。

第二步，中期目标：2030年成功打造生态秦巴。

基于“一体多核、差异协同”的发展思路，以新型城乡建设为动力，以绿色交通（green transport）构建为载体，加强巴中、广元、达州、南充和绵阳五市合作，探索城市强功能带动大区域经济发展，走绿色工业化带动城镇化的道路，寻求统筹区域发展路径，保育森林资源，建设水联网，保持生物多样性，共同保护与建设四川秦巴生态功能区。

第三步，远期目标：2050年全域实现中等富裕。

依托良好的生态环境和独特的文旅资源，充分挖掘秦巴山脉四川片区自然资源丰富、生态本底好，人文景观独特、文化底蕴厚的资源禀赋与发展潜力，整合区域自然、文化资源，打造秦巴山脉四川片区文化旅游增长极，实施“一极带多点”模式，构筑“大秦巴、大旅游、大发展”格局。

为促进秦巴山脉四川片区生态发展，建议统一规划实现以下“十大工程”的建设为目标任务，以此推动建成秦巴生态功能示范区，释放生态生产力。

（1）区域协作互联工程。把推动区域协作互联互通作为与秦巴山脉其他区域塑造互惠格局的重要抓手，以“一带一路”建设为契机，推进秦巴山脉四川片区与周边省市县的协作，重点培育特色优势产业，加强培训和交流合作，推动社会事业发展，加大政策扶持，加强平台建设。

（2）生态移民致富工程。以统筹城乡为主线，以整合资源为保障，以保护生态环境、改善生态移民生产生活条件、加快脱贫致富为目标，采取整合资金、统筹政策、整体搬迁和集中安置的方式，科学规划、合理布局，进行扶贫生态移民。

（3）绿色理念普及工程。加大对绿色循环发展理念的宣传力度，增强区域内公众对节能减排、资源循环利用、生态环境保护和可持续发展等“绿色发展”

理念的认知，为秦巴山脉四川片区绿色循环发展建立良好的公众参与基础。

（4）生态空间规划工程。依照整体保护、区域发展的原则，根据区域内各地区的功能特点划分相应的特色功能区，优化整合城乡生态资源。将秦巴山脉四川片区各地划分为中心城市区、特色旅游区、农业生态区、高新产业区及生态保护区。

（5）创新驱动助力工程。推进以科技创新为核心的全面创新，强化创新驱动发展战略的核心战略地位，以促进经济结构调整和产业转型升级为主线，以协同创新为抓手，加快建设秦巴山脉四川片区自主创新示范区，建成秦巴山脉创新型区域。

（6）信息城镇建设工程。以城镇信息化、社会公共服务信息化为重点，提升电子政务、电子商务、地理信息、远程教育和远程医疗等服务能力，逐步建成“数字秦巴”“智慧秦巴”。

（7）流域综合整治工程。通过河道防洪工程、水质改善工程、生态景观修复工程、配套水土保持工程及交通疏解工程，改善流域及周边的环境质量。梳理营造人文景观和绿色生态走廊，使秦巴山脉四川片区成为一道亮丽的秦巴风景线，有效改善区域水环境和人居环境，提高周边居民的生活质量。

（8）循环产业培育工程。各地现代农业和生态旅游等特色优势产业加快发展，实现资源开发利用和生态建设良性互动，将生态优势转化为经济社会发展优势。提高资源回收利用效率，大力发展可再生能源产业，完善相关基础设施，进一步提升科技支撑作用，使绿色循环经济初见成效。

（9）教育均衡推进工程。围绕“建设教育强区”的奋斗目标，进一步强化责任意识、忧患意识、政策意识和创新意识，深入推进教育规划纲要落实，加快教育重点工程建设部署。建立健全人才引进、培养、任用和评价制度，激活人才发展机制。

（10）文化旅游壮大工程。依托秦巴山脉四川片区丰富的历史、文化资源，建设一批文化产业基地和区域特色文化产业群。挖掘资源潜力，整合资源优势，促进生态、文化、旅游资源融合更具特色，推动旅游业内涵式发展实现转型升级。坚持以生态文明理念引领旅游业发展，提升生态系统功能，增强生态对旅游产业的支撑力。

第三节　发展思路

科技进步是生产的基本动力，文明进程是发展的主流方向。秦巴山脉四川片区的基本发展思路是，依托科技升级提升行业生产效率，通过生态建设减少山区环境污染，破解经济发展与环境保护的深层矛盾。依托科技进步和生态建设推动秦巴山脉四川片区发展的基本思路如图1-2所示。

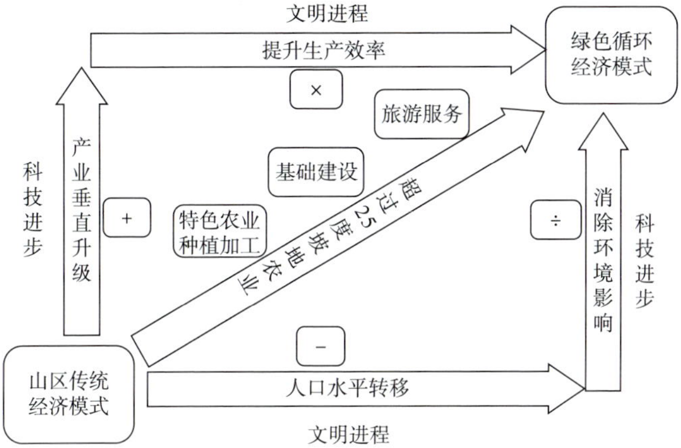

图1-2　秦巴山脉四川片区发展的基本思路

产业的科技水平贯穿整个山区的发展过程，可以分为“加法，减法，乘法，除法”：①加法，科学分析秦巴山脉四川片区的绿色优势产业，通过基础建设和技能培训，引导新兴绿色产业的发展。②减法，科学分析秦巴山脉四川片区的污染落后产业，通过产业限制性政策和移民政策，促使这些行业就业人口重新就业。③乘法，在广泛的行业内普及产业技能和提升产业生产效率，通过科技的倍数效应增加企业竞争力。④除法，通过增加环保和循环利用技术的投入，消除秦巴山脉现有企业的环境影响。充分利用秦巴山脉四川片区的优势，把山区的劣势产业转型为有发展潜力的无污染优势产业。发展政策的着力点是通过基础建设和科技教育实现“水平方向生态移民，垂直方向产业升级”。

按照同步全面建成小康社会的总体要求和实施多点多极支撑发展战略的总体部署，以科学发展、绿色发展为主题，以统筹协调、开放合作为动力，坚持发展是第一要务，牢固树立并切实贯彻十八届五中全会提出的“创新、协调、绿色、开放、共享”五大发展理念，保持战略定力，坚持稳中求进。围绕这五大发展理念，以生态文明建设为根本，强调“生态保护为本”的研究立意，探索“绿水青山就是金山银山”的创新改革型生态发展路径，通过绿色循环发展扶持民生建设，应对地区扶贫与社会经济发展问题，探索生态文明发展路径，保秦巴“净水清风”，释放生态生产力。

一、创新发展

2015年9月，《中共中央办公厅　国务院办公厅印发〈关于在部分区域系统推进全面创新改革试验的总体方案〉》把四川列为“全面创新改革试验区”。要紧紧抓住四川在转型发展关键时期赢得的关键机遇和长远发展的重大历史机遇，把秦巴山脉四川片区全面创新改革作为未来发展的头等大事，不断推进科技创新、产业创新、管理创新和制度创新等各方面创新。

以实现创新驱动转型发展为目标，以推动科技创新为核心，以破除体制机制障碍为主攻方向，开展系统性、整体性、协同性创新改革试验，统筹推进经济社会和科技领域改革，加快形成适应经济发展新常态的体制机制和发展方式，推动经济增长保持中高速、产业发展迈向中高端。

要坚持创新发展理念，着力培育经济增长新动力，不断提高发展质量和效益。系统推进全面创新改革试验，推进秦巴山脉四川片区区域协同创新，加强创新载体和平台建设。把改革创新作为推动区域发展与扶贫攻坚的强大动力，深化重点领域和关键环节的改革。2015年11月23日四川省政府第102次常务会议，研究系统推进全面创新改革试验方案和鼓励川商返乡兴业回家发展，推动跨境电子商务加快发展。把创新摆在秦巴山脉四川片区发展全局的核心位置，将发展战略性新兴产业与运用“互联网+”等现代信息技术改造提升传统产业相结合，推动信息化与经济社会深度融合，推动大数据广泛深度应用。大力承接国内外产业转移，推动资金、技术和人才等要素集聚，以改革创新促进经济转型升级，使创新贯穿秦巴山脉四川片区发展的一切工作，让创新蔚然成风。

二、协调发展

建立健全区域协作机制，促进区域内优势互补与协作发展，推进区域一体化。统筹推进区域资源要素配置、基础设施建设和生产力布局，加强公共服务、扶贫攻坚和生态建设，突破发展“瓶颈”，提升自我发展能力，实现区域经济社会协调发展，在增强秦巴山脉四川片区硬实力的同时注重秦巴山脉四川片区的软实力，不断增强发展整体性。推进城乡统筹发展，推动物质文明和精神文明协调发展，推动信息化、工业化、城镇化和农业现代化互动协调发展，促进城乡协调发展，促进经济、社会、人口、资源和环境协调发展，保障国家生态安全，增强可持续发展能力。

坚持协调发展理念，着力形成平衡发展结构，进一步增强发展整体性和协调性。推动秦巴山脉四川片区区域协调发展，有利于进一步增强秦巴山脉四川片区的联动发展；推动川东北经济区、成渝经济区等新兴增长极，建设秦巴山脉四川片区生态经济区，辐射西南片区、带动西部加快发展，对依托长江黄金水道打造中国经济新的发展支撑带，以及促进全国区域协调发展具有重要意义。

完善顶层设计，建立区域性协调发展机制。力争在“十三五”期间，设立一个国家层面的秦巴山脉绿色循环发展领导小组，指导和协调区域内各地、各部门的工作，避免“各自为政”造成的资源浪费、信息不畅、管理真空等问题。使区域内公共基础设施得到大幅度改善、发展条件进一步优化，从而实现秦巴山脉区域协调发展的目标。

三、绿色发展

坚持绿色发展理念，着力改善生态环境，加快建设生态文明新家园。促进人与自然和谐共生，划定农业空间和生态空间保护红线，推进城镇绿色发展。设立绿色发展基金。以主体功能区规划为基础统筹各类空间性规划，推进“多规合一”。加强生物多样性保护，探索建立以大熊猫和金丝猴等珍稀物种、特殊生态类型为主体的国家公园。发展绿色低碳循环经济，大力发展清洁能源产业和节能环保产业，加强资源节约和循环高效利用。实行最严格的环境保护制度，推进多污染物综合防治和环境治理。建设长江上游生态屏障，开展大规模绿化全区行动。根据秦巴山脉四川片区生态系统服务价值、生态保护成本和发展机会成本，综合运用行政和市场手段，调整生态环境保护和地方经济发展之间利益关系的政策。针对区域性生态保护和环境污染防治等领域开展试点，逐步建立健全秦巴山脉四川片区生态补偿机制。

优化结构，绿色发展。“既要金山银山，也要绿水青山”这样的口号喊了很多年，但如何才能平衡好这“两座山”的关系，使发展真正不以破坏生态环境为代价，绿色发展理念给出了明确的答案。强化生态文明理念，加大生态建设和环境保护力度，促进产业结构优化调整，合理开发特色优势资源，大力发展绿色经济，构建资源节约、环境友好的产业体系，推进绿色发展、循环发展和低碳发展，促进经济发展与生态环境保护形成良性互动格局，提升可持续发展能力，形成人与自然和谐发展现代化建设新格局，推进秦巴山脉绿色生态的建设，为中国甚至全球生态安全做出新贡献。

四、开放发展

坚持开放发展理念，围绕扩大对外开放和深化区域合作，加强开放合作平台建设，奉行互利共赢的开放战略，坚持内外需协调、进出口平衡、引进来和走出去并重、引资引技引智并举，构建广泛的利益共同体。全方位提升开放型经济水平。积极参与“一带一路”建设和长江经济带建设，扩大与长三角地区、珠三角地区、环渤海地区的交流合作，推动成渝经济区建设。深入开展市场拓展“三大活动”，推进四川制造、四川服务“一体化”走出去。推进外商投资和对外投资管理体制改革，全面实行准入前国民待遇加负面清单管理制度。作为“一带一路”和长江经济带的重要交汇点，“十三五”时期，四川将主动对接国家对外开放战略，把“引进来”和“走出去”更好地结合起来，加快培育四川参与国际竞争新优势，实施“251”三年行动计划。

秦巴山脉北接丝绸之路经济带的西安、兰州两大起点城市，南毗重庆、武汉两大长江经济带港口城市，并延伸联系至海上丝绸之路。是“一带”“一路”联系转换平台的良好承接地。国家推进“一带一路”建设、实施长江经济带战略，重点支持沿线重要通道、重点区域和节点城市的建设，将有利于秦巴山脉四川片区发挥重要的纽带作用，向西向北可融入丝绸之路经济带，扩大面向西亚、中亚和欧洲的开放，在邮电、化工、农产品和机械制造等方面进一步加强合作；向东向南可融入长江经济带，扩大面向东部沿海和东南亚的开放，促进秦巴山脉四川片区更好更快地融入国际、国内产业分工协作体系，发展开放型经济，拓展经济增长新空间。

五、共享发展

坚持共享发展理念，着力补齐发展短板，切实增进人民福祉。打好精准扶贫、精准脱贫“3+10”组合拳，让贫困群众住上好房子、过上好日子、养成好习惯、形成好风气，确保秦巴山脉四川片区实现四川到2020年497.65万贫困人口全部脱贫、11 501个贫困村和88个贫困县全部“摘帽”的目标。全力实施集中连片特殊困难地区开发攻坚工程，制定实施扶持集中连片特殊困难地区跨越式发展，创新扶贫开发模式，加快改善贫困地区基本生产生活条件，加快贫困地区经济结构调整和农村各项社会事业发展，加大对口帮扶和社会扶贫工作力度。

增加公共服务供给、实施脱贫攻坚工程、提高教育质量、促进就业创业、缩小收入差距、建立更加公平和可持续的社会保障制度、推进健康中国建设、促进人口均衡发展。特别是在秦巴山脉四川片区要重点巩固提高义务教育水平，普及高中阶段教育，实施民族地区十五年免费教育计划，建立完善的现代职业教育体系。完善城乡均等的就业创业公共服务体系，支持农民工和川籍企业家返乡创业。

坚持发展为了人民、发展依靠人民、发展成果由人民共享，做出更有效的制度安排，使全体人民在共建共享发展中有更多获得感，增强发展动力，增进人民团结，朝着共同富裕方向稳步前进。

第四节　总体战略

秦巴山脉四川片区是一个拥有优厚资源条件、潜在后发优势的待开发区，面临区域一体化、西部大开发和国家扶贫开发等战略机遇，以及交通受阻、开发受限等现实挑战。针对秦巴山脉四川片区绿色发展的重大难题，牢固树立、贯彻落实“创新、协调、绿色、开放、共享”五大发展理念，以文明进程为主线、科技进步为依托，以理论模式为基础，以技术范式为支撑，以政策体系为保障，通过迁出困难群众、加大科教投入、发展特色产业，推动“水平方向生态移民，垂直方向产业升级”，提升科教源动力，释放生态生产力，破除经济发展与环境保护的深层矛盾，解决区域闭塞、资源不足和产业落后等突出问题，推动秦巴山脉四川片区绿色循环跨越发展。

经过广泛调研和深入研究，课题组收集了大量一手资料，全面掌握了秦巴山脉经济、社会和生态各领域发展状况，依托秦巴山脉四川片区发展的总体战略框架（图 1-3），构建了集“区域协调发展、新型城乡建设、绿色交通构建、水资源开发、矿产资源开发、工业与信息化发展、农林畜牧发展、文旅产业发展、绿色循环政策”于一体的绿色循环发展引导体系，推动秦巴山脉四川片区科学发展、突破发展，成为具有广泛示范意义的绿色循环试点先行区。相关研究主要从九个方面进行。

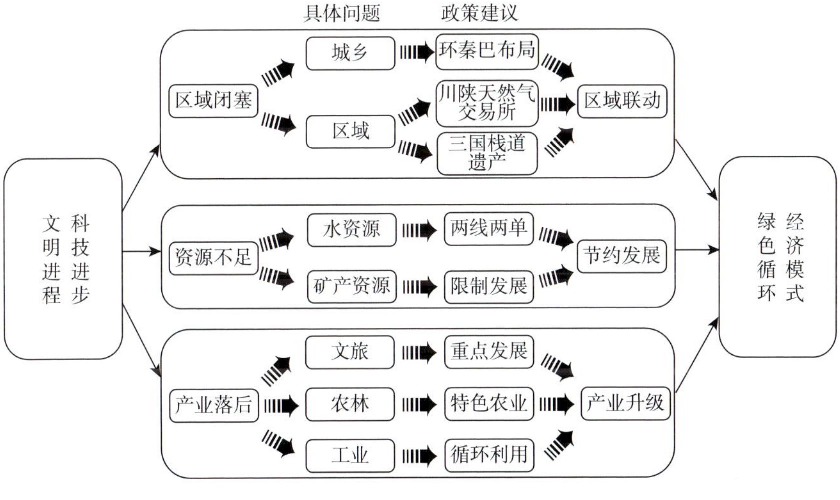

图1-3 秦巴山脉四川片区发展的总体战略框架

（1）区域协调发展。对秦巴山脉四川片区新时期经济绿色发展，设计了“一航·一体·两翼·三轮”的起飞式发展战略。通过五年时间，实现秦巴山脉的绿色经济转型与跨越发展，全面建成小康社会。高质效的现代绿色产业体系支撑经济起飞，即大生态综合产业体、大农业综合产业体、大旅游综合产业体，以及绿色资源与新能源综合开发产业体。

（2）新型城乡建设。探索城市强功能带动大区域发展，走绿色工业化带动城镇化的道路；以农固区、以服兴区，做强产业支撑；以统筹协调带动区域发展，构建以小城镇为核心的城镇体系；探索绿色城乡建设的新路径，打造中国绿色城乡建设试验区。充分挖掘城镇特色，打造文旅型、工业型和商贸型重点镇，走山地特色新型城镇化道路。

（3）绿色交通构建。建设高效互连的绿色交通网络、产品运输的绿色快速通道、促进协作的城乡绿色交通和严控排放的低碳绿色交通。总体以广元、巴中为主节点，打通秦巴山脉四川片区，构建绿色交通网络体系。

（4）水资源开发。利用嘉陵江及其支流的水力联系，借助嘉陵江国家战略航道的地位，保护和修复流域内的生态环境质量，建设一批骨干蓄水工程和调水工程，建设水联网；建立基于生态服务价值的水资源补偿机制和水权交易市场，以嘉陵江生态廊道——水资源开发利用功能区为定位，提升区域水资源的支撑能力。

（5）矿产资源开发。探明储量的矿种为46种，矿区为243处；为处理好矿山开发与生态保护的关系，提出2个鼓励勘查区、5个允许开发区、2个禁止开发区；为有计划地规划开发矿产资源，划分四种建议开发区类型，即优先开发区、允许开发区、限制开发区和禁止开发区。

（6）工业与信息化发展。调整优化工业布局，打造天然气、特色农业和中药等优势产业集群，构建绿色循环低碳产业体系。培植“科技型”企业；建设“科技型”基地；培养“科技型”人才，大力发展“互联网+农业”“互联网+工业”“互联网+旅游”，推进信息化与其他产业深度融合，使信息化服务于秦巴工业与信息化绿色发展。

（7）农林畜牧发展。坚持“整链打造”理念，发展农林畜牧、废物再用、产品加工为一体的现代农业循环经济模式。对全域农林畜牧产业进行统筹布局，多规划交叉错位、多方位同步实施，形成“一中心一环线四基地五产区”的空间结构。

（8）文旅产业发展。提出“中国心脏—森林旅游极”的发展定位，打造秦巴山脉四川片区的旅游增长极，实施“一极带多点”发展模式，形成特色旅游片。全面整合、优化配置各类旅游资源，构建“一环–三带–两片区”。

（9）绿色循环政策。通过对区域现有政策、瑞士绿色发展模式借鉴、区域比较优势等进行探讨，形成一套针对区域实况、突出绿色循环、借鉴发展标杆、实现发展创新的政策体系。

秦巴山脉四川片区应当以“西部生态文明协同建设示范区”为总体定位，从顶层设计入手，采取统筹内外，努力创建城镇、资源、产业“三位一体”生态文明先行示范区。以低碳城镇为依托，创建生态城镇联动群；以绿色资源为基础，创设生态资源保育带；以循环产业为主导，创立生态经济协作圈。致力将秦巴山脉四川片区建设成为国家重要的清洁能源化工基地、特色农产品生产基地、生态文化旅游区和川陕苏区振兴发展示范区。

秦巴山脉四川片区不是不发展，而是要以科技进步驱动创新发展、文明进程引领绿色发展。通过系统构筑绿色循环发展理论模式、资源开发利用技术范式和支撑跨越模拟政策体系，推动秦巴山脉四川片区绿色循环发展。研究创新如下。

一是开创多圈层联动、多维度突破的绿色循环发展理论模式。创建了“大—中—小”三层循环发展模式，帮助区域“多主体、多维度、多层次”均衡发展；提出“人口水平转移、产业垂直升级”协同发展模式，破除生态建设与扶贫开发的矛盾；设计“科技”与“经济”并举的生态综合补偿模式，协调经济发展与环境保护的关系。

二是构建多方式驱动、系统化利用的资源开发技术范式。开创水资源动态均衡优化配置技术，解决山区“三性”的缺水问题；构建污染载荷统筹分配技术，引导矿产资源环境友好型开发与利用；运用旅游资源规划整合技术，推动“三色”文旅资源互动融合开发。

三是建立多层级互动、全方位保障的支撑跨越政策体系。构建“国家—省级—区域”三级互动、多方协同的政策制定体系；建立“税、金、投、产、环、技、人”全涵盖的政策保障体系；创立“国家引领”“省级把控”“区域实施”的政策落地体系。

以战略转型升级为发展主线、全面改革开放为创新主题、增进人民幸福为根本宗旨，综合运用产业、资源、扶贫开发和生态补偿等政策工具，解决民生保障、资源矿产、生态环境和产业经济难题，逐步建立中长期政策体系——保秦巴“净水清风”。即成立区域协调机构，统筹秦巴整体脱贫；创新投资融资体制，加大基建资金保障力度；严格生态保护制度，创新生态补偿机制；建设绿色新型城乡，完善评价考核制度；建立两线两单制度，促进水资源绿色开发；完善产地补偿制度，开发优势矿产资源；规划特色工业园区，引进绿色龙头企业；构筑网络电商平台，扶持山地特色农业；整合秦巴文旅资源，加快旅游扶贫开发；加强山区教育扶持，提供大学智力支持。

第二章　区域协调发展

秦巴山脉西起青藏高原，东至华北平原，包括陕西、四川、甘肃、湖北、河南和重庆六省（市）交界区域，面积达20多万平方千米，位于我国的地理中心，是我国中部重要的地理和自然环境分界线，具有重要的生态战略地位。区域内的秦岭和大巴山脉横贯东西，地貌类型以山地和丘陵为主，有陡峻的高山，间有汉中、安康、商丹和徽成等盆地；气候类型多样，垂直变化显著，有北亚热带海洋性气候、亚热带-暖温带过渡性季风气候和暖温带大陆性季风气候，年降水量为450~1 300 毫米；地跨长江、黄河和淮河三大流域，是淮河、汉江、嘉陵江、丹江和洛河等河流的发源地，水系发达，水资源丰富；天然植被面积大，植被类型多样，森林资源丰富，森林覆盖率达 53%，是我国最重要的生态屏障之一，在我国水源涵养、生物多样性保护、南水北调中线工程水源保护、二氧化碳减排、气候调节、大气净化等方面具有重要地位。秦巴山脉是黄河文化与长江文明的交汇区，具有悠久的历史和厚重的文化，对我国未来的社会和经济发展、中华历史传承有重要作用，具有特殊地位。

然而，与丰富的自然资源相对应的却是该区域贫困和社会经济欠发达的现状，该地区是我国 14 个连片贫困地区中最大的集中连片特困区，贫困发生率在 30%以上[6]，是我国当前脱贫的重点区域。要实现这一区域在五年内脱贫，面临巨大挑战。另外，在国家国土主体功能区规划中，由于秦巴山脉生态地位的独特性，秦巴山脉绝大部分区域属于限制开发的生态功能保护区，不少地区属于禁止开发的各类保护区域，在这样的区域，社会经济领域的发展受到制约，这种矛盾必然成为脱贫的主要障碍。因此，探索这一区域实现脱贫的思路及路径，在我国具有十分重要的意义。

秦巴山脉四川片区主体位于四川盆地北缘及东北缘，为米仓山系和大巴山系南坡山麓，包括绵阳、广元、南充、达州和巴中5市25个县（市、区），面积达6.18万平方千米，是秦巴山脉的重要组成部分，在秦巴山脉区域的面积仅次于陕西。秦巴山脉四川片区处于我国扬子地台、华北地台和青藏高原三大地质单元的接合部区域，各地质单元由于相互碰撞及挤压，在结合处及附近形成高山区，区域内西部为近北东向展布的龙门山北段山系，中部为近东西向展布的米仓山系，东部为近北西向展布的大巴山系，形成了四川省北部和东北部重要的生态屏障。由于人类活动，特别是近百年来的不合理开发，长期以来，在人类活动影响区域，自然环境恶化，自然生态系统及自然植被受到严重破坏，生态系统结构简化，生态系统功能受损，生态系统服务价值下降，这导致水土流失严重、地质灾害频发、水污染普遍、社会经济发展滞后，使秦巴山脉四川片区成为四川贫困面积最大的区域。

可以看出，秦巴山脉尽管拥有丰富的自然资源和历史文化资源，但却面临经济落后、人民生活水平低下的局面，丰富的自然与历史文化资源并没有为该区域的经济发展发挥应有的作用。在充分、科学地认识该区域的优势和限制性条件的基础上，确定能够充分利用该区域资源的发展道路，因势利导，制定绿色循环发展的策略，提出能够促进该区域自然、社会、经济和环境协调发展的策略及方式，破解资源丰富与社会贫困的矛盾，在利用和保护秦巴山脉自然资源的同时，促进该区域的社会经济发展，打造一个自然与社会和谐发展的“桃花源”，使其成为具有世界影响力的山区绿色循环发展典范，对四川乃至全国都具有重要意义。因此，秦巴山脉四川片区如何发展是决策者、科技工作者、当地政府和公民都应该思考的问题。

本书以绿色循环综合发展区域政策为视角，从该区域的自然生态环境、社会经济发展，以及与相邻区域的关系三个方面讨论该区域绿色循环发展的资源状况，在认识状况的基础上提出该区域绿色循环发展所面临的主要问题，为制定该区域的绿色循环发展策略提供依据。

第一节 区域发展概况

秦巴山脉四川片区覆盖绵阳、广元、巴中、达州和南充5市所辖的25个县（市、区），总面积达6.18万平方千米。秦巴山脉四川片区属于国家贫困地区之一，经济落后，人民生活水平低下。长期的盲目开发使该地区自然环境恶化，不仅贫困问题并未改善，甚至严重的水土流失、频繁的地质灾害、日益恶化的水污染和生物多样性破坏等生态与环境问题随之而来。

由于各种原因，多年来对秦巴山脉的研究没有得到重视，目前对这一区域的认识较为有限，很多是对表观现象的肤浅描述，对该区域的许多自然资源状况、资源量、资源消长、资源开发条件及限制因素、社会经济状况等都缺乏明确的数据，缺乏系统研究，这成为制约该区域发展的重要因素之一。此外，在我国行政管理体系中，该区域是各县（市、区）分割管理，难以实现区域内整体协调发展，造成资源开发碎片化、投资建设重复化和发展资源争夺化的治理格局。

（一）资源概况及区位优势

秦巴山脉四川片区降水丰沛，气候温暖湿润，雨热同季，生物生产力较高。优越的自然条件孕育了该区域丰富的生物资源、水资源，以及少数特殊的矿产资源。该区域地处我国重要的地理和人文交流廊道，拥有深厚、独特的历史文化。正确认识该区域的自然和历史文化资源，是该区域发展的先决条件。

1. 丰富的自然资源

首先，秦巴山脉四川片区拥有良好的自然植被和丰富的森林资源，多数县（市、区）的森林覆盖率均超过50%，高于四川省平均水平。该区域的米仓山和大巴山是四川省山地常绿阔叶林等重要生态系统的聚集区域。秦巴山脉四川片区拥有6个国家级自然保护区，约占四川省29个国家级自然保护区的21%。丰富的森林资源使该区域具有极其重要的生态系统功能，如天然碳汇功能、水源涵养功能、气候调节功能和空气净化功能等。

其次，秦巴山脉四川片区水系发达，拥有丰富的水资源。区域内有嘉陵江、涪江、渠江三大水系和众多支干流，径流资源丰富，水库数量众多，是重要的水资源及水源涵养生态功能区。嘉陵江发源于秦岭北麓的宝鸡市凤县，跨越陕西省、四川省和重庆市，全长 1 119 千米，流域面积近 16 万平方千米，是长江支流中流域面积最大的支流；嘉陵江长度仅次于汉江，流量仅次于岷江，其上游白龙江建有碧口水电站；嘉陵江水运年货运量占四川省内河航运年货运量的四分之一，是四川省的重要航道之一；嘉陵江鱼类资源丰富，种类多达163种，居四川省各河流之首[7]。

涪江发源于四川省松潘县境内岷山主峰雪宝顶北麓，从西北向东南由川西北高原进入四川盆地丘陵区，是嘉陵江右岸最大支流，流域面积达36 400平方千米，担负沿岸众多市、县、区饮用水源的功能。上游地区植被保存良好，森林资源丰富，植被覆盖率达 70% 左右，森林覆盖率达到 48%，有大熊猫、金丝猴等国家一级保护动物，人类活动相对较少。然而，受自然因素和人类不合理开发活动的影响，如大量使用农药化肥导致的农业面源污染，以及乡镇基层水处理设施的缺乏或未能正常运行，该区域水资源污染严重[8]。

渠江发源于四川省、陕西省交界的大巴山南麓南江县，始为巴河，在渠县三汇镇与州河汇合后，自北而南汇入嘉陵江。流域面积达 39 220 平方千米，河道长671千米。渠江水系呈向心型发育，自上而下主要支流有神潭河、恩阳河、通江、州河和流江河[9]。渠江是嘉陵江左岸最大的一条支流，丰富的水资源为该区域提供了丰富的鱼类资源，渠江鱼类共有90种，分别隶属17科，其中，鲤科占绝对优势，共59种，约占全流域鱼类资源的65.6%。另外，渠江位于大巴山暴雨区，加上农业耕种强度大，所以渠江是四川省含沙量较高的河流；受气象灾害影响严重，特别是进入21世纪以后，渠江流域极端强降水事件频现，暴雨洪涝等灾害呈现加密加重的趋势[10]。

可见，秦巴山脉四川片区丰富的水资源为该区域提供了优厚的水资源，以及丰富的鱼类资源，但流域内的自然条件及人类活动的影响，也为该区域带来了水土流失、洪涝及水污染等资源与环境问题。

最后，秦巴山脉四川片区拥有丰富的生物资源。该区域拥有的天然植被，特别是原始森林和草地，为野生珍稀物种提供了栖息地，是生物多样性保护的关键地区和生态屏障区域；该区域是不同生物区系交汇区，生物种类丰富，是世界上同纬度地区重要的绿色宝库和天然生物种质“基因库”。根据2010年发布的《全国主体功能区规划》，以旺苍县、青川县、通江县、南江县和万源市五个县（市）为代表的秦巴生物多样性生态功能区被列入国家重点生态功能区名录。该区域是大熊猫、川金丝猴等珍稀野生动物的栖息区域。同时，区域内还拥有多种珍稀保护植物、重点药用植物、国家级重点保护动物等，详见表2-1所列秦巴山脉四川片区生物资源概况。

表2-1　秦巴山脉四川片区生物资源概况

地区	植物资源	动物资源
绵阳市	植物4 500多种，其中药用植物2 100多种，主要林木树种300多种，国家保护植物60多种	有脊椎动物800多种，国家一级保护动物25种，省级重点保护动物35种，省级有益动物约50种
南充市	植物近2 000种，其中药用植物700余种，中国重点药用植物300多种	
达州市	野生植物5 000余种，珍稀保护植物31种	有脊椎动物400余种，国家、省级重点保护动物52种
巴中市	木本植物308种，草本植物421种；源于植物的中草药1 386类	北部地区现有野生动物670种；中南部地区现有野生动物290余种
广元市	野生植物2 900多种；珍贵野生木本植物832种；国家级重点保护植物34种；列入联合国《濒危野生动植物种国际贸易公约》红皮书的野生动植物达40余种	野生动物400余种；国家和省级重点保护动物76种

秦巴山脉四川片区除了拥有丰富的森林资源、生物资源和水资源之外，已发现矿产资源种类近百种，部分矿产资源较为富集，如天然气、煤、石油和石灰石等。秦巴山脉四川片区矿产资源分布如表2-2所示。

表2-2 秦巴山脉四川片区矿产资源分布

地区	已发现矿产资源种类 / 种	矿产产地 / 处	已探明储量矿种 / 个	工业矿床规模 / 处	已开发利用矿种 / 个
绵阳市	56 1)	400余 1)	26 1)	74 1)	22 1)
南充市	13 2)	491 2)			
达州市	38 3)	250余 3)	28 3)	146 3)	21 3)
巴中市	50 4)	500余 4)	11 4)	204 4)	
广元市	95 5)	480 5)		378 5)	38 5)

1）截至2011年数据
2）数据来源于《四川省南充市矿产资源总体规划（2008—2015年）》
3）截至2012年数据
4）数据来源于《巴中市矿产资源总体规划（2008—2015年）》
5）截至2010年数据

2. 社会经济特色资源

秦巴山脉四川片区现有的社会经济资源主要包括丰富的文化旅游资源和地方特色农产品资源。

秦巴山脉四川片区有丰富的历史文化和自然景观旅游资源。该区域地处我国交通要道，在我国不同历史时期修建了不少通道，有些古道一直使用至今，已有两千多年的使用历史。著名的古道包括米仓古道、阴平古道、荔枝古道、秦古蜀道及古盐道等；该区域是国内少有的多元历史文化区，有以秦文化、三国文化、楚文化、丝绸文化和巫文化为代表的古历史文化，以及以红色文化为代表的近代历史文化，这些文化资源具有极大的旅游发展潜力，目前已建成不少旅游景点。除历史文化方面的旅游资源外，该区域还拥有许多自然景观旅游资源，包括三处国家级风景名胜区、五处国家级森林公园、两处国家地质公园，以及六处具有巨大生态旅游潜力的国家级自然保护区[11]（表2-3）。

表2-3 秦巴山脉四川片区国家级风景名胜区及公园

类别	名称	位置
国家级自然保护区	四川王朗国家级自然保护区	绵阳市平武县
	四川雪宝顶国家级自然保护区	绵阳市平武县
	四川米仓山国家级自然保护区	广元市旺苍县
	四川唐家河国家级自然保护区	广元市青川县
	四川花萼山国家级自然保护区	达州市万源市
	四川诺水河珍稀水生动物国家级自然保护区	巴中市通江县

续表

类别	名称	位置
国家级森林公园	剑门关国家森林公园	广元市剑阁县
	天马山国家森林公园	巴中市巴州区
	四川米仓山国家森林公园	巴中市南江县
	空山国家森林公园	巴中市通江县
	四川镇龙山国家森林公园	巴中市平昌县
国家地质公园	四川大巴山国家地质公园	达州市万源市和宣汉县
	四川光雾山-诺水河国家地质公园	巴中市南江县和通江县
国家级风景名胜区	剑门蜀道国家级风景名胜区	广元市剑阁县
	光雾山-诺水河国家级风景名胜区	巴中市南江县和通江县
	白龙湖国家级风景名胜区	广元市青川县

秦巴山脉四川片区有丰富的地方特色农产品资源[12]。秦巴山脉绝大部分区域由于没有大型工矿业，具备生产绿色农产品的良好条件[13]，是地方特色农产品的重要生产基地，如红心猕猴桃、苍溪雪梨、通江银耳、青川木耳等，另外，巴药、茶叶、绿色蔬果和生猪也是该区域重点打造的产品。该区域有一些具备强劲发展势头的特色产业，如广元市朝天区在2017年底，核桃产量实现 4.3 万吨，连续九年居四川省县（市、区）首位，“朝天核桃”荣获四川首届“果王子”评选核桃类金奖；紫云猕猴桃获国家首个猕猴桃产业地理证明商标；安县被省人民政府授予2011年度粮食生产“丰收杯”奖；2011年12月7日昭化韭黄被国家质量监督检验检疫总局批准为国家地理标志保护产品。

3. 独特的区位优势

以广元市、巴中市，以及绵阳市、南充市和达州市的部分区域为代表的秦巴山脉四川片区位于四川省北部和东部，紧邻陕、甘、渝三省（市），属于丝绸之路经济带和长江经济带交汇处。北与甘肃省陇南市、陕西省汉中市和安康市相接，东与重庆市相邻。其中，广元市地处四川盆地北部、嘉陵江上游、川陕甘三省接合部，是四川省的北大门，也是三国历史文化的重要走廊，以及川陕革命根据地的重要组成部分。万源市位于四川省东北部大巴山腹心地带，是嘉陵江、汉江的分水岭，地处川、陕、渝三省（市）接合部，也是7个县（市、区）的交汇处，襄渝铁路、国道210线（包南路）、达陕高速（包茂高速）及川东电网纵贯全市，是进出四川省的主要通道和重要门户，是连接川陕渝经济、文化和交通的重镇，素有秦川锁钥之称，享有“万宝之源”的美誉。

（二）社会经济发展状况

1. 经济发展概况

依据各区县公布的2014年国民经济和社会发展统计数据，秦巴山脉四川片区2014年末常住人口约1 735万人，国民经济平稳增长，各区县生产总值总量均比2013年增长9%左右。同时，该区域产业结构得以进一步优化，区域第一产业和第二产业经济增速较2013年有所回落，第三产业增速普遍有所提高。与四川省乃至全国相比，城镇居民人均可支配收入是四川省平均值的 81%和全国平均值的 68%，农村居民人均纯收入分别为四川省和全国的 84%与 71%（表 2-4）；在产业结构中，第一产业比重偏大（表 2-5）。

表2-4 秦巴山脉四川片区经济概况及其与四川省和全国的对比

区域	生产总值 / 亿元	城镇居民人均可支配收入 / 元	农村居民人均纯收入 / 元
秦巴山脉四川片区	1 584.76	19 750	7 409
四川省	28 536.66	24 381	8 803
全国	636 463	28 844	10 489

资料来源：《2014国家统计年鉴》

表2-5 四川省秦巴山脉社会经济发展指标

区域	第一产业增加值 / 亿元	第二产业增加值 / 亿元	第三产业增加值 / 亿元	产业结构比例
秦巴山脉四川片区	326.86	766.76	491.14	20.6：48.4：31.0
四川省	3 531.05	14 519.41	10 486.20	12.4：50.9：36.7

注：表中数据均截至2014年

2. 产业发展状况

秦巴山脉四川片区的第一产业呈平稳发展趋势，2014年国民经济和社会发展统计数据显示，区域农林牧渔业总产值为523.11亿元，约占四川省的9.3%。该区域工业生产平稳增长，但增速较缓；建筑业稳步增长，占四川省建筑业总量比重较大。得益于该区域丰富的旅游资源，旅游业是该区域第三产业的主要推动力，旅游业呈加快发展趋势；但就旅游业占四川省旅游业的比重而言，其2014年所占比重仍然偏低，作为该区域重点发展的产业，2014年正处于加速发展阶段，还有进一步大力发展的巨大潜力。

秦巴山脉四川片区国民经济处于稳定增长和发展中，但其产业结构有待进一步优化。农业经济占四川经济的比重基本与其行政面积所占比重相当。在农业产业上，该地区逐步形成了一些特色农产品产业，如青川木耳、通江银耳、广元核桃等区域特色山区农产品的生产在四川占据重要地位；但林业经济发展尚显不足，秦巴山脉四川片区森林覆盖率高于四川平均水平，对森林的实际管护面积尚不明确，该区域共涉及25个县（市、区），但仅有不到半数的县（市、区）有明确的森林实际管护面积统计。

3. 特色资源的现有开发模式

在该区域的部分地区已经开展了以丰富的自然资源为基础的特色资源开发模式。例如，广元市资源循环利用、清洁能源利用、企业资源及农村资源循环利用相结合的资源开发模式在该区域得以发展，为该区域的后续发展提供了经验和参考。

广元市凭借其丰富的自然资源，尤其是清洁能源，在低碳发展的大背景下合理开发，科学利用，先后出台了《关于推广清洁能源开发利用方案》和《建设循环经济产业园区、实现低碳发展的意见》等系列政策文件，逐步形成了较为完整的资源循环利用发展模式。广元市主要从以下四个方面推动和扶持低碳发展。

其一，优先发展民用燃气。截至2015年底，累计发展天然气居民用户26.19万户，气化率超过80%；新建压缩天然气（compressed natural gas，CNG）加气站11座、液化天然气（liquefied natural gas，LNG）加气站20座，压缩天然气汽车和液化天然气汽车总量超过 1 万辆；积极调整工业燃料结构，新完成企业煤改气 91 户，累计达到103户，新完成 35 户规模以上企业“煤改气”技改，“五小”企业煤改气技改新完成2 780户，累计达到5 004户，实现年节省标煤61.5万吨，仅此一项即可减少排放二氧化碳123万吨。

其二，加快发展水电产业。广元市十分重视水能资源的开发利用，强力推进亭子口水利枢纽工程的建设步伐，大力发展农村小水电，实施“以电代燃料”工程，调整农村能源消耗结构，规划新建水电站20座，续建水电站4座，到2015年底水电站总量达到98座，装机容量达到200万千瓦。

其三，积极推动风能、太阳能建设。大力培育风电整机制造企业，建设风力发电站。2012年实现朝天区芳地坪西北向风电场投产发电，核准利州区凉水泉、望江坪，剑阁县亭川关13.5万千瓦风电项目。2015年实现风电装机50万千瓦，年发电量9亿千瓦时。新增征地10万平方米，达到年产12万吨太阳能玻璃制品、3 000万支集热管、40万台太阳能热水器的生产规模。

其四，探索发展生物质能。发展沼气和生物质成型燃料，截至2015年底新增沼气池 10 万口，基本普及农村沼气，建设集中养殖场大型沼气工程10处。以秸秆成型燃料技术为核心，借鉴国内外先进技术和运营模式，系统集成国内原料收、储、运、成型燃料生产及高效燃烧应用等先进技术，逐步吸引相关生产企业、科技研发机构、技术推广组织和部门、采购方等产业链与主题，打造生物质能源产业集群和技术创新基地。

（三）发展过程中的困境

由于长期基础薄弱和区位边缘化等，秦巴山脉各地在发展过程中面临相似的困境。这些困境使资源的潜力无法得到完整释放，在很大程度上制约了地区经济发展的脚步。秦巴山脉未来的发展需要先厘清现有的问题，然后“对症下药”，才有可能实现区域的发展目标。

1. 限制因素突出

在自然条件方面，秦巴山脉四川片区属于生态环境脆弱区，耕地中坡耕地多，水土流失严重，如秦岭南坡和巴山北坡之间的面积仅占长江流域的4%，但其输沙量占长江总输沙量的1/4左右，是长江流域水土流失最严重的地区之一[14]；在基础设施方面，公路、铁路、航道等与外界连通渠道尚不完善，区域内很多地方通达性不高；在人口素质方面，平均教育水平较低；在发展意识方面，由于长期处于贫困，致富和创新意识尚有待进一步提高；在资源开发的政策方面，缺乏有力吸引外来投资的相关政策；在人才资源竞争力方面，不仅缺乏吸引本地人才回乡建设的有效机制，而且缺乏吸引并留住外地人才的政策。

2. 特色资源丰富，但经济效率低下

秦巴山脉资源禀赋充足。得益于区域的自然环境条件，该区域盛产野生天麻、核桃、银耳、木耳及其他野生食用菌等天然或栽培的有机或绿色食品；在历史文化及旅游资源方面，该区域具有以川陕苏区红军烈士陵园、剑阁红军血战剑门关遗址等为特色的红色旅游资源，有以张飞庙、石门—明月峡古栈道等先秦两汉三国历史文化资源为重点的历史文化旅游资源，有以仪陇琳琅山、南江光雾山等生态资源为特色的自然风光旅游资源，有以丰富的森林资源为主的生物资源。

但是，长期以来各区域零碎开发，没有形成生态品牌区、旅游产业带和旅游经济走廊，农户分散经营，农产品交易市场封闭，没有形成大宗品牌收益，严重束缚了资源经济价值的释放，资源利用效率一直较低，对解决农民就业、增加农民收入作用不明显，所以这一地区一直沉寂于“资源诅咒”“贫困陷阱”中。一些短视、盲目的招商引资行为，以及“小打小闹”式的无序资源开发，反而造成资源与环境破坏，加重贫困。调研发现，在这一区域的一些贫困县乡，有许多小

煤矿、砖瓦窑和砂石厂，收益有限但污染不小。农药化肥使用导致的农业面源污染，以及乡镇基层水处理设施未能有效运行，致使该区域一些地方水资源受到严重污染。生态功能区目前面临水土流失严重、地质灾害频繁等问题，区域内生物多样性受到严重威胁。与此同时，区域内有一些矿产资源较为丰富，但是在开发过程中对当地生态环境的破坏较为明显，加之当地基础设施相对薄弱，在未来发展过程中将面临较为严峻的环境保护压力。

3. 经济指标靓丽，贫困痼疾仍存

近年来，随着中央及地方各级政府扶贫攻坚战略的实施，秦巴山脉经济总量增加迅速。政府财政收入翻倍增长，进城务工劳动力收入增加，农户储蓄额大幅度增长，中央和各级政府大量扶贫货币资金的直接补助，使农户货币收入刚性增加。森林、矿产资源的开发利用，也给当地带来不菲收入。秦巴山脉四川片区地处的川东北经济区（南充、达州、绵阳、广元和巴中）6.18万平方千米的占地面积约占四川总面积的12.8%，地区生产总值稳步提升，在四川经济格局中占有重要地位；近年来，衡量地区发展的五大经济指数（地区生产总值、固定资产投资、社会消费品零售、城镇居民人均可支配收入、农村居民人均纯收入的增速）也都超过四川平均水平。

在看到整体统计指标反映的经济发展成绩的同时，不能忽视秦巴山脉属于连片贫困区，仍存在大量“极贫县乡（村户）”这一现实痼疾（图 2-1）。秦巴山脉四川片区 2013 年共识别出贫困村 4 432 个（约占四川省 11 501 个贫困村的 39%）、贫困户87.3万户，贫困人口260.3万人（约占四川省贫困人口625万人的 41.6%），贫困发生率为 12.9%，是四川省涉及贫困县最多、识别贫困村户最多的片区。这些被识别的村户，相当一部分居住在秦巴山片区，生存和生产环境恶劣，属于陷于“代际传承的贫困恶性循环状态”的高山极贫人口，精准脱贫难度极大[15]。据统计，2014年，这一区域的减贫比率为 17.4%，低于四川省的 20.6%。

4. 理念规划较多，政策落地颇难

秦巴山脉“碳汇氧源”、“生物基因库”、“矿产富集区”和“中西部崛起核心块”的资源禀赋与发展潜力，早已为学者、政府甚至公众认知。但这些认知与理念未能充分转化为绿色发展科学之策。滞后的体制、机制与政策创新，严重制约了秦巴山脉绿色发展的主体功能发挥，甚至使之成为区域梗阻。从中央到地方，针对秦巴山脉的发展都有相关规划，如从中央下发的《国务院关于印发全国主体功能区规划的通知》（国发〔2010〕46号）、《国务院扶贫办 国家发展改革委关于印发秦巴山片区区域发展与扶贫攻坚规划（2011—2020年）》（国开办

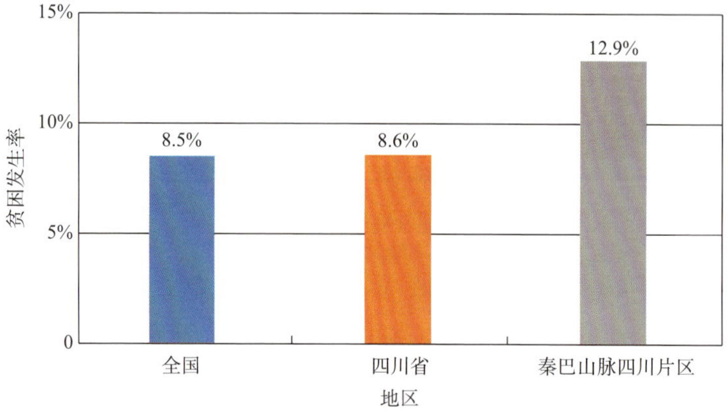

图2-1　秦巴山脉四川片区、四川省、全国贫困发生率
图中数据截至2013年

发〔2012〕37号），到四川制定的《秦巴山区（四川部分）扶贫开发规划纲要（2011—2015）》和《川东北经济区发展规划（2014—2020年）》等，针对秦巴山脉生态保护、绿色发展和扶贫攻坚的战略、规划、政策近年来屡见不鲜。但在绵阳、南充、达州、巴中和广元等地调研过程中，市县基层工作人员较多地反映到，这些规划与政策在落地实施中成效不够显著，一些原有布局的重点水利、生态和交通工程项目并没有开工或建成。推动秦巴山脉沉寂资源向绿色财富的转化，需要将科学理念转化为实效之策。

当前规划实施、政策执行和项目落地中出现的问题与困境主要体现在以下几方面。

（1）战略、规划和政策的集成性、适宜性“有待提升”。通过文献资料研究和实地调研发现，目前秦巴山脉四川片区内各县（市、区）普遍存在注重当地发展，缺乏与周边地区的联动。调研中有地方部门反映，各类规划之间衔接不够，有些政策过于一刀切，如在对森林资源严格保护的同时，对当地居民生计利益有所忽视，使原本可以形成发展链条的产业相互“脱节”。区域内各地皆拥有丰富的文化–旅游资源，旅游产业对各地财政收入贡献较大，但在发展过程中，秦巴山脉的旅游产业存在多“点”、少“线”、缺“面”的问题；相较于省内乃至全国旅游景区，秦巴山脉旅游资源的潜力尚未完全释放。因此，将秦巴山脉四川片区作为一个整体的区域考虑其绿色发展模式，实现该区域的综合协调管理，避免各自为政的局面，是该区域绿色协调发展的基础。

（2）地方政策配套与要素保障“有心无力”。调研中发现的一个突出问题是，中央的生态工程或扶贫开发项目大都需要省市县配套资金实施，但贫困市县地方财力有限，筹措配套资金不仅影响项目落地与建设，甚至因此背上更重的财政包袱。在国家法律法规的基础上，各县（市、区）政府已积极制定了多项相关规定，但目前仍存在行业漏洞、执行漏洞等问题，在这方面应当继续细化、深化相关制度，应具体到行业、地区，甚至具体的某类物品，为资源的高效利用提供一个强有力的制度保障，只有有法可依，才能有法必依。

（3）体制机制的市场化与开放度“先天不足”，人才技术因素“后发匮乏”。受限于区位封闭、地质复杂、交通不便，自发市场经济因素发展缓慢，现代商业文化淡薄，封闭、分散、陈旧的小农经济、作坊经济和农贸经济长期主导等因素，秦巴山脉难以自动融入全球开放性的市场经济体系，难以自发培育起高质效的现代产业体系，加上生产生活和文化教育条件有限，难以形成人力资本、科技力量与信息数据“洼地”，反而成为“贫困孤岛”。近年来，政府主导的扶贫攻坚战略，推动了秦巴山脉整体经济社会发展，但是，秦巴山脉大量贫困县乡仍然依靠“扶贫救济”维持财政生存与居民生计。“救济”扶贫中存在的短期目标、寻租成本、穷人依赖，以及传统政策的“路径依赖”与“创新阻滞”效应，极大地降低了政策实效。长期以来，受山区不通畅的交通条件的限制，生产运输成本偏高，外来资本投入有限，秦巴山脉相较于省内其他地区经济发展滞后，人均收入偏低。人力资源流失严重，多数当地人选择外出务工，造成片区内企事业单位的人才资源相当缺乏。加之社会经济发展缓慢，缺乏吸引和留住人才的条件，从而形成“经济滞后—人才流（缺）失”的“恶性循环”。

（4）发展策略与项目以自上而下为主，因地制宜较少。在区域发展中，很多项目都是自上而下的，项目设计没有充分考虑当地自然与社会经济条件，项目实施的效果与预计相差甚远。例如，在该区域的退耕还林工程中，种什么树种都由省市确定，结果出现“树木活下来的不值钱，值钱的种不了”的情况。一个区域农林牧业的发展，一定要从当地的自然禀赋出发，按照“适合发展什么，兼顾市场前景”的思路发展后续产业。

5. 当地矿产资源开发惠民少

区域发展是一个系统工程。在强调生态文明建设的今天，在经济发展过程中必须强调环境保护，避免增加新的环境污染问题，区域环境容量是一个重要的工业发展控制指标。在秦巴山脉一些地方，矿产资源完全由央企开发，占用了当地环境容量，使地方丧失了工业发展机会，但央企的税收并不由地方收取，当地矿产资源开发对当地的经济发展贡献有限，而且抢占了当地的发展机会。这样的矿产资源开发模式进一步剥夺了秦巴贫困区的发展机遇。

6. 气候变化影响后果显现，但缺乏相关研究和应对策略

气候变化是当前世界面临的一个重大环境问题，影响各地的经济发展和民

生。秦巴山脉是对气候变化比较敏感的区域，也是同纬度极端降水事件影响最大的地区[16]，气候变化的影响已经逐渐在该区域显现，如巴中地区气候变化大，旱涝、低温灾害发生频繁[17]，但近年来秦巴山脉四川片区达州部分高频率的暴雨事件及秦巴山脉的干旱事件尚未引起政府相关部门应有的重视。

第二节　总体战略布局

当前，秦巴山脉自然资源和经济发展状况反映出了许多发展中国家面临的“窘境”，即这是一个拥有丰富的自然资源和贫困现实矛盾体的区域。若结合国内外经济发展水平来看，这种矛盾体似乎说明，一个地区的经济发展与其自然资源没有直接的关系，关键在于如何认识、理解一个区域的综合发展条件，并制定出合理的发展道路。

中国倡导和走上绿色发展道路，是经过40多年经济快速发展后的一种必然选择。在过去40多年的发展中，国内生产总值（gross domestic product，GDP）增长是一个极其重要的指标，GDP增长越快越好，但这期间很少考虑GDP增长的代价，未能顾及GDP增长与资源减少、环境污染和人类健康的关系。如今，大家都认识到，GDP的高速增长是以资源的粗放消耗、巨大的资源浪费，以及严重的环境污染为代价获得的。这样的经济增长方式，削弱了我国长期发展的基础和未来发展的潜力，剥夺了后代发展的权利。

因此，这种经济增长方式必须转变，必须从粗放和高碳的经济发展模式转向低碳发展模式。促进绿色增长已成为我国经济社会发展的长期目标，也是我国转变经济发展方式的必然选择。前已述及，秦巴山脉很多区域在国家主体功能区规划中属于限制开发或禁止开发区域，而且这一区域的生态环境整体上是脆弱的，要实现秦巴山脉四川片区的可持续发展，必须充分利用其生态环境，将其作为资源来看待，将其作为资源来经营。从全球来看，气候变化、生态退化、环境恶化、能源安全、粮食安全和重大自然灾害等全球性挑战日益突出，而且在我国都有突出表现，绿色发展是应对这些挑战的重要策略和行动之一。

（一）发展机遇

在当前的国家政策形势下，秦巴山脉的发展有多重机遇。其一，党中央、国务院高度重视区域协调发展，并就深入推进西部大开发、加大扶贫开发力度和促进中部地区崛起做出了一系列战略部署，为加快秦巴山脉的发展提供了根本保证；其二，国家大力推进区域生产力布局调整和产业结构优化升级，为秦巴山脉承接产业转移、发展特色优势产业提供了机遇；其三，关中—天水经济区、成渝经济区、武汉经济圈、中原经济区的快速发展为秦巴山脉提供了良好的周边环境；其四，南水北调中线工程、《三峡工程后续工作总体规划》实施等重大建设任务，为秦巴山脉加快转变发展方式、推动科学发展提供了契机。

秦巴山脉区域发展应抓住机遇，打破长期以来山区发展只能依靠农业产业的传统观念，把山区的自然资源转化为优势，不断增强自我发展能力，使山区的文化遗产、乡村景观和地方特色产品等特色得到重视与发展，利用现有资源和政策，寻求适合自我发展的道路。

相关研究应基于对该区域资源状况的充分认识，而对资源的认识及资源的价值随时间和科技进步而变化，合理利用该区域的资源是该区域经济发展的基础。

1. 邻区资源

从地理区位上看，秦巴山脉连接我国中西部几个重要的城市群，包括西安城市群、兰州城市群、成渝城市群、武汉城市群和郑州城市群等，这些城市群对应的是天水—西安经济区、成渝经济区、武汉经济圈和中原经济区等，具有独特的邻区资源。这种独特的邻区资源是促进该区域独特农产品、有机农产品和旅游发展的重要资源，对此应该有充分的考虑与应用。

2. 重要河流水源区

前已述及，秦巴山脉四川片区属于嘉陵江、涪江、渠江上游或河源地区，而这些江流都发源于秦巴山脉。嘉陵江发源于陕西省宝鸡市凤县西北代王山凉水泉沟；涪江和渠江是嘉陵江的主要支流，涪江发源于岷山主峰雪宝顶北坡；渠江发源于秦巴山脉四川片区，有两个源头，东源州河出自四川省和陕西省边界的大巴山西南麓，北源巴河出自四川省和陕西省边界的米仓山南麓，在渠县三汇镇汇合后就称为渠江。

3. 重要林区

秦巴山脉四川片区是四川省主要林区。如何合理利用林区资源发展林业产业、壮大绿色经济、扩大就业、消除贫困，需要挖掘林业潜力，发展木本粮油和生物质能源，维护粮食安全和能源安全。同时，要加强生物多样性保护，涵养水源，防治荒漠化，增加森林碳吸收，应对气候变化，维护区域和全球生态安全。

4. 丰富、独特的旅游资源

秦巴山脉四川片区拥有丰富、独特的旅游资源，是该区域绿色发展的重要基础。这一区域的一些历史文化资源独一无二，一些自然景观资源在全国也很有竞争力，通过有效开发，能够成为该区域发展的支柱产业，并带动相关产业的发展。

5. 人力资源

如何看待秦巴山脉的人力资源优势？众所周知，人力资本的积累是一个长期且投入巨大的工程。由于秦巴山脉在过去三十年的发展中，经济发展缓慢，经济不发达，很多人都到其他地方去寻找发展机会，这实际上为秦巴山脉培养了大量的人才，提高了人力资本的价值。

6. 优良的环境资源

作为距离我国东部发达区域近、面积大、环境污染小的区域，秦巴山脉优良的环境资源是当地绿色循环发展最重要的优势。秦巴山脉大面积的植被和不发达的工业造就了该区域良好的环境。与周边几个城市群相比，秦巴山脉是环境质量的高地、资源涵养高地和休闲养生高地。

（二）战略定位

秦巴山脉包括四川、河南、湖北、陕西、甘肃、重庆等六个省（市）的80个县（市、区），总面积为22.5万平方千米，约占我国国土面积的2.3%。区内总人口为3 765万人，其中乡村人口达到3 051.5万人，比例超过81%。片区内贫困人口基数大，农户生计脆弱，致贫原因复杂；区域内各地发展差异较大，产业支撑能力较弱；基础设施建设滞后，交通制约经济发展的问题突出；基本公共服务资源不足，缺乏科技支撑；生态环境受经济发展影响较大，开发与保护的矛盾突出。

加快秦巴山脉区域发展，加大扶贫攻坚力度，有利于保障和改善民生，推进贫困人口整体脱贫致富，缩小发展差距，促进社会和谐；有利于深入推进西部大开发和中部地区崛起，实现国家区域协调发展；有利于水源涵养、水土保持和生物多样性保护，构筑国家重要的生态安全屏障；有利于南水北调中线工程顺利实施和三峡库区安全，对实现国家总体战略目标和全面建成小康社会奋斗目标具有十分重要的意义。

结合国家《秦巴山片区区域发展与扶贫攻坚规划（2011—2020年）》及各省（市）的实际情况，秦巴山脉四川片区未来的战略定位主要针对以下三个方面。

1. 国家重要生态安全屏障，区域重要交通枢纽

统筹经济社会发展与生态环境保护，推进生态文明建设。加强重点生态工程建设，实施南水北调中线水源地保护工程，建立和完善生态补偿机制，维护生物多样性，增强水源涵养能力，防治水土流失，保障水质安全，保障我国战略水资源跨区域统筹利用，进一步发挥国家重要生态安全屏障作用[18]。坚持城市、乡

村、道路、水系和村镇“五位一体”，统筹推进区域生态体系建设，保护森林资源，持续退化生态系统的恢复与重建项目，加强现有污染治理，防止新污染的产生。

同时，加强综合交通运输体系建设，发挥其连接南北、沟通东西的区位优势，构建连通关中—天水经济区、成渝经济区、武汉经济圈和中原经济区的重要通道，推进区域协调发展。四川省广元市、巴中市作为上述“三横六纵”体系的枢纽城市，应当充分利用自身的区位优势，加强与国家公路、铁路网规划的衔接，加快省道、专支线铁路及主通道联络线规划建设；同时，加快支线和通用机场建设；加强嘉陵江等航道整治，完善通航设施，建设广元等港口；提高县际及通县公路的技术等级和通行能力；继续推进农村公路通达工程、通畅工程和农村客运网络化工程。形成布局完善、干支结合、结构合理的区域综合交通运输网络。

大力推进农业产业结构调整，结合生态特点，稳定发展粮食生产，扩大经济作物和林果种植面积，积极开展人工种草建设，按照规模化、标准化和品牌化的要求，建设地域特色农业基地。提升青川木耳、通江银耳的产业地位，做优油橄榄、核桃、油茶、黄姜、杜仲、天麻、贝母、木瓜、蔬菜和苗木花卉等优势产业。推动绿色和有机产品认证及国家地理保护标志的申请与认证。培育特色山珍、精品山药材、山地杂粮和经济林果等特色产业，扩大规模，创建市场品牌，打造“秦巴药乡”品牌。

大力发展生态畜牧业和健康水产养殖业，重点发展地方优良品种和特种养殖业，逐步形成规模，培育高端市场。充分发挥生物资源优势，积极发展有机食品、有机肥料和饲料等相关产业。以龙头企业带动农林产品基地建设，完善生产加工链条，提高产业核心竞争力。

创新科技扶贫模式，加大科技扶贫力度，不断提高经济发展与扶贫开发的科技含量，高效利用丰富多样的气候、土地和生物等资源，大力发展山地特色高效农业，积极开发有机食品，打造我国无公害农产品生产加工基地，带动贫困农户脱贫致富。加大扶持回乡创业的力度，争取国家和省政府在财税方面的政策支持，吸引本区域在外打工、上学和经商人才回乡创业或投资。

2. 国家级绿色循环经济发展区

按照减量化和再利用优先的原则，以新材料、生物产业、天然气精细化工业和现代物流业为重点，延长循环经济产业链，实施园区循环化改造、餐厨废弃物资源化利用和“城市矿产”等重点工程，扶持以当地特色农产品、林产品、畜产品等为主的旅游产品开发与生产，推动循环经济加快发展。

结合秦巴山脉四川片区各地情况，有针对性地重点推动有色金属产业的改造升级，加快淘汰落后产能，全面推进清洁生产，提升技术含量，合理布局金属冶炼加工产业，构建新材料循环产业链条。发展天然气精细化工业，提高资源开发和就地转化水平，建设国家天然气综合开发利用示范区。利用区域性市场资源，加大技术研发和投入力度，发展生态环保节能新型建材产业。

秦巴山脉四川片区应当在区域交通大力改善的基础上，加大现代物流业投资，发展电商产业。交通投资按照统筹规划、布局集中、用地集约、产业集聚、功能集成和经营集约的原则，加快区域性物流园区和物流中心建设。推进与物流配套的运输场站、仓储、配送和信息平台等设施建设。积极发展第三方物流，培育和壮大一批骨干物流企业，推动物流业与制造业等产业联动发展。积极发展农村物流和专业物流。

3.“生态–文化–红色”旅游助力区域扶贫示范区

结合国家对秦巴山脉主体功能的定位，以及这一区域的生态环境状况，以生态环境保护为核心，以生态环境为资源，以历史文化为亮点的旅游是实现这一区域可持续发展的重要途径。

大力保护和深入开发利用丰富多样的旅游资源，依托山水生态游、历史文化游和红色旅游，发展以多元融合的文化旅游和风景名胜旅游为导向的旅游经济，作为推动当地社会经济可持续发展的一个重要方向，形成支柱产业，培育相关产业。加强旅游基础设施建设，延伸旅游产业链条，推动文化产业与旅游产业整合发展，推进旅游业转型升级，密切区域旅游协作，提高旅游综合效益，建设国内外具有重大影响力的生态与文化综合旅游区，如与陕西省合力打造川陕红色旅游圈、秦岭巴山生态文化旅游圈等。

通过旅游扶贫活动，可逐步完善基础设施，增加可及性；在旅游扶贫资金上应开展多渠道资金筹措，鼓励民间资本进入，通过合理的融资安排实现旅游创收。旅游开发需要制定有利于贫困人口参与的机制，提高当地百姓的参与和分享能力，重点开发以扶贫为主、贫困人口参与的旅游，如民俗旅游、乡村旅游、生态旅游和红色旅游等；同时发挥旅游与其他产业相关联的优势，积极开发旅游产品，与地方其他产业相协调，构建本地化、区域化的产业链。打造依靠旅游为主要“推手”的扶贫示范区。

（三）发展目标

秦巴山脉四川片区是川东北经济区的重要组成部分，也是革命老区和边远山区，无论是经济总量还是人均数量都明显偏低，经济发展相对缓慢。秦巴山脉四川片区多为经济效益较低的初级产业，农业依旧占主体地位，农业生产能力不高，工业企业规模小、效益差。国民经济运行的整体质量不高，经济发展仍处于工业化初期的准备阶段，附加值不高，产业链短，第三产业发展滞后，整体经济发展水平较低，不能起到带动发展的作用。因此，对秦巴山脉的发展策略一个重要的考量是短期、中期和长期发展的平衡。考虑哪些是我们别无选择的选择，哪些是通过政策和科技进步可以减少对环境影响的。此外，资源开发具有重要的时间性，特别是在科技进步突飞猛进的今天，科技进步能够使资源开发利用效率提高，降低资源开发过程中对环境和人类健康的影响。一个显著的例子是美国页岩气的开发，科技进步已经使页岩气开发成本大大降低。在发展策略方面，政策具有的作用极为关键，如何调整相关财税政策，引导绿色经济发展，对这一区域的发展至关重要。

从长远来看，实现绿色增长无疑符合全社会的根本利益。但是，从经济学角度看，在发展绿色产业的初期，企业需要进行的技术研发、设备改造、市场培育等都需要投入巨大的成本，却无法在短期内获得收益。要解决这一问题，就需要通过政府有关政策的引导，有效改变市场主体在发展绿色产业、实现绿色增长时的成本收益结构，从税收、金融信贷等方面给予积极的政策扶持，在项目审批、土地审批等方面对绿色投资和绿色产业给予优惠，增强企业投资绿色产业的积极性，创造良好的政策环境。秦巴山脉四川片区区域发展具体目标可以归纳如下。

第一，开发新的经济增长点，实现绿色循环发展。

到2020年，区域内现代农业、旅游业等特色优势产业大力发展，实现资源开发利用和生态建设良性互动，将生态优势转化为经济社会发展优势。提高资源回收利用效率，大力发展可再生能源产业，完善相关基础设施，科技支撑作用进一步提升，实现绿色循环经济发展。

第二，精准扶贫，充分利用优势产业，实现高质量脱贫。

到2020年，彻底消除秦巴山脉贫困问题，不仅稳定实现扶贫对象不愁吃、不愁穿，保障其义务教育、基本医疗和住房，还要大力推进对脱贫人口的技能培训和资金支持，以杜绝脱贫后因缺乏维持生计手段而再度“返贫”现象的发生。同时，建成现代产业体系；大幅度改善基础设施，发展条件进一步优化；社会事业进一步发展，基本公共服务主要领域指标接近全国平均水平；形成资源开发利用和生态建设良性互动格局，生态优势转变为经济社会发展优势；城乡居民收入和经济发展同步增长，农民人均纯收入增长幅度高于全国平均水平，与全国同步实现全面建成小康社会的目标。

（四）空间布局

国家针对秦巴山脉未来发展提出了整体保护、集聚发展的原则，着力打造“一带三中心五走廊”空间格局。同时，结合各地自然资源、社会经济和特色产业等因素将整个秦巴山脉四川片区分为三大功能区，即重点发展区、农业生产区和生态保护区。

1. 重点发展区

重点发展区主要包括地市级城市、县城等重点城镇及重点项目区。要充分利用城镇空间和产业基础条件，推进工业化、城镇化，促进人口集中、产业集聚，壮大区域经济增长极，提高综合承载能力。重点建设巴中和广元中心城市，拓展城市空间，优化城市形态，完善提升城市功能，促进人口与产业集聚，壮大特色优势产业，发挥辐射带动作用。巴中市作为一个中心城市，未来将重点发展天然气精细化工业、旅游业和食品加工业等产业，建成重要能源开发服务基地、区域性交通枢纽和商务贸易物流中心。

同时，加快建设四川广元、陕西安康和商洛及甘肃陇南等重点城市，拓展发展空间，完善服务功能。按照集约开发、集中建设的原则，重点规划和建设资源环境承载能力相对较强的县城与中心镇。引导生态脆弱、生产生活条件较差地区的人口向城镇集聚。四川广元要大力发展天然气化工、机械电子、食品加工业、特色农业和现代物流业等产业，同时建成区域性交通枢纽、商贸物流中心和生态旅游城市。

2. 农业生产区

农业生产区主要包括汉中盆地、安康盆地、商丹盆地、徽成盆地和汉江谷地等河谷平坝及低山丘陵地区；以种养殖业和村庄聚居区为主，大力发展特色农业和设施农业，改善农村生产和生活环境。秦巴山脉四川片区具备良好的空气、土壤和水源等自然条件，是绿色农产品生产基地和加工供应中心。其中，巴药、茶叶是该区域的重点打造产品。同时，该区域大力发展以绿色蔬果、生猪为主的农产品市场，并将该区域打造为生态农业示范基地。该区域具备发展势头强劲的特色产业，如广元市朝天区在 2017 年底，全区核桃产量达 4.3 万吨，连续九年居全省县区首位，“朝天核桃”荣获四川省首届“果王子”评选核桃类金奖；紫云猕猴桃荣获国家首个猕猴桃产业地理证明商标；2011年12月7日昭化韭黄被国家质量监督检验检疫总局批准为国家地理标志保护产品。

3. 生态保护区

生态保护区包括森林、高山草场、湿地及各级自然保护区、水产种质资源保护区、森林公园、湿地公园和地质公园等重要的生态功能区。秦巴山脉四川片区应当以生态建设与环境保护为主，除适当发展生态旅游、种养殖业和必要的科学实验外，限制其他生产建设活动。同时，秦巴山脉四川片区应当结合生态建设、防灾减灾和扶贫开发，推进人口易地安置；切实加强生态建设，实施严格的环境保护措施，提升生态环境质量，保障生态安全。

秦巴山脉四川片区内重要的生态功能区主要包括生态安全保护区、生物多样性保护区、水源涵养保护区及地貌多样性保护区。秦巴山脉四川片区自然资源丰富，生物多样性较好，是构成国家生态安全屏障的重要组成部分。域内包括多个国家级自然保护区、森林公园、地质公园及风景名胜区等。

第三节　协调发展策略

我国幅员辽阔，生态环境多样，空间发展极不平衡。当前我国区域发展不协调问题更加突出。为了促进区域和谐发展，国家陆续出台了多个区域发展规划，尤其是国家主体功能区划，将“统筹区域发展”上升为国家新战略。秦巴山脉位于陕、川、鄂、豫、渝、甘6个省（市）交界处，要实现该区域的脱贫，协调发展是关键。

围绕《中共中央关于制定国民经济和社会发展第十三个五年规划的建议》，将人民生活水平和质量普遍提高及生态环境质量总体改善作为“十三五”时期经济社会发展的重要目标。将解决区域性的贫困和形成主体功能区布局及生态安全屏障作为其具体目标。本书将创新、协调、绿色、开放和共享作为秦巴区域绿色发展的指导思想，来解决该区域的贫困，保护该区域的生态环境，实现区域的绿色发展。

（一）创新

按照罗斯托的经济起飞模型（Rostovian take-off model），农业主导的区域经济体在经济成长第三阶段（即起飞阶段）生产方式将急剧变革，经济开始摆脱不发达状态。基于经济基本面分析与典型区域调研，秦巴山脉正处于区域经济成长的“起飞”初始阶段。借鉴罗斯托的经济起飞模型，课题组为秦巴山脉四川片区新时期经济绿色跨越发展，提出了“一航·一体·两翼·三轮”的起飞式发展战略（图2-2）。

“一航”，是指秦巴山脉经济起飞的航向。通过5年左右的时间，实现秦巴山脉的绿色经济转型与跨越发展，基本消除贫困，全面建成小康社会。

“一体”，是指秦巴山脉经济起飞的产业实现。这一“主导起飞”的产业载体，将是高质效的现代绿色产业体系。高质效，即向全球价值链高端演进、区域效益高、民生效应大；绿色，即资源环境成本低、生态价值高、居民环境福利多。秦巴山脉绿色产业体系由协同创新演化的四大产业功能体组成，即大生态综

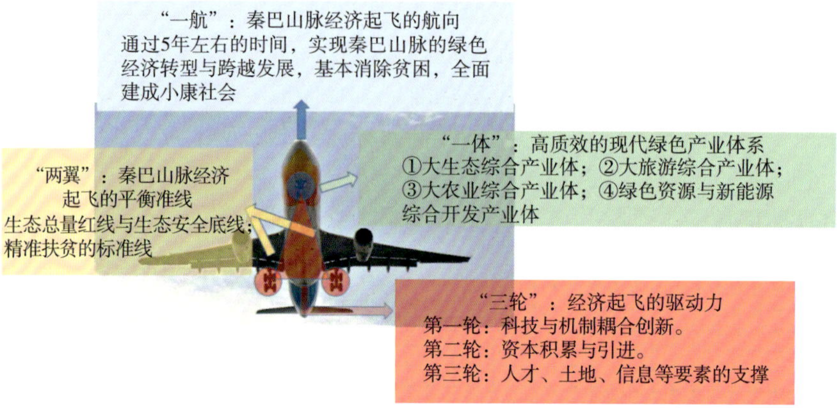

图2-2　秦巴山脉"一航·一体·两翼·三轮"起飞发展战略

合产业体、大旅游综合产业体、大农业综合产业体，以及绿色资源与新能源综合开发产业体。

"两翼"，是指秦巴山脉经济起飞的平衡准线。第一翼，守住生态总量红线与生态安全底线。无论是资源使用，还是环境占容，都要恪守生态总量红线，坚决守住"不发生重特大生态安全风险"底线。第二翼，达到精准扶贫的标准线。秦巴山脉绿色发展与跨越发展的一个根本目标是民生持续改善，使秦巴山脉贫困村户尽快摆脱"贫困陷阱"，进入可持续小康状态。

"三轮"，是指秦巴山脉经济起飞的驱动力。第一轮，科技与机制耦合创新。强化政府科研资金投入及科研院所技术创新的市场导向，落实产业化应用评价，将秦巴山脉绿色产业发展的市场空间和国内外技术市场有机联系与嫁接。第二轮，资本积累与引进。"政策、项目、资金"要进行"打包捆绑"投入；引入"资本、技术、管理、信息、市场"组合招商理念，引入符合绿色产业发展导向的国际一流品牌投资者与设计开发商；建立并完善生态补偿机制，释放秦巴山脉生物多样性功能区生态、科教文化价值，打造可持续"生态公益性项目资金池"。第三轮，人才、土地、信息等要素的支撑。秦巴山脉经济起飞，除创新驱动与资本驱动，还需要一系列现代经济要素的支撑。其一，现代化的人才；其二，建设用地土地指标的高效配置与利用；其三，打破秦巴山脉的"信息藩篱"和"流通梗阻"，建设"互联网+绿色产业"。

（二）协调

协调包括秦巴山脉与其他区域的协调和秦巴山脉区域内发展的协调。秦巴山脉与其他区域，特别是享受秦巴山脉生态系统服务的区域，需要通过制定国家层面的生态补偿机制来实现。对四川而言，作为四川盆地北部和东北部的生态屏障，秦巴山脉四川片区对四川盆地的发展至关重要，四川盆地各市应该根据各自的经济发展水平和秦巴山脉生态屏障的贡献，为秦巴山脉四川片区发展提供经济、人才、教育和产业发展等方面的支持。

目前，秦巴山脉的发展在区域合作方面存在很大的不足。例如，存在断头路、山区旅游“单门独户”等诸多问题，景观雷同、重复建设情况也时有发生。即使有合作也多限于行政区域内部的合作，区域间的合作困难重重（甚至还存在为争夺资源发生纠纷的现象）。山脉是区域性的人文地理景观，由于自然地理的延续性和历史发展的长期性，形成了各具特色的山区文化带。

未来政策应加强区域层面的整合，可以从两方面共同推进：一是“自上而下”，在全国范围内根据秦巴山脉的自然地理特征和历史文化渊源将山区划分为若干个区域，制定整体性的保护和发展策略用以指导区域发展；二是“自下而上”，地方从联合发展的角度，成立打破行政边界的跨区工作团体，围绕基础设施建设、生态环境保护和文化景观发展等方面进行小范围的合作。

以规划为平台，建立片区内省际、县际协作机制，统筹规划实施，合理布局产业，优化生产要素配置，加强项目衔接和基础设施对接，推进区域一体化发展。支持川陕革命老区开展扶贫开发与经济协作示范区建设，支持南水北调中线工程水源保护区协作开展生态文明示范建设。充分发挥巴中、广元和万源等城市的辐射带动作用，以城带乡、以工补农，打破城乡二元经济格局，推进城乡一体化发展。

同时，充分发挥秦巴山片区的区域优势，积极融入关中—天水经济区、成渝经济区、武汉经济圈和中原经济区，密切加强与周边城市的联系，加大面向沿海地区的开放力度，进一步拓展发展空间。依托南水北调中线工程和川气东送工程建设，密切与相关区域的经济联系和产业合作，形成合作互利、优势互补的开放发展格局。

（三）绿色

《中共中央关于制定国民经济和社会发展第十三个五年规划的建议》明确指出：坚持保护优先、自然恢复为主，实施山水林田湖生态保护和修复工程，构建生态廊道和生物多样性保护网络，全面提升森林、河湖、湿地、草原、海洋等自然生态系统的稳定性和生态服务功能。

秦巴山脉承担南水北调中线工程水源保护、生物多样性保护、水源涵养、水土保持和三峡库区生态建设等重大任务，经济发展与生态保护矛盾突出。秦巴山脉涵盖秦岭区和大巴山区两个生物多样性保护优先区。因此，未来应当加强生态保护与建设，探索生物多样性保护与减贫相结合，促进经济社会与自然协调发展的新模式。

此外，秦巴山脉气候脆弱性较大，适应性有限。未来气候变化对片区内自然环境、社会经济的影响将日益凸显。因此，应当考虑综合运用调整产业结构和能源结构、节约能源和提高能效、增加森林碳汇等多种手段，从而大幅度降低能源消耗强度和二氧化碳排放强度，有效控制温室气体排放。在生产力布局、基础设施、重大项目规划设计和建设中，充分考虑气候变化因素。加强对极端天气和气候事件的监测、预警与预防，提高农业、林业、水资源与交通等重点领域和生态脆弱地区适应气候变化水平。

（四）开放

多年来，受制于各方因素，秦巴山脉在世界上的知名度较低，发展严重滞后。作为中华文明的发源地之一，贫困与落后不仅直接影响当地的现代化发展，也不利于中华文明的保护与传承。

结合《中共中央关于制定国民经济和社会发展第十三个五年规划的建议》中开创对外开放新局面，必须丰富对外开放内涵，提高对外开放水平，协同推进战略互信、经贸合作、人文交流，努力形成深度融合的互利合作格局的方针，结合习近平总书记提出的“一带一路”倡议，片区未来的发展应当放眼世界，着力打造国际化的秦巴山脉。西安作为古代丝绸之路的起点，也是秦巴山脉的特大城市之一，可以充分利用其国际影响力，带动秦巴山脉内“一带三中心五走廊”的国际化发展。推进基础设施互联互通和国际大通道建设，共同建设国际经济合作走廊。加强能源资源合作，提高就地加工转化率。共建境外产业集聚区，推动建立当地产业体系，广泛开展教育、科技、文化、旅游、卫生和环保等领域合作，在助力国家“一带一路”倡议的同时，造福当地民众。

（五）共享

《中共中央关于制定国民经济和社会发展第十三个五年规划的建议》要求：按照人人参与、人人尽力、人人享有的要求，坚守底线、突出重点、完善制度、引导预期，注重机会公平，保障基本民生，实现全体人民共同迈入全面小康社会。

秦巴山脉贫困人口基数大，任何发展模式都应把改善民生、增进人民福祉作为出发点。考虑秦巴山片区的实际情况，实施脱贫攻坚工程势在必行，具体措施如下：扩大贫困地区基础设施覆盖面，因地制宜地解决通路、通水、通电和通网络等问题。对在贫困地区开发水电、矿产资源占用集体土地的，试行给原住居民集体股权方式进行补偿的制度，探索对贫困人口实行资产收益扶持的制度。提高贫困地区基础教育质量和医疗服务水平，推进贫困地区基本公共服务均等化。建立健全农村留守儿童、妇女、老人关爱服务体系。此外，提高山区教育质量，改善就业环境，鼓励民间资本投资等也将为片区未来发展提供支撑。

最后，未来山区的发展离不开高水平的人才资源。山区工作环境相对较差，加之缺乏相应的鼓励引入机制，人才资源流失严重。因此，借鉴《中共中央关于制定国民经济和社会发展第十三个五年规划的建议》中精准扶贫的思路，区域内各省、市、县（区）可以根据实际需求，结合优惠政策、经济扶持等方式，有针对性地引进高水平的技术人才，因地制宜，“因地用人”，在解决当地困难的同时，为当地培养相关技术人员，增加人才储备。

第三章　新型城乡建设

秦巴地区位于我国地理中心，同时是中国“绿芯”。秦巴山脉是跨地区最多的集中连片贫困山区，其丰富的生物多样性及多元文化的汇聚，造就了其独特的发展机遇。中共十八大报告提出建设美丽中国与生态文明战略，国家也不断完善新型城镇化与扶贫攻坚战略。秦巴山脉只有解决好资源开发利用与生态环境保护的矛盾，把“绿水青山”变成“金山银山”，才有利于弥补国家现有战略的缺陷，有利于更好地实现“两个一百年”的奋斗目标，有利于构建国家层面的生态安全屏障，有利于促进全面实现小康社会，有利于中西部地区联动发展，承接东部地区产业转移，打破秦巴山脉周围城市群各自为战的局面，加快新型城镇化建设的步伐，也有利于“一带一路”倡议的实施。秦巴山脉现有的条件能够促使其成为秦巴山脉区域绿色循环发展战略与维护国家安全战略的重要目标。

以秦巴山脉四川片区城乡建设为例，其历史上是关中平原与成都平原重要的经济联系通道，是加强西、北部经济发展与南部经济发展的重要纽带。现阶段秦巴山脉四川片区新型城乡建设还存在诸多问题：地质灾害频发；生态环境脆弱；交通网络不完善，地理区位不明显；建设用地少且零散，利用难度大；自身特色产业优势不明显，主导产业支撑不足；人口素质低，支撑发展效果弱。

针对现存问题，本章综合分析城镇群分布、城镇化率与产业结构比、土地利用、人均地区生产总值等基础数据，提出对秦巴山脉四川片区空间发展的构想，同时提出绿色城乡建设、加强区域空间管控，保护山区生态环境，完善交通网络建设、实行空间战略规划，建设城镇网格体系、合理高效利用建设用地，构建特色产业格局、繁荣特色文化产业，推动城乡协调发展、提高人口总体素质六条对策。之后，由秦巴山脉四川片区的发展对策推及整个秦巴山脉，针对秦巴山脉发展提出了以下政策建议：建立中国秦巴山脉绿色循环发展研究中心；形成完善的城乡建设制度；建立土地流转平台；加强资金保障。

第一节 国家发展战略目标

一、“两个一百年”的奋斗目标

面向未来，我国已经确定了“两个一百年”的奋斗目标。现今，我国已进入全面建成小康社会的决定性阶段，且大部分地区已经基本实现小康，部分沿海地区达到中等发达国家水平，但边远山区仍然没有脱贫，这将影响我国全面建成小康社会这一目标的实现。改革开放以来，秦巴山脉经济社会有了很大的发展，但是，受诸多因素的制约，其现在仍然是集“老”“山”“穷”于一体的连片贫困地区。

为实现“两个一百年”目标，秦巴山脉要坚持把发展作为第一要务，其中，首先就是经济发展，坚持以人为本，坚持改革开放，通过“一带一路”倡议、城市群发展战略，打通秦巴山脉与国内乃至世界的桥梁，全面推进经济建设，使秦巴山脉得到更广阔的发展空间；利用秦巴山脉丰富的生态资源和文化资源，实现秦巴生态文化文明建设等，从而促进现代化建设各个方面、各个环节相协调。同时，中央需要加大对秦巴山脉的扶贫资金投入以给予秦巴山脉发展基础，通过各项优惠政策给予秦巴山脉更多的发展机会，同时吸引各方来秦巴山脉投资发展。

二、战略举措

（一）美丽中国和生态文明战略目标

中国共产党第十八届中央委员会第五次全体会议审议《中共中央关于制定国民经济和社会发展第十三个五年规划的建议》将“美丽中国”和“健康中国”首次写入“十三五”规划。十八大报告指出，“建设生态文明，是关系人民福祉、关乎民族未来的长远大计。面对资源约束趋紧、环境污染严重、生态系统退化的严峻形势，必须树立尊重自然、顺应自然、保护自然的生态文明理念，把生态文明建设放在突出地位，融入经济建设、政治建设、文化建设、社会建设各方面和全过程，努力建设美丽中国，实现中华民族永续发展”[19]。这段论述把生态建设提高到了与经济、政治、文化和社会建设的同样高度，将中国特色社会主义事业由“四位一体”拓展为“五位一体”。

在自然地理环境上，秦巴山脉是我国亚热带和温带分界线、黄土高原与四川盆地的分界线，具有典型的生态交错带特征；在水资源上，秦巴地区地处汉江中上游流域、嘉陵江上游流域和渠江流域等三个流域的交汇区，是我国水资源中资源丰富、污染小的少数地区之一，在我国水资源安全，特别是饮用水安全方面具有重要地位；在跨流域供水方面，该区域是南水北调中线工程水源地，这一区域的水资源量和水质直接决定南水北调工程的成功程度和工程价值，具有跨流域和跨区域的重要意义；在全国生态保护方面，这一区域是生物多样性丰富的区域之一，拥有多个自然保护区，对我国生物多样性保护、实施生态保护战略和《生物多样性公约》的国际履约等都有很大的意义；在环境保护方面，该区域拥有大面积保存良好的植被，在保持水土、改善大气环境质量、涵养水源等方面能够发挥巨大作用。秦巴山脉在构建国家层面的生态安全屏障方面将发挥重要作用。

（二）“一带一路”倡议目标

“一带一路”倡议对秦巴山脉的发展具有重要意义。从全国区域和交通位置上看，秦巴山脉位于我国地理中心，周围有西北关中城市群、西南成渝城市群、中部武汉城市群，由于秦巴山脉的阻隔，这些城市群之间的联系相对较少。“一带一路”倡议注重促进东部、中部、西部，以及沿海和内地的联动发展，加快缩小区域发展差距，强调各个区域特别是大区域联动，推进产业梯度发展等。未来随着秦巴山脉交通条件的改善和“一带一路”倡议的逐步实施，秦巴山脉将具有承接东、西部地区发展的重要作用，成为区域交通的重要枢纽，从而打破秦巴山脉周围城市群各自为战的局面，推动中西部地区的联动发展。

（三）新型城镇化战略目标

城镇化是中国经济结构战略性调整的重点，也是内需扩大的最大潜力所在。“新型城镇化”是以实现城镇化水平和质量稳步提升、城镇化格局更加优化、城市发展模式科学合理、城市生活和谐宜人、城镇化体制机制不断完善等多个目标的新战略，是在“城镇化”概念的基础上进一步展开的。

我国国土面积广阔，平原、丘陵、山区三种地形的发展基础和条件差异明显，根据这些差异分类推进，不仅有利于提高政府对城镇规划的科学性和前瞻性，以及资源利用的效率，还可以加快城镇化发展的速度。秦巴山脉因为其交通条件相对较差，生态环境保护的责任重大，以及城乡发展的整体水平较低，经济发展速度较慢，所以与平原发达地区相比较而言有较大差别，对秦巴山脉新型城乡建设的探索和创新，不仅有利于提高当地的城镇化水平，更重要的是总结出对我国山地、丘陵地区城乡建设具有普遍意义的实践经验和理论，对全国其他地区推进新型城乡建设起到示范带动的作用。

（四）脱贫攻坚战略目标

改革开放以来，秦巴山脉四川片区经济社会发展水平有了很大的提高，但是，受诸多因素的制约，现在仍然是集“老”“山”“穷”于一体的连片贫困地区，贫困现象严重。秦巴山区集中连片特困区跨越河南、湖北、重庆、四川、陕西和甘肃六省（市），集革命老区、大型水库库区和自然灾害易发多发区于一体，内部差异大、贫困因素复杂，已经成为国家新一轮扶贫开发攻坚战的主战场。消除贫困、实现共同富裕是社会主义制度的本质要求。到2020年，稳定实现农村贫困人口不愁吃、不愁穿，义务教育、基本医疗和住房安全有保障。实现贫困地区农民人均可支配收入增长幅度高于全国平均水平，基本公共服务主要领域指标接近全国平均水平。确保我国现行标准下农村贫困人口实现脱贫，贫困县全部摘帽，解决区域性整体贫困。扶贫攻坚战略为秦巴山脉全面建成小康社会打下了坚实的基础。

三、国家发展战略缺陷

（一）“两个一百年”目标与脱贫攻坚战略

秦巴山脉的发展也是实现“两个一百年”目标的重要一环。要想使中国居民人均收入相比2010年翻一番，提高贫困地区人口收入极为重要。在实现“两个一百年”目标的过程中，一定要解决秦巴山脉的贫困问题。秦巴山脉部分区县的人均地区生产总值和世界发达国家人均GDP相比差距明显，和全国人均GDP相比也存在很大差距。秦巴山脉应该积极响应国家扶贫攻坚战略，但是中国贫困地区范围仍然很大，缺乏一个带头示范的地区，秦巴山脉作为中国面积最大的集中连片贫困地区，跨越四川、陕西、甘肃、重庆、河南和湖北，地区情况也较为复杂，可以作为扶贫示范区，带动全中国贫困地区发展。

（二）新型城镇化战略

为实现“两个一百年”目标，秦巴山脉要坚持把发展作为第一要务，其中，首先就是经济发展，坚持以秦巴山脉人民为本，通过“新型城镇化”战略，让秦巴山脉居民过上更好的日子，解决农业、农村等主要问题，提高城镇化水平。但是一味地坚持城镇化往往会忽略当地本有的文化脉络和生态系统，造成千城一面的尴尬境地。秦巴山脉恰恰拥有极为丰富的生物多样性，以及悠久的文化历史，符合美丽中国和生态文明战略的要求，可以作为绿色发展的典型案例。

（三）“一带一路”倡议

国家提出“一带一路”倡议，可以促进中国西部地区发展，但是关键城市在物流集散、运输、交通等方面往往具有较大压力，重点城市附近缺乏后方支援城市。同时，几条线路中间缺乏联系，线路内部交流较为不便。

从全国区域和交通位置上看，秦巴山脉位于我国地理中心，周围有西北关中城市群、西南成渝城市群和中部武汉城市群，由于秦巴山脉的阻隔，这些城市群之间的联系相对较少。未来随着秦巴山脉交通条件的改善和“一带一路”倡议的逐步实施，秦巴山脉将具有承接东、西部地区发展的重要作用，成为区域交通的重要枢纽，因此，推进秦巴山脉的新型城乡建设既会受益于“一带一路”倡议的实施，也会促进“一带一路”倡议目标的实现，从而打破秦巴山脉周围城市群各自为战的局面，推动中西部地区的联动发展。

第二节　秦巴山脉特点

一、秦巴山脉是跨地区最多的集中连片贫困山区

通过对比我国11个集中连片特困地区的数据[20]，11个集中连片特困地区的总面积达到150.08万平方千米，约占我国国土面积的15.6%。秦巴山脉总面积为22.5万平方千米，约占11个集中连片特困地区总面积的15%，是其中面积比例最大的山区（图 3-1）。秦巴山脉跨越陕西省、甘肃省、河南省、湖北省、四川省和重庆市等六个省级行政单位，是跨地区最多的集中连片特困地区。

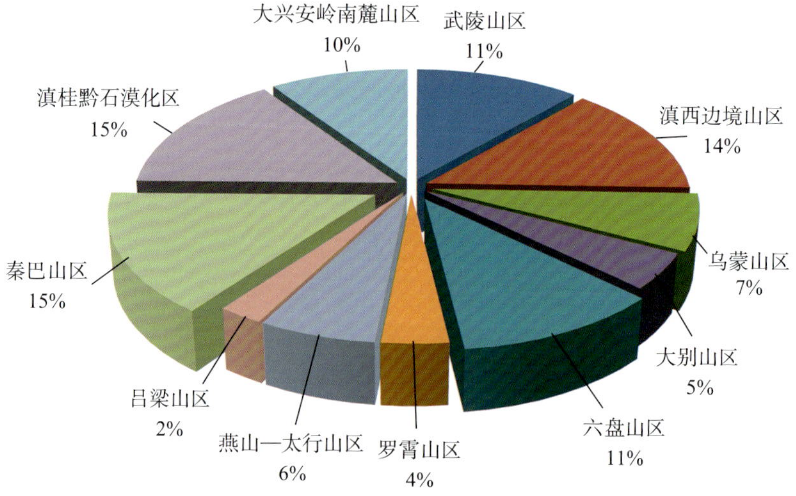

图3-1　各集中连片特困地区面积所占比例

11 个集中连片特困地区总人口为2.439 8亿人，约占全国总人口的17.83%。

而秦巴山脉总人口数为3 765万，约占11个连片山区总人口的15%，是占比最大的地区（图3-2）。其中，农村人口达到3 051.6万人（表3-1）。

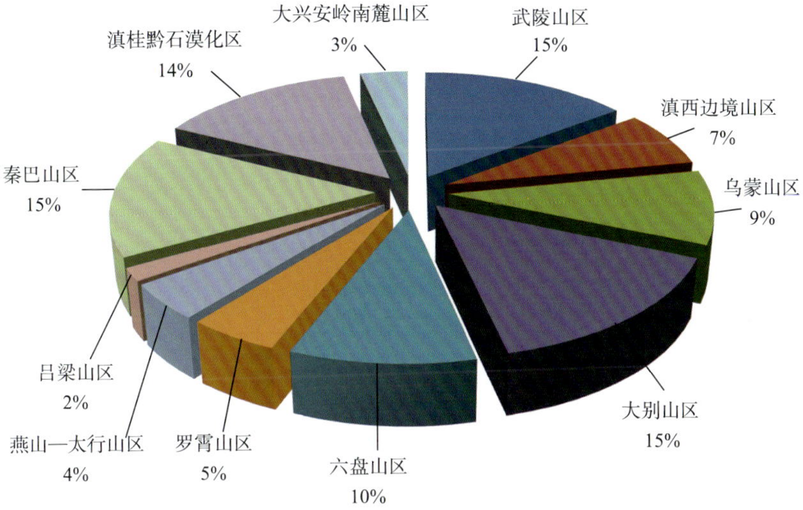

图3-2 各集中连片特困地区人口所占比例

表3-1 11个集中连片特困地区基本情况数据

地区	人口/万人	农村人口/万人	产业比例	农村人均收入/元	城镇化率
武陵山区	3 645.0	2 792.0	22∶37∶41	3 499.0	26.60%
滇西边境山区	1 751.1	1 499.4	26∶37∶37	3 306.0	27.00%
乌蒙山区	2 292.0	2 005.1	24∶42∶34	3 248.0	24.00%
大别山区	3 657.3	3 128.0	32∶39∶29	4 279.5	30.50%
六盘山区	2 356.1	1 968.1	21∶45∶34	3 255.0	25.50%
罗霄山区	1 170.1	947.6	20.5∶42.1∶37.4	3 175.4	30.70%
燕山—太行山区	1 097.5	917.6	25∶39∶36	3 408.0	28.90%
吕梁山区	402.8	340.4	19∶43∶38	3 340.5	31.30%
秦巴山区	3 765.0	3 051.6	21∶46∶33	3 978.0	30.40%
滇桂黔石漠化区	3 427.8	2 928.8	21∶43∶36	3 481.0	24.70%
大兴安岭南麓山区	833.3	563.4	30∶37∶33	3 908.5	34.10%

二、秦巴山脉丰富的生物多样性——中国“绿芯”

秦巴山脉四川部分生态现状较为良好，地区总体森林覆盖率平均水平达到

40%以上，空气质量优良天数达到90%以上，城镇绿化覆盖率达到40%以上，超过全国平均水平。根据世界资源研究所（World Resources Institute）全球森林观察（Global Forest Watch）项目的统计图可以看出，秦巴山脉四川部分是成都平原的重要屏障，环境基础良好，其生态作用不可忽视，因此，秦巴山脉四川片区是区域乃至全国的“绿芯”。

秦巴山脉四川片区以森林生态系统类型为主，森林面积占土地面积的57.30%，是当地占地面积最广的生态系统类型。秦巴山脉四川片区贯通我国两大特有植物分布中心，是我国特有植物种类数量最多的区域，也是我国“中国-日本植物亚区”和“中国-喜马拉雅植物亚区”过渡区，拥有崖柏、珙桐、太白红杉、秦岭冷杉和大果青杆等区域特有濒危植物，属于生物多样性保护优先区域[21]。区域内共有国家重点保护野生植物28种，其中国家Ⅰ级重点保护野生植物7种，国家Ⅱ级重点保护野生植物21种，国家Ⅰ级重点保护兽类4种，国家Ⅰ级重点保护鸟类1种，国家Ⅱ级重点保护兽类12种，国家Ⅱ级重点保护鸟类18种，国家Ⅱ级重点保护两栖动物1种。

秦巴山脉四川片区作为中国的“绿芯”，在建设生态文明方面要做出努力：应采取切实有效的措施，不断改善农村生态环境质量；应大力发展生态产业，加快建立高效、低耗、低污染的现代产业体系；大力改善生态环境，努力建立稳定、协调、健康的生态环境体系；改善人居环境，着力建设优美舒适、协调和谐的生态人居体系；大力倡导生态文化，建设现代、文明、各具特色的环境文化体系，以促进区域经济社会与生态绿色文明协同发展。

三、秦巴山脉多元文化汇聚

秦巴山脉拥有丰富的历史文化资源和自然资源。区域内拥有四川剑门关、陕西华山、湖北神农架等10处5A级知名景区。秦巴山脉文化内涵相当丰富，呈现出由六朝古都文化、伏羲文化、汉文化、三国蜀汉文化、巴蜀源头文化、红色革命文化、荆楚文化和长江三峡文化等五彩斑斓、百花齐放的文化特色。秦巴山脉四川片区则呈现出了红色革命文化、巴蜀源头文化和三国蜀汉文化等特色文化。表3-2则具体列举了秦巴山脉主要的历史文化资源。

表3-2　秦巴山脉历史文化资源列表

地区	县（市、区）	特点
陕西省	安康市	安康汉剧二黄是汉剧皮黄腔系的根本源头 安康是中国道教主要发祥地之一
	汉中市	梁祝传说中英台故里 宁强县：中国羌族傩文化之乡
	商洛市	《仓颉传说》和《静板书》是国家级非物质文化遗产

续表

地区	县（市、区）	特点
陕西省	渭南市	华县是中国皮影之乡、“中国钼业之都” 潼关的古战船、背芯子在非物质文化遗产名录
	西安市	周至县是世界第一大植物园——秦岭国家植物园 户县是中国第一画乡、中国诗词之乡、中国鼓舞之乡、财神刘海故里、财神之乡
河南省	洛阳市	栾川县：老君山是联合国教科文组组织认定的世界地质公园 汝阳县：中国历史名酒杜康酒的发祥地、史称“酒祖之乡”
	平顶山市	叶县县衙是我国现仅存的三座古县衙之一
	南阳卧龙区	诸葛亮隐居之地卧龙岗 三顾茅庐发生地
湖北省	十堰市	楚长城：中国第一条长城 房县尹吉甫镇：世界第一诗经文化园 十堰：中国古代最早的封国
	襄阳市	保康县：楚国的源头和荆楚文化的发祥地
甘肃省	西和县	中国乞巧文化发源地 人文始祖伏羲发源地，先秦文化发源地
	天水市	伏羲故里，中国古文明发源地之一 麦积山石窟，中国四大石窟之一
四川省	广元市	中国温泉之乡；中国军事装备生产基地
	巴中市	中国红色革命起源地
	绵阳市	北川羌族自治县是中国唯一一个羌族自治县
	南充市	南部县：中国第一立佛禹迹山大佛

四、秦巴山脉独特的发展机遇

（一）“一带一路”倡议

1.“一带一路”倡议交通条件

欧亚大陆桥是欧洲与亚洲两侧海上运输线连接起来的便捷运输铁路。现有第一亚欧大陆桥（西伯利亚大陆桥）、第二亚欧大陆桥、第三亚欧大陆桥、第四亚欧大陆桥（在建）和新亚欧大陆桥，共五条，以及蓉欧铁路、渝新欧铁路两条与秦巴山脉密切相关的铁路线。

秦巴山脉在此铁路系统中具有独特的空间优势，特别是第二亚欧大陆桥途经洛阳、西安、宝鸡等站，东西向贯穿秦巴山脉；同时蓉欧铁路、渝新欧铁路与第二亚欧大陆桥相连，由东向西经过秦巴山脉中的洛阳、西安等地，由南向北经过达州、安康、宝鸡、西安等地，三者在秦巴山脉共同构成了全面系统的铁路网，同时再与其他各条铁路相连，为秦巴山脉与国内其他城市群，以及与中亚、西亚、欧洲等经济圈的联系和合作奠定了基础，凸显了秦巴山脉独特的区位优势。

目前形成的铁路网络对秦巴山脉具有重大意义，可以有效地促进外部各经济圈对秦巴山脉的产业、技术、资金等各方面的输入，也可以有效地促进秦巴山脉内部丰富的自然资源、矿产资源、特色产业和特色文化等的输出，方便秦巴山脉与外部的交流和合作，从而极大地带动秦巴山脉的发展并带动西部的发展。

2. “一带一路”倡议载体对秦巴山脉的影响

秦巴山脉位于中国腹地，以及“一带一路”倡议的中心。秦巴山脉的发展以“一带一路”倡议为载体，可以与东南亚、南亚、欧洲和非洲等相互连接，进行经济、产业和文化旅游等方面的交流；而且对中国国内，秦巴山脉附近交通线基本成熟，周围有众多已发展或发展中的城市群。无论是从国内还是从国际上来看，秦巴山脉在“一带一路”倡议中都是至关重要的，“一带一路”倡议对秦巴山脉的发展也起到非常重要的作用。

3. “一带一路”经济走廊对秦巴山脉的影响

“一带一路”经济走廊对秦巴山脉具有很强的辐射带动作用，特别是新亚欧大陆桥、孟中印缅经济走廊、中国—中亚—西亚经济走廊。秦巴山脉拥有丰富的资源和巨大的市场，现已连接周边国家的公路、铁路、水运、航空、能源、信息通道，构成了初具雏形的“立体大通道”。凭借日益完善的交通条件和自身在能源、自然资源、特色产业等方面的优势，通过发挥经济走廊沿线的辐射带动作用，秦巴山脉将在产业、金融、物流、能源和创投等多个层面实现长足的发展。

4. “一带一路”经济圈对秦巴山脉的影响

秦巴山脉与“一带一路”中国内外的各个经济圈各自的产业具有极强的互补性，双方可以互相满足彼此发展的需要，两者的合作与交流具有极大的潜力和效益，在带动秦巴山脉发展的同时将实现合作共赢的局面[22]。

从国外经济圈来讲，中蒙俄经济走廊可以向秦巴山脉输入能源产业、工业和现代农牧业等；欧洲经济圈可以向秦巴山脉输入特色农业、能源产业、工业、服务业和旅游业等；中亚、西亚经济圈可以向秦巴山脉输入特色农业、工业和能源产业等；南亚经济圈可以向秦巴山脉输入特色农业、渔业、旅游业和能源产业等。

秦巴山脉拥有丰富的矿产资源，如天然气、有色金属和矿产等；拥有多种特色农业、畜牧业，丰富的中药材，多种珍稀动植物；拥有丰富的旅游资源，浓厚的历史文化，良好的生态环境；拥有矿业、汽车、装备制造、综合化工、材料等多种工业。因此，秦巴山脉可以向外输出特色农牧业、矿产能源产业、特色中药产业、旅游服务业和特色工业等。

通过以上具体的分析阐述可以看出，秦巴山脉与“一带一路”各经济圈可以互通有无、互学互鉴、互利共赢，促进经济要素有序自由流动、资源高效配置和市场深度融合，从而推动开展更高水平的经济发展。

秦巴山脉向周围城市群吸收资金、技术、人才，同时向外输出优质物资和劳动产品，从而达到互惠互利。除此之外，秦巴山脉拥有丰富的生态资源，是中国腹地的重要生态保护区，可以提供很多珍稀资源。所以，秦巴山脉拥有巨大的商业发展价值。

秦巴山脉拥有许多特色产品，如中药材、水果等特色农产品，在工业方面宝鸡等地也占据重要地位。秦巴山脉历史文化悠久，风景优美，非常适合发展生态旅游业。对周边城市而言，秦巴山脉属于物资、生态宝库。

从国内经济圈来讲，京津冀经济圈可以向秦巴山脉输入汽车工业、电子工业、机械工业和钢铁工业，并提供高新技术，还可以带来丰富的国际资源和人才资源。

成渝经济圈是引领中国西部地区加快发展、提升内陆开放水平的重要支撑，在中国经济社会发展中具有重要的战略地位；在重大装备制造业、民用航空航天研发制造业、冶金和材料生产产业、石油天然气化工和盐化工产业、生物制药及中药产业等产业上与秦巴山脉的发展有紧密联系；在秦巴山脉、成都及周边、重庆及周边和西安及周边形成特色旅游圈。

长江经济带可以支持秦巴山脉第三产业的发展，同时外资与民间资本较为集中，可以向秦巴山脉大量引进投资，加速秦巴山脉的发展。

（二）全国城市群发展机遇

秦巴山脉周围的城市群主要有成渝城市群、中原城市群、关中城市群、长江中游城市群和银川沿黄河城市群。与其有密切联系的还有京津冀城市群、珠三角城市群和长三角城市群。

成渝城市群以成都、重庆为中心，连接秦巴山脉与滇中城市群。秦巴山脉通过成渝城市群与南亚、西亚相连，从而形成了一条产业输入输出线路。在秦巴山脉发展的同时可以带动其他城市群的发展。

从空间上来看，秦巴山脉作为连接西亚、欧洲、南亚等地区的桥梁，以其独特的地理位置，也可以使成渝城市群、京津冀城市群、珠三角城市群、长江中游城市群及周围城市群与西亚、南亚、欧洲等有更加密切的联系，使多个城市群可以得到更好的发展，逐步形成在中国和国际上经济贸易等方面的巨大网络。秦巴山脉位于网络中心，起到了承北启南、承东启西的关键作用。

（三）军事战略发展机遇

军队改革后，解放军调整划设了东部战区、南部战区、西部战区、北部战区和中部战区，原七大军区番号撤销。东部战区司令部驻南京，南部战区司令部驻广州，西部战区司令部驻兰州，北部战区司令部驻沈阳，中部战区司令部驻北京。秦巴山脉区域位于西部战区和中部战区的交界处，其中，四川、陕西、甘肃属于西部战区，河南、湖北属于中部战区。其军事地位特别，是西部战区和中部战区相互沟通的枢纽。

秦巴山脉位于四川盆地东北部，四川盆地四面环山，地势险要，易守难攻。秦巴山脉四川片区西起青藏高原东缘，与甘肃东南部接壤，地貌类型以高原、山地为主。秦巴山脉地跨长江、黄河、淮河三大流域，是淮河、汉江、丹江、洛河等河流的发源地，水系发达，径流资源丰富。秦巴山脉在古代军事战略上具有重要地位，为战国时期巴、蜀同楚国和秦国等的争夺要区，更是强秦攻灭巴、蜀后沿长江东下攻灭大楚的前哨要地，故又被人们称为“咽喉之地”。在现代军事战略上秦依然具有重要地位，它处于我国领土的腹心位置，区域分属中西部两大战区，对国家安全具有重要作用。

第三节　秦巴山脉战略定位

党的十八大报告提出要大力推进生态文明建设，并使“绿色”与“创新、协调、开放、共享”共同成为五大发展理念。

2015年2月13日至16日，习近平在陕西省委书记赵正永、省长娄勤俭陪同下，来到延安、铜川、西安等地，深入乡村、学校、社区、科研院所、革命根据地纪念场馆调研考察，并在延安主持召开陕甘宁革命老区脱贫致富座谈会，给广大干部群众送去党中央的亲切关怀①。

如何使集中连片特困地区尽早脱贫，这也是李克强长期思索的问题。秦巴山脉在我国集中连片贫困地区中涉及地区最多、占地面积最广、内部发展差距最大，仅商洛、安康两地就有近150万贫困人口。2014年1月26日，李克强到陕西看望慰问群众。踏上开往集中连片特困地区秦巴山区火车，他立即召集相关

① 《习近平春节前夕赴陕西看望慰问广大干部群众 向全国人民致以新春祝福》，http://www.gov.cn/xinwen/2015-02/16/content_2820280.htm。

人员了解扶贫状况，商量脱贫良策①。俞正声于2016年3月3日在全国政协十二届四次会议开幕会上向大会报告工作时指出，持续关注区域性整体脱贫问题，围绕宁夏、贵州和秦巴山区等集中连片贫困地区发展进行跟踪调研，开展协商座谈②。

国家领导人先后多次对秦巴山脉进行实地调研并给出重要批示，秦巴山脉要加快自身发展，探索出一条与现实条件相适应的发展道路。

一、秦巴山脉区域绿色循环发展战略

（一）概述

秦巴山脉地跨甘肃、四川、陕西、重庆、河南、湖北六省（市），覆盖长江最大支流——汉江。上游的秦岭大巴山及其毗邻地区，是长江上游地区重要的生态屏障，拥有优质的自然资源和生物生长环境，也拥有丰富的能源储备，是我国气候、植被、矿藏和物种的重要区界与交汇场所。推进秦巴山脉绿色生态的建设，提升可持续发展能力，形成人与自然和谐发展的现代化建设新格局，能够为我国甚至全球生态安全和绿色经济发展做出新贡献。

（二）优势

秦巴山脉是我国“两屏三带”生态安全战略格局的重要组成部分，四围分别与北边的黄土高原丘陵沟壑水土保持生态功能区、东边的大别山水土保持生态功能区、南部的武陵山区生物多样性及水土保持生态功能区、西部的若尔盖草原湿地生态功能区和甘南黄河重要水源补给生态功能区相望，对提高我国重要生态功能区之间的网络连接水平，以及形成一体化的保护态势具有重要的区位价值。

秦巴山脉水系发达，水资源丰富，径流资源丰富，水库数量众多，是重要的水源涵养生态功能区。秦巴山脉生物生产力高，自然条件优裕，是绿色农产品生产基地和加工供应中心；拥有丰富的森林资源、生物资源、水资源及矿产资源。该区域汇集了各种国家级风景名胜区、国家级森林公园、国家地质公园及国家湿地公园等自然景观，为该地区的旅游经济提供了丰富的资源。该区域拥有的重要原始森林为野生珍稀物种提供了栖息地，是生物多样性保护的关键地区和生态屏障区域；也是世界同纬度地区重要的绿色宝库和重要的天然生

---

① 《李克强赴陕西秦巴山区看望慰问群众 在火车上议扶贫》，http://www.xinhuanet.com/politics/2014-01/26/c_119140372.htm。

② 《俞正声向政协会议作常委会工作报告（摘登）》，http://paper.people.com.cn/rmrbhwb/html/2016-03/ 04/content_1658591.htm。

物种质的“基因库”。此外，秦巴山脉有丰富的社会文化资源。该区域古道纵横，包括以秦文化、三国文化、楚文化、丝绸文化和巫文化为代表的古历史文化，以及以红色文化为代表的近代历史文化相融合的多元文化，这大大提升了自身旅游价值。

（三）现状

秦巴山脉偏处内陆，地势险峻，自然阻隔，区划分割，联系不紧密，交通不顺畅，信息不互通，资源不共享。同时，历史形成的贫困人口多，贫困程度深，生产要素弱，自身发展能力差，经济发展速度慢，城市化水平低，城市带动力弱，自然协调性差，未能实现区域合作、互补共赢、均衡发展格局。另外，近百年来的不合理开发，使该地区自然环境恶化、生态系统结构简化、生态系统服务功能下降，这导致了严重的水土流失、频发的地质灾害、普遍的水污染和生物多样性被破坏等生态环境问题，影响区域社会经济的健康发展，影响生态生产力的释放。

（四）机遇

秦巴山脉是一个拥有优厚资源条件、潜在后发优势的待开发区，面临区域一体化、西部大开发和国家扶贫开发等战略机遇，以及交通受阻、开发受限等现实挑战。目前党中央、国务院高度重视区域协调发展，就深入推进西部大开发、加大扶贫开发力度和促进中部地区崛起做出了一系列战略部署，为加快秦巴山脉的发展提供了根本保证。

（1）新增长极。推进秦巴山脉区域绿色循环发展，有利于形成新兴绿色增长极，有利于实施多点多极支撑发展战略，构建绿色循环跨越发展新格局。

（2）空间拓展。秦巴山脉内部各地区在绿色循环协同发展的战略框架下构筑相互贯通的交通网络和产业体系，有利于深入实施中部崛起与西部开发战略，拓展新的经济发展空间。

（3）城乡统筹。秦巴山脉是集中连片贫困地区，绿色循环发展能充分整合各市县优势资源和特色产业，实现同步发展，有利于积极稳妥扎实推进新型城镇化，促进统筹城乡发展一体化。

（4）创新驱动。秦巴山脉区域绿色循环跨越发展，有利于发挥科技创新的支撑和引领作用，有利于聚集四川省科技创新资源，深入实施创新驱动发展战略，推进经济结构战略性调整。

秦巴山脉发展应抓住机遇，重视和发展山区的文化遗产、乡村景观和地方产品等，利用现有资源和政策，寻求适合自我发展的道路。在充分、科学地认识该区域的优势、限制性条件的基础上，确定能够充分利用该区域资源的发展道路，因势利导，制定绿色循环发展的策略，提出能够促进该区域自然、社会、经济、环境协调发展的策略及方式，破解资源丰富与贫困的矛盾，在利用和保护秦巴山脉的自然资源的同时，促进该区域的社会经济发展，使其成为具有世界影响力的山区绿色循环发展典范，对国家甚至世界都具有重要意义。

二、维护国家安全战略

（一）军队改革状况

在 2016 年军队改革中，解放军调整划设了五大战区，原七大军区番号撤销。西部战区由原成都军区、兰州军区合并而成（剔除云、贵两省），司令部驻兰州，领导和指挥驻扎在四川、西藏、陕西、甘肃、宁夏、青海、新疆和重庆的武装力量。

（二）完善秦巴山脉水路交通体系，充分发挥交通枢纽作用

秦巴山脉的安全问题对国家安全至关重要。2016年军队改革后，秦巴山脉区域位于西部战区和中部战区的交界处，其内部四川、陕西、甘肃管辖区域属于西部战区，河南、湖北管辖区域属于中部战区，且秦巴山脉位于两大战区交界线的中央。秦巴山脉内部地貌类型丰富，陆上交通系统亟须完善。此外，秦巴山脉位于长江上游地区，通过水上交通可联系长江中下游部分，即连接西部战区、中部战区和东部战区。因此，其发达的水上交通系统对国家安全具有重要作用。所以，要保障秦巴山脉的安全及充分发挥秦巴山脉的交通枢纽作用，政府应当加强对秦巴山脉内部及对外陆地交通的规划与建设，完善水上交通体系。

（三）合理充分利用秦巴山脉资源能源，为国家安全提供保障

秦巴山脉是国家重要的生物多样性和水源涵养生态功能区，是长江上游地区一个重要的生态屏障。该地区水、热、林、草资源及土特产品、矿藏等自然资源极为丰富。秦巴山脉有众多的小盆地和山间谷地相连接，其中以汉中盆地、西乡盆地、安康盆地、汉阴盆地、商丹盆地和洛南盆地最为著称。汉川平原和安康盆地是陕南的主要产粮区。南部是巴山山麓；北部秦岭是主要产粮地及多种经营最有潜力的地方。秦巴山脉的地下宝藏丰富，除金、银、铜、铁、硫等矿藏外，汞锑、铅锌等矿藏量在我国也位居前列，是我国重要的有色金属、贵重金属矿藏区。此外，陕南的水能资源藏量丰富，分布合理。

（四）秦巴山脉地理环境与战区分布

秦巴山片区西起青藏高原东缘，与甘肃东南部接壤，地貌类型以高原、山地为主，地势险要。其东至华北平原西南部，与位于中部战区的湖北和河南相接，跨秦岭、大巴山，地貌类型以山地丘陵为主，间有汉中、安康、商丹和徽成等盆地，地跨长江、黄河、淮河三大流域，是淮河、汉江、丹江、洛河等河流的发源地，水系发达，径流资源丰富。在古时，其发源于汉中宁强蟠冢山的汉水，由西向东横贯陕南地区，成为连接西方与东南方的水路交通大“动脉”，主要的支流褒河、月河、丹江（同属长江水系）、南洛水（黄河水系）等成为陕南与关中的交通命脉。其西南与位于西部战区的四川、重庆相邻。

第四节 秦巴山脉四川片区存在的问题

一、秦巴山脉概况

（一）地理位置

秦巴山脉处于中国腹心地带，覆盖6省（市）22市（区）119县（市、区），总人口为6 339万人，总面积为31.208 7万平方千米。其中，秦巴山脉陕西片区覆盖西安市、宝鸡市、渭南市、商洛市、汉中市和安康市，共6市38县（市、区）；河南省秦巴山脉覆盖洛阳市、平顶山市、南阳市、三门峡市4市17县（市、区）；湖北省秦巴山脉覆盖十堰市、襄阳市、神农架区3市（区）16县（市、区）；甘肃省秦巴山脉覆盖陇南市、天水市、定西市、甘南州4市16县（市、区）；重庆市秦巴山脉覆盖7县（市、区）；秦巴山脉四川片区覆盖绵阳、广元、南充、达州和巴中5市25县（市、区）。

（二）秦巴山脉自然环境

秦巴山片区西起青藏高原东缘，东至华北平原西南部，跨秦岭、大巴山，地貌类型以山地丘陵为主，间有汉中、安康、商丹和徽成等盆地；气候类型多样，垂直变化显著，有北亚热带海洋性气候、亚热带-暖温带过渡性季风气候和暖温带大陆性季风气候，年均降水量为450~1 300毫米；地跨长江、黄河、淮河三大流域，是淮河、汉江、嘉陵江、丹江和洛河等河流的发源地，水系发达，径流资源丰富，森林覆盖率达 53%，是国家重要的生物多样性和水源涵养生态功能区；矿产资源品种多样，天然气蕴藏量大；旅游资源丰富，极具开发潜力。

秦巴山脉全区分高山和高中山、中山、低山、丘陵、河谷盆地5个地貌类型。高山区海拔为3 000~3 767米，主要分布在秦岭主峰一带；中山区海拔为1 000~1 800米；低山丘陵区海拔为170~1 000米，主要分布在河谷盆地边缘。周边地区景色迷人，西北以西安市为中心，是城市林立的八百里秦川；东北以洛阳市、郑州市为中心，是古代文明发达的中原大地；东南以武汉市为中心，是有“鱼米之乡”之称的江汉平原；西南以成都市、重庆市为中心，是号称“天府之国”的四川盆地。陕南秦巴山脉地貌形态复杂多样，北部秦岭横亘，南部巴山盘踞，汉江横贯中部，形成了以中山为主体，间有高山和高中山、中山、低山、丘陵、河谷盆地等地貌景观。地势西高东低，南北高中部低。秦岭主峰太白山为全区最高峰，海拔为3 767米，白河县东北部的汉江滩为全区最低处，海拔为172米。

二、秦巴山脉四川片区发展状况

（一）城镇群分布

秦巴山脉四川片区与陕西、甘肃、重庆接壤，总体位于四川东北部，是中国北部、东部进出四川的枢纽，拥有极其重要的地理位置。秦巴山脉四川片区城镇体系与川北城镇体系大体对应，以绵阳、南充、广元、巴中、达州几个地级市为中心的川北城镇群与成都平原上的川西城市群相连接，与川南城市群、攀西城市群相呼应，共同构成四川“4+1”（4个城镇群与1个川西林盘保护区）的城镇体系发展模式。作为四川省发达度仅次于成都平原城市群的川北城市群（涵盖秦巴山脉四川片区），拥有得天独厚的地理优势、区位优势和自然资源优势，发挥了川北城市群城镇体系对内外的龙头作用。

（二）城镇化率与产业结构比

秦巴山脉四川片区拥有绵阳、南充、达州、广元和巴中5个百万人口大城市。根据2015年四川统计年鉴的数据，将秦巴山脉四川片区25个县（市、区）的常住人口、城镇人口和城镇化率进行比较可以得出，秦巴山脉四川片区部分城镇化率远远落后于四川乃至我国平均水平。

通过对比秦巴山脉四川片区的城镇化率可知，秦巴山脉四川片区的城镇化率大于20%但小于70%，处于城市化进程中的第二阶段，即工业化阶段，同时处于城市化进程的中期。通过比较三大产业结构可知，秦巴山脉四川片区的第二产业比重小于60%，第三产业的比重大部分小于30%，三大产业同时处于技术进步的上升阶段。

（三）土地利用分析

秦巴山脉四川片区25个县（市、区）的土地总面积为7 293 219.02公顷，农业用地面积为 6 399 266.39 公顷，建筑用地面积为 376 316.61 公顷，其他用地面积为517 636.02公顷，25个县（市、区）及部分土地利用比重分布如图3-3所示。

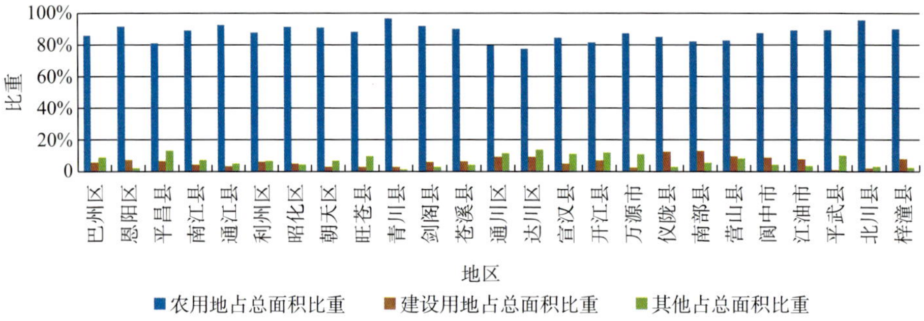

图3-3　各部分土地利用比重分布图

联合国教育、科学及文化组织（United Nations Educational，Scientific and Cultural Organization，UNESCO）和联合国粮食及农业组织（Food and Agriculture Organization of the United Nations，FAO）不完全统计，全世界土地面积为18.29亿公顷左右，人均耕地为0.37公顷。秦巴山脉四川片区的人均耕地面积远远低于世界平均水平（图3-4）。

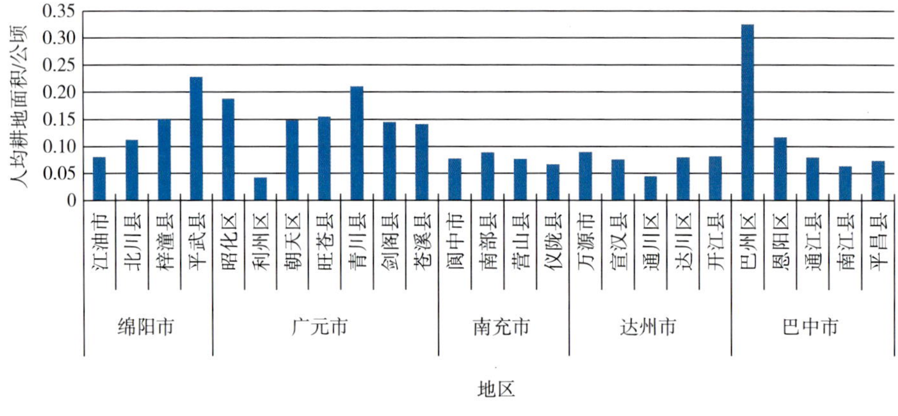

图3-4　秦巴山脉四川片区人均耕地面积

（四）人均地区生产总值比较

2015年，秦巴山脉四川片区25个县（市、区）人均地区生产总值全部低于我国的平均水平，其中有68%的县（市、区）连我国人均GDP的一半都没有达到，秦巴山脉四川片区的贫困情况可见一斑。

同时，秦巴山脉四川片区25个县（市、区）人均地区生产总值也同样低于世界发达国家的平均水平，其中人均地区生产总值最高的江油市，也仅为世界发达国家人均GDP的11.88%，秦巴山脉四川片区的经济发展远远落后于世界发达国家的平均水平。

（五）秦巴山脉四川片区地形地貌

秦巴山脉四川片区地处四川省东北边缘，嘉陵江上游。平均海拔为 511.44 米。地势总体北高南低，北部为米仓山山脉、大巴山山脉和秦岭山脉，海拔为 1 000~2 000 米；西北部为龙门山脉，海拔为 1 000~1 500 米；中南部海拔较低，其海拔几乎都在500米以下。

从坡度图分析，秦巴山脉四川片区西北部、北部和东北部坡度较大，对中南部地区形成“环抱”之势。同时，我国规定坡度大于 25° 的山区不适于发展种植业，因此，我们将坡度大于 25° 的区域计算出来，通过计算，秦巴山脉四川片区整个平均坡度为 10.15°，总面积为 111 781 857 406 平方米；大于 25° 的面积为 16 456 609 159.1平方米，约占整体面积的14.72%。其中，小于 25° 的地区都集中在中南部。

三、秦巴山脉四川片区存在地质灾害问题

（一）地质灾害频发

秦巴山脉四川片区位于秦岭地震带和龙门山断裂带上，地质活动频繁，属于地震多发区。该区域地形复杂，洪涝、泥石流和山体滑坡等自然灾害易发多发，是我国六大泥石流高发区之一，因灾致贫返贫现象严重。由于灾害链的存在，次生灾害在主导灾害的影响下发生，带来了巨大的人民生命财产损失。

西部和西北部面临大面积的泥石流与滑坡，同时少量地区有山洪现象，是整个秦巴山脉四川片区灾害危险重点区域。东部有大量的山洪和少量的泥石流、滑坡现象，是整个山区灾害危险次重区域。北部有大面积的山洪现象，属于危险轻度区域。

（二）生态环境脆弱

1. 自然历史原因

秦巴山脉四川片区属于生态环境脆弱的石山区，从表面看山清水秀、植被良好，但由于山高坡陡，实际水土流失很严重，山上的土层越来越薄，大部分地区耕地土壤只有二三十厘米。生态环境对秦巴山脉四川片区居住者的威胁古已有之。古时，为了穿越秦岭、巴山，人们用松木等上乘木材修建了大量的栈道。道路经过之处，森林等地表植被遭到惨重破坏。秦巴山脉的交通网络体系形成于西汉初年，汉江最早的水灾也发生在西汉初年，二者之间有必然的因果联系。城镇的发展建设往往是沿着河流的纵向和横向扩展的，在横向扩展受到山地地形的限制时，往往采取“削坡”的措施，导致山体坡面稳定性降低，容易引起滑坡，在大雨时会引发泥石流等自然灾害，埋下了安全隐患。

2. 不合理城镇建设加剧自然生态脆弱性

城镇化建设的加快，必然会对生态环境带来改变和影响。城镇发展不断侵占农田，迫使农民在山坡上开荒种地。尽管国家实行了“退耕还林”政策，但秦巴山脉深处山坡上的农田依然随处可见。随着城镇建设，原有山体植被遭破坏，在强降雨和地质活动的作用下，常常导致滑坡、崩塌和泥石流的发生。在秦巴山脉深处，农民开荒造田，以农作物作为山体表层植被将进一步增强滑坡、崩塌、泥石流发生的可能性[23]。如果发生强烈地震，将会诱发大量的次生灾害。只要城镇建设仍然在秦巴山脉继续，其未来的生态环境就不容乐观。

（三）交通网络不完善，地理区位不明显

长期的社会发展使秦巴山脉交通状况得到较大改善。由周边几座大城市牵连的包括G5、G65、G75等12条国省高速路的路网，以及包括襄渝线、宝成线、成昆线等多条铁路的路网，与秦巴山脉已建和待建机场共同构成秦巴山脉立体交通体系。

秦巴山脉四川片区地表起伏较大，使地面交通设施建设方面难度更大、成本更高。同时，该区域经济发展落后，地方政府财力有限，因此交通设施发展也很缓慢。这种外在的自然条件因素导致交通设施建设落后，使秦巴山脉四川片区的经济发展难度较大，实现经济上的赶超更是难上加难。由于山区交通困难与秦巴山脉自身发展相对落后，并强烈影响周边城市群之间的互动联系，秦巴山脉作为

周边众多城市圈的枢纽作用无法显现。

（四）建设用地少且零散，利用难度大

受地形原因制约，秦巴山脉四川片区内不论是耕地还是工业用地、城市建设用地都相对较少，而且零碎分散。但是秦巴山脉四川片区作为长江上游重要的生态区，具有重要的生态环境保护功能，秦巴山脉四川片区的地形地貌决定了区内大多是地质、生态脆弱地区。如何在不破坏生态环境、保证耕地红线的条件下推动新型城乡建设是秦巴山脉四川片区面对的最大挑战。

（五）自身特色产业优势不明显，主导产业支撑不足

经济的发展和人口的集中需要有产业的支撑。长期以来秦巴山脉四川片区产业结构总体层次普遍偏低，各产业发展水平也比较低。农业生产方式仍然比较原始，在工业化的过程中由于区位、交通等方面和沿海、平原地区相比劣势明显，当地第二产业发展弱小。秦巴山脉四川片区很多地区虽然形成了主导产业，但主导作用不明显，竞争优势不足，没有突出当地的资源禀赋特点，效率也比较低，对就业的承载力弱，在一定程度上影响了城镇人口就业和农村剩余劳动力的转移。秦巴山脉四川片区内部之间缺乏沟通协调，许多区县之间普遍存在产业同质化的现象，这导致工业化与城镇化互相促进、互相支持局面难以形成。

（六）人口素质低，支撑发展效果弱

秦巴山脉四川片区居民的受教育程度和教育质量与经济发达地区相比差距很大，所以大量人口外流，高素质的人才引进困难，区域内人口素质偏低，尤其是许多农村地区留守人口都是一些老弱病残。人口素质低、人才不足的情况是秦巴山脉四川片区未来城乡经济社会发展的重大挑战。

第五节　秦巴山脉四川片区空间发展的对策

针对秦巴山脉四川片区城乡建设的自身特点，在对接国家战略的基础上，提出未来秦巴山脉四川片区城乡建设的战略目标——建立中国绿色循环发展试验区，包括城乡建设制度、城镇体系、产业发展和生态环境等具体环节。本书在提出目标的同时，认为未来秦巴山脉四川片区城乡建设的战略思路是走一条绿色产业推动城镇化、中小城镇带动区域发展和绿色城乡建设的道路。

一、绿色城乡建设，加强区域空间管控

（一）绿色城乡建设

在生态环境保护的约束下与地质灾害频发的危险下，秦巴山脉四川片区应避免走先污染再治理的老路。秦巴山脉四川片区是我国生物多样性最丰富的区域之一，拥有多个自然保护区，生物多样性保护的责任重大。同时，秦巴山脉四川片区范围内还有大面积保存良好的植被，在保持水土、改善大气环境质量和涵养水源等方面能够发挥巨大作用。所以秦巴山脉四川片区肩负构建国家层面生态安全屏障的重任。秦巴山脉四川片区应抓住自身在生物资源、旅游资源方面的特殊优势，在农业和文化旅游中寻找优势绿色产业来带动区域经济发展，建设绿色城乡。

（二）加强区域空间管控，合理确定禁建区、限建区和适建区

依据秦巴山脉现有的生态环境、开发状况和地质灾害易发地带的特点，充分考虑到对生态自然保护区的保护与建立，并通过相关的规划制定将区域建设落实。同时，应充分认识到农业用地对区域未来发展的重要意义，在农业用地保护区落实对农业土地的保障制度，避免建设用地侵占农用地，以及地质灾害频发地带变农用地情况的发生。

二、保护山区生态环境

（一）生态建设和环境保护并举

在推进秦巴山脉四川片区新型城乡建设的过程中必须坚持生态建设和环境保护并举，实施严格的环境保护措施，进一步提升秦巴山脉四川片区生态环境的质量，为保障国家生态安全发挥更重要的作用。以世界文化自然遗产、国家级自然保护区、国家级风景名胜区及国家森林公园为核心，设立生态安全保护区，实行严格的保护政策。以珍稀动植物物种为重点，提高整体保护成效。加强对长吻鮠、黄颡鱼、鳜鱼等主要经济物种和裂腹鱼等地方特有物种的保护，禁止对野生动植物进行滥捕滥采，在其主要生长繁育区域建立水产种质资源保护区，开展有针对性的增殖放流，修复水域生态，净化水体环境，保护水生生物资源。推进自然湿地的抢救性保护和退化湿地的恢复，维护自然生态平衡。

（二）绿色城乡，科学规划，合理建设

秦巴山脉四川片区是我国生物多样性最丰富的区域之一，拥有多个自然保护区，生物多样性保护的责任重大。秦巴山脉四川片区要抓住自身区域优势，通过绿色产业推动城镇化。截至2015年底，秦巴山脉四川片区的五个城市绵阳、广元、南充、达州和巴中的中心城区人口都不超过100万人，按照最新的城市划分标准，只能算中等城市，不具备发展成为大城市的基础条件。

三、完善交通网络建设，实行空间战略规划

（一）完善区域对外对内交通网络建设

加强与周边省（市）对接，畅通对外联系，完善区域内部交通网络建设，提升交通枢纽功能，构建铁路、公路、水运和航空各种运输方式高效衔接的现代综合交通运输体系。

（1）出川通道。铁路方面，突出进出川铁路大通道建设，重点加快川渝、川陕、川甘之间的铁路快速通道建设。公路方面，加快巴陕、巴广渝等高速公路建设，形成便捷进出川高速公路通道。水运方面，全面加强嘉陵江、渠江航道建设，进一步提升航道等级，畅通与长江黄金水道的联系[24]。推进广元港专业化码头建设。航空方面，加快达州河市机场迁建和巴中、阆中机场建设。

（2）内部交通。进一步完善区域内铁路网布局，提升达州、广元的省内区域性次级铁路枢纽功能，加快各铁路项目建设。

（二）建立新型城镇发展轴，凸显区位优势

根据秦巴山脉四川片区城市体系特点，建成以交通为依托的经济发展轴，同时依托已有铁路、高速、国道、省道，以及连接周围的成都、重庆、西安和兰州四大城市，形成一条纵穿整个区域的斜“王”形发展轴。

斜“王”形发展轴处于周围特大城市中心处，也是四大城市经济发展的重要纽带，在特大城市进行产业、资源、生产要素等交换的同时，也给秦巴山脉四川片区的经济发展带来了极大的契机。新型城镇发展轴利用交通优势，依托特大城市之间的经济发展，将进一步推动秦巴山脉四川片区的发展。

四、建设城镇网格体系，合理高效利用建设用地

（一）城市网格体系

据秦巴山脉四川片区的总体定位目标，该区域依托成渝经济区，衔接陕、甘、渝三省（市），以成都、重庆、兰州、西安四个大城市为中心形成辐射圈；以公路、铁路和航空等交通网及信息网为载体，打破原有的行政区划界限，统筹区域内外，协同共建城镇、资源、产业“三位一体”生态文明先行示范区，构建生态城镇联动群、生态资源保育带和生态经济协作圈。

秦巴山脉四川片区区域内外通过“绿色”交通及信息网络进行联系，有利于区域充分发挥其产业、资源和能源等方面的优势[25]。区域内部以广元、巴中和达州三个区域中心城市为辐射中心形成网格体系，带动周边区域的发展，加强产业、信息、资源和能源的相互联系，通过绿色交通联系各个区域，加强内部资源流动，充分发挥各个部分的区域优势，有利于贫困地区脱贫目标的实现，推动城乡协调发展，构建现代绿色产业体系。

（二）重点镇网格体系

秦巴山脉四川片区内部城镇类型多、数量多、彼此关系紧密，通过合理分析其中各城镇之间、城镇与体系之间的各种经济、社会等方面的相互联系，探究整个体系的整体效益，最终形成完整的城镇网格体系，促进区域内的整体发展。

在空间组织结构上，形成以重点镇为中心、辐射带动周边一般镇的单中心体系和多中心城镇体系等类型。重点镇可向一般镇输入服务业、技术和人才等，一般镇可向重点镇输入农产品、劳动力、能源和特色产业等，秦巴山脉四川片区可以按上述空间组织结构形式形成类似的城镇网格体系。

（三）乡村网格体系

乡村网格体系将围绕附近重点镇展开，以多个乡村连片发展的形式，提高乡村聚集区的密度，集中产业和人口。在各个片区之间建立公共服务及交通设施，从而相互促进发展，增进产业交流，促进文化交流。通过乡村网格体系的发展，尽可能提供就业岗位，提升农业生产效率，减少农业人口，增进其他产业发展，促使更多人愿意留驻乡村，提高劳动力水平，进而促进乡村发展。随着乡村集中程度的提高，土地利用率、利用效率逐渐提高，周边生态环境将得到更好的保护，可以逐渐连接成片，形成秦巴山脉四川片区生态保护区，成为秦巴山脉四川

片区的一大特色。

五、构建特色产业格局，繁荣特色文化产业

（一）构建特色产业格局

秦巴山脉四川片区拥有丰富的自然和文化资源，区域的产业规划建设应当依据地区现状，走适宜地方特色发展的特色产业建设道路。产业发展在追求高质量、重效益的特色产业发展道路的同时，需要建立在绿色循环可持续发展的基础之上。通过特色产业的发展合理配置公共社会资源，推动农村地区离土不离乡的农村城镇化，解决剩余劳动力就业问题；最终为消除四川秦巴山地区城乡二元结构提供物质和经济保障。秦巴山脉四川片区产业建设应当合理布局，平衡发展。既要使相关产业集中紧凑、因地制宜地发展，又要均衡各个区域的发展内容，避免出现产业盲目扩张成片，造成产业结构失控、土地结构失控等负面影响。调整并整合整片区域产业结构，使产业之间出现协调联动、优势互补，综合经济高水平发展的增长态势。

秦巴山脉四川片区呈现出以生态旅游产业为主体，工业、商贸和特色农业等多种产业繁荣发展的产业模式（表 3-3）。在进行区域产业建设时，尤其是进行工业、能源产业建设时，应当充分注意区域产业定位与区域空间管制之间的关系。在进行产业建设时，应当避免建设用地盲目扩张造成的土地浪费与生态环境破坏。

表3-3　秦巴山脉四川片区功能分区表

等级	城市名称	人口规模 / 万人		城市功能定位
		2015 年	2020 年	
中心区域	巴中市城区	143	180	红色生态旅游区，能源开发基地，物流中心
	达州市城区	178	210	西部天然气能源化工基地
	广元市城区	93	120	物流中心，现代制造业中心
副中心城市	南部县	132	150	川东北新兴的工业城市
	仪陇县	113	130	政治、经济、文化中心
	平昌县	105	120	加工业
	宣汉县	133	150	休闲旅游城市
县域城市	南江县	69	75	旅游业、种植业
	通江县	77	87	旅游业

续表

等级	城市名称	人口规模 / 万人		城市功能定位
		2015 年	2020 年	
县域城市	开江县	61	70	山水园林城市
	青川县	24	28	县域行政、文化中心
	剑阁县	69	80	旅游城市，商贸物流中心
	营山县	95	110	川东北重县
	旺苍县	46	55	工业基地与综合服务中心，旅游示范区
	平武县	18	22	西部龙门山区综合服务中心
	北川县	24	30	川西旅游服务基地和绵阳西部产业基地
	梓潼县	39	45	市域东部综合型新城，东部区域服务
	阆中市	88	98	市域北部中心城市之一
	万源市	60	70	生态旅游城市
	江油市	89	100	市域北部的城镇化极核、经济发展中心、交通枢纽
总计	20 个地区	1 689	1 930	

（二）繁荣特色文化产业

长期的历史发展造就了秦巴山脉四川片区悠久灿烂而多样的历史文化，给区域文化产业的发展提供了坚实的基础。文化产业规划还应当注意到区域产业弘扬发展与周边大城市（成都、重庆）之间的关系。未来的文化产业规划应当进一步把秦巴山脉四川片区的文化特色带入周边大城市中，周边大城市也要积极地将多元的异地文化融合进去，为文化产业的深层发展提供可能。

六、推动城乡协调发展，提高人口总体素质

加快消除城乡二元结构的体制机制障碍，推进城乡要素平等交换和公共资源均衡配置，让广大农民平等参与现代化进程、共同分享现代化成果。

秦巴山脉四川片区应积极破除二元户籍制度障碍，首先要在认识上摒弃对农村、农业和农民的歧视，农民只应该是一种职业而不应该是一种身份，对居住在农村从事农业生产的农民和居住在城市从事工业生产的城市居民应一视同仁。其次要在制度上创新，建立人员在城乡之间自由流动的法律法规。

推进城乡规划、基础设施和公共服务一体化。统筹经济社会发展规划、土地利用规划和城乡规划，合理安排市县域城镇建设、农田保护、产业集聚、村落分布和生态涵养等空间布局。扩大公共财政覆盖农村范围，提高基础设施和公共服务保障水平。完善社会保障体系，取消一切以居民身份、户籍等为理由的差别，真正做到人人平等，实现社会保障体系由城乡二元保障向城乡一体化保障的转变。

加快建立城乡统一的要素市场，尤其是人力资源市场，落实城乡劳动者平等就业、同工同酬制度。建立城乡统一的建设用地市场，保障农民公平分享土地增值收益。建立健全有利于农业科技人员下乡、农业科技成果转化、先进农业技术推广的激励和利益分享机制。

第六节　秦巴山脉的政策建议

一、建立中国秦巴山脉绿色循环发展研究中心

一个国家的文明发展程度，在很大程度上取决于这个国家高等院校文明的发展水平，探求真理、传承文明、创造知识、服务社会是高等院校的价值所在。高等院校作为国家和社会具有主导优势的文明传播载体，具有引领社会文明的角色优势、资源优势和导向优势。大学具有人才培养、知识创新和社会服务三大职能。四川大学作为国家布局在西部的高水平综合性大学，在城乡建设、区域协调、水资源开发、工业信息和政策建议等方面具有突出优势，成立了四川大学“美丽中国”研究所，并且是全国首创。与原农业部共建了中国美丽乡村研究中心，举办了首届中国美丽乡村论坛。本书建议四川大学联合全球其他科研院校与四川的其他院校如西南石油大学、四川农业大学，成立中国秦巴山脉绿色循环发展研究中心，为秦巴山脉的进一步发展提供智力支持和技术保障。中国秦巴山脉绿色循环发展研究中心成立后，应充分发挥其学术和信息优势，为秦巴山脉建设打造信息交流、交换平台。通过与西方国家高等院校建立对话、相互学习机制，汲取西方环保理论精华，超越创新。整合自然科学、社会科学与哲学研究，着力研究对秦巴山脉建设具有重大理论性、突破性和前瞻性的问题，通过理论创新来破解生态与发展困境。

二、形成完善的城乡建设制度

完善顶层制度设计，充分尊重市场规律，全面统筹推进人口管理、土地管

理、财税金融、城镇住房、行政管理与生态环境等重点领域和关键环节体制机制，是秦巴山脉四川片区新型城乡建设和绿色循环发展的前提条件。

第一，要建立完善的人口管理制度，探索户籍制度改革，创新和完善人口服务与管理制度，逐步消除城乡区域间户籍壁垒，还原户籍的人口登记管理功能，促进秦巴山脉内部人口有序流动、合理分布和社会融合[26]。第二，在秦巴山脉范围内建立最严格的耕地保护制度和集约节约用地制度，按照管住总量、严控增量、盘活存量的原则，创新土地管理制度，优化土地利用结构，提高土地利用效率，合理满足城乡建设用地需求，同时确保禁止开发区、限制开发区不受影响。第三，建立高效的城乡建设资金保障机制，对财税体制和投融资机制进行改革，创新金融服务，放开市场准入，逐步建立多元化、可持续的城乡建设资金保障机制。第四，在秦巴山脉区域绿色循环发展的大背景下，继续强化生态环境保护制度，完善推动城乡绿色循环低碳发展的体制机制，实行最严格的生态环境保护制度，开展环境污染强制责任保险试点。形成节约资源和保护环境的空间格局、产业结构、生产方式与生活方式，确保秦巴山脉在城乡建设的过程中不损害青山绿水。

三、建立土地流转平台

近年来，土地入股、委托经营、土地互换和增减挂钩等多种类型的土地流转方式在我国一些地方先后出现。针对秦巴山脉特殊的地理位置和贫困水平，加之缺乏相关土地流转的法律、制度和政策保障，土地流转制度实施显得“心有余而力不足”。针对秦巴山脉的特殊性，秦巴山脉各地方政府应积极申请建立农村土地交易统一平台，制定具体交易规则，成立第三方机构对农村土地流转进行有效监管，避免变更土地使用性质，切实保护好秦巴山脉的土地资源。积极加强区域内、外土地的流转需求，打破省域划分，加强同周边区域和大城市的合作，通过土地流转的新路子搭建起区域内经济发达地区对口帮扶欠发达地区脱贫攻坚的合作平台，实现共同发展、互利共赢的新格局。

四、加强资金保障

对处于起飞准备阶段的秦巴山脉，资本是必要而紧迫的驱动要素。根据调研得到的基本认知，过去涉及秦巴山脉发展与扶贫的战略、规划、政策未充分落实或取得预期成效的直接原因是“资金不足”，尤其是地方资金配套困难。要合理完善地方配套的资金。创新城镇建设体制，进一步开放城镇基础设施和公用事业投资市场，打破垄断，放宽市场准入。鼓励外资、民资采取多种形式投资城镇基础设施和公用事业建设，进行经营或参与管理，形成以政府资金为引导、多渠道投入、多形式投资的市政公共行业投资发展机制。积极争取国家在建设用地额度上向秦巴山脉倾斜；在铁路公路、城市重大基础设施等重大项目安排上进一步支持秦巴山脉，降低资本金比例，增加贷款额度；尽快将秦巴山脉列为重点开发区域，带动秦巴山脉城市群建设；在城镇体制改革上给予更多的自主权。

第四章　绿色交通构建

本章我们以经济社会发展和生态环境保护为双重目标，利用资料收集、现场踏勘、综合分析、数学优化等方法与手段，在充分掌握秦巴山脉四川片区交通现状和未来地区规划的基础上，提出绿色交通战略，构建绿色交通体系并制定绿色交通规划，提出相关政策和建议，以期为秦巴山脉的绿色可持续发展提供决策依据。本章的主要内容如下。

（1）绿色交通战略研究。针对绿色交通的具体含义和要求，从“优势、劣势、机会和威胁”四个方面对秦巴山地区将来启动绿色交通所具备的交通环境进行详细分析，争取扬长避短，因地制宜地制定秦巴山脉绿色交通战略体系，并分析秦巴山脉四川片区绿色交通规划建设对本区域资源开发的支撑作用和对区域经济发展的驱动作用。

（2）绿色交通体系构建。基于“优先发展绿色交通工具，减少交通拥堵，净化城市出行与居民环境，降低能源消耗”这一绿色交通的本质思想，我们对秦巴山脉四川片区的5市各自的县（市、区）进行调研，并以“能源消耗环境污染代价最低和经济效益最大”为最优目标构建绿色交通体系。首先，基于各地区的交通主要职能，以农副产品资源、旅游资源和区位资源这三个基本的秦巴山脉四川片区绿色交通要素为基本要素，建立基于复杂网络的最优化商品流通模型，即构建绿色交通体系；其次，分析这三种要素相互之间及这三种要素与其他秦巴山脉交通运输方式之间的耦合关系，并据此对绿色交通系统的投入运行机制进行研究；再次，根据目前秦巴山脉的基本状况，对照上述绿色交通要素的复杂网络下的成本最优化数学模型，能够从理论角度构建秦巴山脉绿色交通体系；最后，基于秦巴山脉四川片区各县（市、区）的交通构建诉求，将其与上述复杂网络最优化数学模型结合考虑，构建绿色交通体系实施方案的最优化模型，并对未来的绿色交通运行机制进行探讨。

（3）绿色交通规划。根据秦巴山脉绿色交通调研成果，并结合上述绿色交通体系的构建分析，提出绿色交通规划，并对该规划的制定、实施和运行进行可行性研究。

我们提出的政策建议包括以下三点。

（1）为发展秦巴山脉四川片区东部地区的农产品市场，建议规划东西走向的铁路和公路干线，积极促进东部地区农产品资源流通出去。

（2）为发展秦巴山脉四川片区西部地区的旅游资源，积极促进外来旅游人员更方便地进入旅游目的地，建议在原有较为发达的交通干线的基础上沟通九寨沟等旅游景点，将秦巴山脉四川片区西部地区较为支离的旅游景点连成线。

（3）不提倡在秦巴山脉核心地区（尤其在四川与陕西交界处）建立较为密集的铁路干线或公路干线，建议构建秦巴山脉“轴心”环境保护区。

第一节　绿色交通战略研究

秦巴山脉四川片区是历史上重要的交通要道，是关中地区与巴蜀地区的重要经济走廊，而当前的交通是否满足秦巴山脉四川片区当地的经济社会发展需求，当前的交通计划是否满足未来的经济社会发展需求，怎样找到既适合生态建设又满足当地社会经济发展的平衡点，这些都是需要深入思考的问题。而秦巴山脉四川片区绿色交通战略研究是秦巴山脉四川片区发展战略的重要部分，一方面，秦巴山脉四川片区是国家精准扶贫战略的重要组成，而交通是扶贫最重要的组成部分；另一方面，绿色交通战略研究也是基于秦巴山脉四川片区生态环境特殊性而突破传统交通战略研究的新型研究。

一、秦巴山脉四川片区交通背景及概况

秦巴山脉四川片区位于秦巴山脉的西南方，连通秦岭、大巴山两大山脉，涵盖绵阳、广元、南充、达州和巴中；是秦巴山脉北接关中—天水经济区、东临中原经济区、西毗成渝经济区、南倚长江黄金水道经济带的重要组成部分。截至2010年底，通车总里程为40 069千米。

道路交通基础设施作为经济社会发展战略性、先导性的设施，对秦巴山脉四川片区绿色循环经济、农林等产业、城乡发展、旅游开发具有重要的支撑和引导作用，是秦巴山脉四川片区保护与开发的保障体系。构建秦巴山脉四川片区绿色交通体系，建设重要的综合枢纽物流中心，加快区域交通发展步伐，对实现区域优势互补、改善城乡人居环境具有较大的带动作用。

目前，我国交通运输发展与资源、环境的负外部性矛盾十分突出，是交通运输业可持续发展面临的瓶颈之一。加快推进综合交通、智慧交通、绿色交通和平安交通“四个交通”发展成为十八届三中全会后交通运输体系发展的方向。

二、绿色交通及对交通发展的要求

（一）基本概念

绿色交通发展包含两个要素，即绿色交通和发展。这里的“发展”强调的是量的选择，“绿色”则是质的要求和对“发展”方式、“量”的具体约束。绿色交通源于解决当前社会环境污染问题的可持续发展理念，也是一个发展实践目标。绿色交通更加强调交通系统的“绿色性”，即减少资源消耗、减少环境污染、减轻交通拥挤、促进社会公平等，更关注民众生活态度的改变，体现以人为本，寻求包括社会、经济、资源和环境等要素在发展生命周期中的综合成本最小。在以上理念的要求下，归纳绿色交通的含义如下：绿色交通是一个以结合当前阶段、当前条件为基础，以交通运行全过程、全领域为优化范围，以“三高三低”（高效率、高循环、高碳汇、低消耗、低排放、低污染）为特征，以提升正外部性（促进社会公平、提高交通效率）、降低负外部性（降低环境污染、减少资源消耗）为手段，以实现交通、社会、经济、资源与环境五个要素和谐共生为目标的系统化发展理念。

（二）对绿色交通的发展要求

1. 资源与环境问题并重

资源与环境作为相互联系的共生概念，共同决定人类社会发展的质量。绿色交通不仅关注能源消耗、温室气体排放、废旧材料的循环利用等当前热点问题，而且要求在资源利用、其他污染物排放等方面进行筹划；不仅关注环境的可持续发展，而且关注资源的可持续发展。因此，绿色交通需要在目前的能源、碳排放、废旧材料等领域突破至资源、环境整个领域。

2. 结合所处阶段和环境动态化优化

绿色交通并非一个固化的概念，而应随着各进程阶段，结合各地方实际情况，合理处理当前与未来发展的关系，做具体统筹部署。“发展”是时代进程中的核心主题，因此，进行绿色交通系统的统筹设计，需要以“发展”作为基本前提。跨越阶段、脱离当地实际情况进行交通系统绿色化改造就违背了发展的本意。

3. 强调全方位介入

交通建设与运行包括实施前、实施中和实施后三个基本阶段，其中涉及资源消耗、环境影响和废弃物回收处理等环节，同时交通系统又是一个开放的系统，需要与社会、经济、资源、环境形成互动。因此，在绿色交通系统构建优化的过程中，需坚持以人为本的理念，明确边界，强调全过程、全方位绿色交通理念的贯彻介入。

三、发展环境分析

（一）优势分析

交通方式基本完备，具有发展综合交通以实现资源、环境、交通进一步和谐发展的条件。顶层设计优化是发展绿色交通需要解决的首要问题，综合交通方式的完备将为在更深层次、更广领域寻求绿色交通结构性效益潜力创造条件。秦巴山脉四川片区内部主要城市铁路（特别是高速城际铁路）发展迅速，高速公路、一级和二级公路网络基本成形，并基本实现村村通公路，域内主要城市均建有飞机场，这些基础设施为进一步完善综合交通体系、挖掘绿色交通效益创造了条件。

资源储备丰富且品种多样，具有发展清洁能源式、新能源式交通运输体系的能源基础。四川是中国西部电网的负荷中心之一，煤炭、天然气产量大，是我国清洁能源重要的生产基地。

我国国民经济全面发展，道路、桥梁、隧道工程、清洁能源、绿色交通工具、材料、环保和信息等技术迅猛发展，为秦巴山脉绿色交通规划建设与服务提供了成熟的技术支撑。

（二）劣势分析

秦巴山脉四川片区生态环境复杂脆弱，自然保护区众多。由于秦巴山脉偏处内陆，地势险峻，自然阻隔，区划分割，联系不紧密，交通不顺畅，信息不互通，资源不共享。同时，历史形成的贫困人口多，贫困程度深，生产要素弱，自身发展能力差，经济发展速度慢，城市化水平低，城市带动力弱，自然协调性差，未能实现区域合作、互补共赢、均衡发展格局。秦巴山脉有承东启西、接北连南、辐射八方的独特区位。但是，秦巴山脉区域内交通较为闭塞，路网密度低，很多区、市、县之间还没有县际公路相连，更不用说高速公路和铁路。可以说交通问题是秦巴山脉区域发展的最大瓶颈。

基础设施落后，对绿色交通装备技术推广形成制约。秦巴地区目前仅在南充、绵阳、达州、巴中、广元建有液化天然气加气站和少量充电桩，主要供长途客运及主城区城市公共交通使用。在能源成本的影响下，社会对清洁能源、新能源的认同度逐渐升高，但配套设施不完善，导致高速公路、水路等重要通道清洁能源、新能源供应保障薄弱，对推广清洁能源、新能源车船形成制约。

土地资源稀缺，是交通基础设施绿色化发展的重要影响因素。秦巴地区地貌以丘陵、山地为主，坡地面积较大，穿山隧道、过江通道、交通基础设施通道受地形约束较大。因此，交通基础设施的建设需要综合考虑目前和今后需求的关系，为今后发展留足空间，实现土地资源的高效利用。

新建公路很多是断头路、联网路，大多处于地理条件差、地形险峻、地质条件恶劣的大山区，建设成本高，建设难度大。

新建桥梁大部分是跨大江大河、深沟狭谷的大桥和特大桥，技术要求高，投资费用高。

社会需求更高。随着经济社会的迅速发展，人们对公路建设安全性、舒适性和服务水平要求越来越高，公路发展已发生质的变化。

融资难度加大。国家对政府还贷二级收费公路政策的调整，进一步削弱了地方公路发展的政策支撑；同时，宏观调控力度加大，银根紧缩，造成基础设施建设项目资金紧张；此外，地方工农业基础差，财政收入少，总体经济实力不强，配套资金落实难度大，仅靠国家补助资金，高质量完成交通建设任务难度较大。

干线公路标准偏低，覆盖面不足。现有国省干线公路大部分都没有真正达到二级公路标准（只是路基宽度达到，弯道半径、纵坡及平纵线形组合还有很大差距）；同时，城市过境路段大都穿越中心城区，通行能力严重不足，路网网络化程度低，与高速公路、铁路等其他运输方式尚未实现有效连接，对重大产业基地、重要城镇等节点也未实现全面覆盖。

农村公路通达不够，管理不适应。截至目前，秦巴山脉四川片区尚有多个建制村不通油路（水泥路），农村公路通达深度不够；部分通村公路只通到建制村村委会，未到达村民主要居住区。由于建设难度大、成本高、资金缺口大，建成的农村公路技术等级偏低，安全性和抗灾能力偏弱。通村公路缺桥少涵、因灾断道等问题比较突出，对群众安全出行的影响较大。养护管理相对薄弱，养护资金尚未完全落实，影响农村公路可持续发展。农村公路的覆盖范围和技术质量还不能适应现代农业示范园区、生态小康新农村的新形势和新要求。

管理体制机制不顺。全省干线公路养护体制机制存在三种模式（全部下放、部分下放、没有下放），其中大部分市州公路养护事权和财权全部下放到县（市、区），四川省要求市州履行主体责任，但由于体制原因市州一级难以履行主体职责。全省公路系统名称不统一，级别不统一。例如，市级有的叫公路局，有的叫总段，有的叫公路处，县级养护段和路政所名称也不一致，显得整个行业比较乱。

养护里程不断增加，养护投入严重不足，无长效机制。长期存在重建轻养的思想，加之偏远地区财政收入微薄，交通欠账较多，除了保障人员工资和办公经费以外，其他用于公路养护专项投入的资金严重不足。燃油税改革后，资金渠道发生变化，交通上缺乏控制资金的主动权，导致公路出现病害不能及时修复，与人民群众的期盼和适应社会经济的发展需求相距甚远。

养护人员不足，机械化水平极低。养护一线正式职工逐年减少，养护作业工具仍然是传统的扫把、铁锹等简单的劳动工具，不能适应现代化养护需要。为了实现有路必养，部分县（市、区）采取聘请社会补养工增加养护人员，但因缺乏技术，只能完成简单的清扫保洁工作，养护效果不佳。

（三）机会分析

根据交通运输部的《集中连片特困地区交通建设扶贫规划纲要（2011—2020年）》，2011~2020年，四川省集中连片贫困地区公路对外通道将进一步畅通，骨干网络不断完善，农村公路通达和通畅水平明显提高，内河水运建设全面提速，客货运输能力和水平明显提升，安全应急和保障能力不断增强。

国家目前针对秦巴山脉现有的规划主要集中在扶贫开发方面，其是新一轮扶贫开发攻坚战中的主战场。《秦巴山片区区域发展与扶贫攻坚规划（2011—2020年）》基于地区发展状况，坚持加快区域发展与扶贫攻坚相结合、经济发展与生态环境保护相结合、统筹协调与突出重点相结合、国家支持与自力更生相结合、加快发展与改革创新相结合，统一规划，有针对性扶贫，力将秦巴山脉建设成为区域交通重要通道、循环经济创新发展区、科技扶贫示范区、知名生态文化旅游区，以及国家重要生态安全屏障。

行业转型升级，为交通绿色化发展提供持续动力。交通作为国民经济的基础产业和先导行业，对经济社会发展起支撑、保障和引导作用。随着城市化进程的加速，交通运输转型发展的要求日益凸显。当前交通运输正处于转型升级、加快发展的新阶段，交通运输部确定了以转变发展方式、加快发展现代交通运输业为主线，努力建设资源节约型、环境友好型行业，加快建立以低碳为特征的交通运输体系的发展战略。长久以来相对粗放的设施供给型的交通发展方式需要加快向更加精细化的服务供给型交通发展方式转变。综合交通、智慧交通、绿色交通、平安交通“四个交通”建设是交通部门新形势下的新导向，在此发展背景下绿色交通将有更大作为。

技术手段日益丰富，为交通绿色化发展提供了支撑。目前，在国家倡导建设资源节约型、环境友好型社会的背景下，交通行业广泛开展技术研发，针对基础设施、运输装备和运输组织等方面的节能技术、减排技术、环保技术、循环减量技术、信息化监测与决策管理技术等日益丰富且逐步成熟，为绿色交通体系发展提供了技术支撑。

（四）威胁分析

资源环境约束明显增强，将缩短交通绿色化转型的周期。随着人口、资源、环境间矛盾的日益突出，对可持续发展的制约日益增大。资源约束趋紧，环境污染严重，生态系统退化，气候变化问题突出已难以承载传统的发展方式，只有大力推进生态文明建设，努力走绿色发展道路，才能从根本上缓解资源环境瓶颈制约，为经济社会持续健康发展奠定坚实基础。狭义而言，交通运输行业对资源环境整体呈负面影响，在资源环境约束日益紧张的背景下，交通应尽快实现绿色转型发展。

经济下行压力明显增大，这在一定程度上将减弱绿色交通发展动力。中国经济已步入以中速增长为标志的“新常态”，以“高投入”实现“高产出”的模式已不适应今后发展，经济增速放缓，同时将面临产业结构调整的问题。在这一过程中，经济增量可能会出现降低，对交通产业的经济投入也可能减少，进一步会影响到投入高、经济回报低的交通绿色转型发展。

市场框架不完整，影响交通绿色化长效机制的确立。鉴于绿色交通主要彰显社会效益、经济效益不明显的特点，作为参与交通运输行为的企业很难形成绿色化发展的自觉动力。目前，国家及四川省关于绿色化发展的扶持政策主要体现在节能减排资金的支持、清洁能源成本补贴等方面，其效果在于形成对相关领域的短期引导。交通运输碳排放核算方法目前尚未形成体系，严重影响了行业参与相关市场行为的积极性。作为实现长效机制的基本手段，交通运输绿色化市场框架的不完整将影响转型发展的效率。

四、秦巴地区绿色交通发展战略框架

（一）基本战略

根据基于Strengths（优势）、Weaknesses（劣势）、Opportunities（机会）和Threats（威胁）模型的秦巴山脉四川片区绿色交通发展环境分析可知，秦巴山脉四川片区绿色交通体系发展目前的优势比较明显，今后的机会较多，在专家咨询法的基础上，秦巴山脉四川片区下一阶段可采用优势-机会作为基本战略，同时积极弥补后天劣势，减轻外部威胁造成的影响。

以秦巴山脉功能区规划为基本导向。根据不同功能区的特点、定位和发展路径制定差异化的发展战略，减少生态环境脆弱、土地资源紧缺、气候条件不佳等劣势带来的影响，减缓资源环境约束增强等威胁。

积极推进大交通体系绿色发展。利用交通方式完备、交通管理体制相对健全的优势，抓住行业转型发展的机会，积极开展大交通的系统优化，减缓经济下行压力带给交通运输行业的威胁。

同步建立配套设施及技术、政策体系。大力推进清洁能源、新能源等绿色交通配套基础设施建设；利用特色资源富集、技术研发力量雄厚的优势，结合绿色交通技术日趋丰富的机会，开展绿色交通成套技术攻关；利用试点示范优势和城市地位提升的机会，完善市场机制以减少外部威胁，建立绿色交通政策体系，为绿色交通发展提供良好的发展环境。

（二）发展策略

1. 不同城市、功能区、新城镇差异化发展

按照绿色交通“结合所处阶段和环境动态化优化”的概念，实现绿色交通体系在不同分区中差异化发展。按照不同城市、城镇、乡村及功能区定位，绵阳、南充等大中型城市应重点围绕推广绿色交通运输装备、优化运输组织、建设智能交通等方面开展，按照城市发展新区“未来工业化城镇化的主战场”的定位，城市发展新区及新型工业应重点围绕绿色交通基础设施、优化运输组织、健全管理体系等方面开展。秦巴生态屏障和秦巴地区保护区等国家重点生态功能区和重要生物多样性保护区，应重点围绕健全管理体系、绿色交通基础设施等方面开展。

2. 五个领域系统性推进

按照绿色交通“强调全方位介入”的概念要求和“积极推进大交通体系绿色发展”的基本战略，围绕基础设施、运输装备和运输组织等交通运输三大主业，辅以智慧交通体系、管理体系两个领域，全面整合资源，全面推进交通运输体系的绿色转型发展，推动交通基础设施全生命周期的绿色转型。从资源、能源、材料和信息技术等角度入手，开展公路、铁路、水路和航空等基础设施在规划与设计、建设与施工、运营与管理等环节的绿色理念贯彻，实现交通绿色转型发展。开展绿色交通运输装备推广。以可再生能源、清洁能源为主要导向，结合既有技术装备的节能挖潜，在提高交通运输装备能源利用效率的同时，以减少运输装备的温室气体排放为重点，推进绿色交通运输装备绿色化。全方位优化运输组织体系。从综合交通运输体系的视角对运输结构进行顶层优化，以实现客运“零距离换乘”和货运“无缝衔接”、提高交通运转和能源利用效率为目标，加快形成便捷、安全、经济和高效的综合运输体系。建立高效的公众出行信息服务系统和智能决策支持系统。建立综合运输公共信息平台，加快现代信息技术在交通运输领域的研发应用，逐步实现智能化、数字化管理。完善管理及其支撑体系体制机制。以“十三五”规划为契机，抓紧整合交通运输节能减排与环保相关资源，

明确相关发展战略。完善绿色交通运输统计监测考核体系、绿色交通运输市场机制、碳排放交易机制，建立完善交通运输节能减排实验室、环保技术研发中心等技术创新和服务体系建设。

3. 三个环节全周期介入

交通运输系统包含基础设施、运输装备、运输组织、信息平台、监测考核五个领域，其生命周期包括实施前、实施中和实施后三个基本环节，涉及资源占用、能源消耗、材料消耗、废弃物排放、废弃物处理、生态改变和生态维护等多个步骤。按照绿色交通“强调全方位介入”的要求，为实现绿色理念在交通运输系统中落地厘清思路，应将交通运输系统五个领域分别进行三个环节划分，分步骤、分阶段地实现全生命周期绿色化。

4. 六个理念多视角贯通

按照绿色交通“资源与环境问题并重”的概念要求，将“绿色”这一中观层面的概念进行分解，涵盖节能、低碳、循环、减量、高效和生态六个操作性较强的理念。在制定相关政策、统筹考虑成套技术体系的过程中，应从这六个方面分别进行考察，实现“绿色”概念对交通运输系统的全方位贯彻。

5. 四个手段全方位支撑

按照“同步建立配套设施及技术、政策体系”的基本战略，全过程、全方面采用技术、经济、管理和法规四个基本手段，对基础设施、运输装备和运输组织三个核心领域开展绿色化发展体系构建，采用以技术体系为主进行支撑、以经济手段为主进行引导、以管理手段为主进行推动、以法规标准为主进行规制，全面推动绿色交通运输体系发展。

五、秦巴山脉绿色交通发展战略的重要性

（一）“绿色交通构建”对资源环境开发的支撑

绿色交通不仅关注能源消耗、温室气体排放、废旧材料的循环利用等当前热点问题，而且要求在资源利用、其他污染物排放等方面进行筹划；不仅关注环境的可持续发展，而且关注资源的可持续发展。绿色交通构建有助于保护秦巴山脉良好的生态环境，促进区域矿产资源、土地资源、森林资源、水利资源和旅游资源的持续有序开发与合理利用。

绿色交通为秦巴山脉区域内外资源要素高效率、高效益流动提供有力支撑。秦巴地区绿色交通规划实施，确保区域内不同功能城市、县城及乡村有效通达；

确保该区域通过四川综合交通枢纽、成渝经济带、欧亚大通道，以及我国其他发达经济区快速通达；保证该区域有效融入国内及国际各经济区；促进本区域内及秦巴山脉与外部区域人流、物流和信息流高效流动，为秦巴山脉可持续发展奠定坚实基础。

绿色交通促进秦巴山脉生态功能区可持续保护。秦巴山脉绿色交通建设将推动该区域生态区合理开发，为秦巴地区生态保护提供坚实的物理基础。

（二）“绿色交通构建”对经济发展的驱动研究

绿色交通发展将促进环境友好型高效物流跨越式发展，促进秦巴山脉绿色工业和第三产业快速发展。秦巴山脉是中国西南腹地宝贵的绿色资源库，该区域绿色、智能、人文一体化交通设施不断完善，将推动智能高效、多层次、快速通达的物流体系建立。在本区域内倡导循环、低排放、资源合理利用的理念，有利于促进环境友好型、资源节约型产业和高端服务行业的发展，引导存量产业向绿色、可持续方向发展。凭借完善的绿色交通体系、有吸引力的政策、智力储备和人力资源开发吸引发达地区环境友好型企业入驻，加快本区域经济升级换代。

绿色交通将为秦巴山脉现代生态农业及观光农业发展提供快速通道。绿色安全快捷的交通体系将吸引各类资本，开发该区域内特色生态农业和特色林业资源，为现代农业提供高效的绿色通道；有利于围绕生态保护区发展生态、红色休闲旅游，扶持当地居民依靠生态资源和环境保护脱困、致富，让当地百姓获利于生态资源，获利于生态保护，为该区域可持续发展提供正向引导。

绿色交通将引领秦巴山脉新型城镇化建设和新农村建设向低排放、资源高效利用、宜居、快速通达的方向发展，将增强当地居民的幸福感，为当地物质文明、精神文明和生态文明建设提供有力保障。

第二节　绿色交通体系构建

在本节我们将介绍绿色交通系统如何构建、构建要素，以及构建要素与交通运输方式之间的关系、交通运输耦合研究、交通要素耦合研究。

一、绿色交通体系构建要素研究[27]

（一）基于秦巴山脉地区职能的绿色交通体系构建要素分析

早在1994年，加拿大学者克里斯·布拉德肖就正式提出了绿色交通的概念。

其核心思想是“优先发展绿色交通工具，减少交通拥堵，净化居民出行与居民环境，降低能源消耗”[28]。基于这一思想，我们根据秦巴山脉四川片区的5市各县（市、区）的调研并以“能源消耗环境污染代价最低和经济效益最大”为最优目标构建绿色交通体系。从交通运输中的绿色要素角度考虑，我们通过秦巴山脉县（市、区）主要职能分析，将综合秦巴山脉县（市、区）的职能要素“因地制宜”地与绿色交通体系中运输要素结合考虑。我们首先给出调研结果中相关的主要职能（表4-1）。

表4-1　秦巴山脉四川片区县（市、区）主要职能划分

市	县（市、区）（特色或主要职能，主要运输方式）
绵阳市	北川县（能源与矿产，公路）、平武县（旅游，公路）、梓潼县（农副产品与旅游，公路）、江油市（旅游与工业，航空铁路）
广元市	利州区（工业，区位）、昭化区（工业）、朝天区（工业）、剑阁县（旅游，公路）、旺苍县（旅游，水运铁路）、青川县（矿产，水运铁路）、苍溪县（矿产与旅游，公路）
南充市	仪陇县（农副产品，公路）、南部县（旅游，公路）、营山县（区位优势与农副产品，公路）、阆中市（旅游，公路）
达州市	通川区（区位优势，铁路航空）、达川区（区位优势，水运铁路）、宣汉县（矿产资源，公路）、开江县（农副产品，公路）、万源市（农副产品，公路）
巴中市	巴州区（农产品，水运）、恩阳区（农产品，公路）、通江县（农产品，旅游，公路）、平昌县（旅游，公路）、南江县（农产品，矿产资源，公路）

结合调研数据与表 4-1，我们可以大致推断出秦巴山脉四川片区的地区职能具有以下几个特点：①西部高海拔地区以旅游为主，并且矿产资源从四川省内来看大多数产于秦巴山脉四川片区西段；而东部低海拔地区以农产品为主，有少量以旅游为主的职能县。②区位优势比较明显的地段抑或是靠近成都和重庆两个大城市，抑或是在具有水运航空与铁路等诸多立体式交通节点上，在四川最具代表性的是广元市区。③当前的交通网络，对西部绵阳和广元旅游的发展似乎比对东部地区农产品的发展更加有利。

1. 省内因素

基于秦巴山脉四川地区矿产资源的分析结果，青川县及北川县生态较为脆弱，开发矿产资源会损害当地不可逆转的生态系统。而其余地区矿产资源往往与旅游、农产品资源复合作为当地的主要职能。从已有的旅游和农产品加工点与交通系统的关系，我们可以看出秦巴山脉四川片区交通具有以下几个特点：①以广元市至成都市的铁路干线为例，在地区比较陡峭的广元市北部地区，旅游点与铁路的距离较近；而在江油市、梓潼县等较为平缓的地区，旅游点与铁路干线的距离较远。② 嘉陵江流域附近的旅游点较为集中，可以适当发展航运，这与水资源组的部分结构一致。③秦巴山脉四川地区东部地段缺乏交通要道来连接旅游与农产品等绿色秦巴山脉特色资源。

2. 省外因素

秦巴山脉四川片区具有以下几个特点：①森林覆盖率水平由南至北逐渐升高，省内东部地段没有西部地段高，但是目前来看交通干线西部地段更为发达。②区位因素显得更加重要，我们可以看出，从秦巴山脉走出去及从省外走进来的视角看，设置诸如广元市的交通节点尤为重要；参照广元市目前水运、铁路、高速公路和航空都十分便利的条件，我们提出两个问题：第一，在秦巴山脉四川片区东部是否有必要设置新的交通节点？第二，如果设置，那么设置在哪里经济社会环境效益最好呢？

结合上述两个结果，我们总结出了以下三种具有秦巴山脉特色的绿色交通构建要素。

1）农副产品资源

巴中是我国粮食储备基地和商品粮输出基地。例如，秦巴山脉的通江银耳和茶叶、南江翡翠米为主要特色；达州是四川重要的粮油、畜禽、茶叶、油橄榄等农副产品生产基地；南充营山的红麻、蚕桑等，以及绵阳梓潼的生猪、蚕茧、棉花等均系秦巴山脉四川片区特色产品。这些均是秦巴山脉四川片区绿色交通运输的主要物流资源之一。

2）旅游资源

交通是人流、物流联通的桥梁，是资源、产业联系的纽带。秦巴山脉四川片区旅游资源丰富、人文历史积淀深厚，极具开发和利用潜力，旅游资源在人流的要素成分中占有举足轻重的地位。其中，绵阳市平武县有我国最大的大熊猫保护区；江油市有李白故里等历史旅游资源；广元市有历史文化悠久的剑阁县剑门关等旅游景点、苍溪县灯戏剪纸等地方习俗；南充市南部县有自然人文旅游景区，如阆中古城；巴中市通江县诺水河国家级风景名胜区等溶洞旅游资源丰富，平昌镇有龙山国家森林公园；等等。而当前的旅游资源仍在发展中。旅游要素是考虑秦巴山脉绿色交通运输体系中人员类型的最重要特征。

3）区位因素

从省外因素来看，秦巴山脉四川片区地处华中经济带、汉中经济带和成渝经济带中心，因此，秦巴山脉不同地区的区位差异必然深刻影响交通运输的布局，并且设置交通网络中心（Hub）节点尤为关键。基于此，我们将区位因素抽象出来作为绿色交通体系影响交通网络全局的重要指标，同时作为绿色交通体系构建的重要要素。农副产品的Hub节点与旅游资源的Hub节点具有地域特征，即旅游资源多数分布于西北段山高陡峭森林茂密地区，而农副产品较为集中于东南部丘陵地区且森林资源相对匮乏地区。另外，从经济角度而言，基于成渝经济圈的角度考虑，四川巴中、达州和南充的区位优势较为突出，从我们调研的结果来看，南充地区及达州地区较之其他地区更强调该地区交通区位因素的重要性。例如，南充作为规划中的汉巴南铁路的重要枢纽，必然带动铁路周边地区的绿色经济发展，对秦巴山脉绿色产业的影响尤为重大。因此，区位因素也是我们要考虑的秦巴山脉绿色交通要素之一。

综上所述，我们探讨的秦巴山脉四川片区绿色交通体系构建要素包括：①水资源。由于秦巴山脉四川片区基本是三江由北向南并行流，是国家南水北调西线的重要组成部分，故水运航道的发展必然根据南水北调的既定方针政策，所以没有放在我们的绿色交通体系构建要素考虑范畴。②矿产资源。基于秦巴山脉四川片区矿产资源组的研究结论，西部地区矿产资源丰富的地区生态环境极其脆弱，建议限制开发，即使西部地区森林资源丰富；而东部地区矿产资源丰富地区相当一部分是天然气资源，按照国家西气东输的战略，需根据国家战略安排当地资源分配，因此，其不在我们的绿色交通系统构建要素考虑范畴。

（二）绿色交通网络体系构建要素与绿色交通网络体系的关联性分析

秦巴山脉四川片区绿色交通体系构建要素与交通运输方式存在很大关系，我们可以总结出以下两个特点：①铁路交通是基于国家战略层面连通关中经济区和成都经济区而坐落在秦巴山脉四川片区西段，较大程度促进当地及其附近地区旅游产业的发展；②秦巴山脉四川片区高速公路网络多数分布于东南部达州南充地区，这些地区大多是丘陵地区且道路投资远不像从国家层面投资的西段铁路多，而当地及附近地区农产品资源相对更加丰富。

1. 考虑农副产品要素与公路交通的关系

相对于平原地区，秦巴山脉农副产品运输效率与安全问题尤为迫切。其核心问题是秦巴山脉资源如何快速高效地走出四川省走向全国。根据调研结果可知，当前公路交通不能满足农副产品资源走出去战略。为解决此问题大致有以下两种方案，第一种方案是修建新的高速公路并对绿色产品运输开“绿色快速通道”；第二种方案是利用复杂网络的知识，通过维护或翻新已有公路体系增加养路成本进而实现更高效的运输。我们采取第二种方案并在下文进行分析，同时构建数学模型说明问题本质。

2. 考虑农副产品要素与铁路交通的关系

基于当前状况与四川省“十三五”交通规划内容，处于秦巴山脉四川片区东段的大量农副产品资源与处于秦巴山脉四川片区西段的铁路交通资源相分离，因此，这方面关系目前只有通过构架新的铁路来实现农副产品资源与铁路资源的整合，我们将在下文从四川省外角度分析铁路架设的最优方案问题。

3. 考虑旅游资源要素与公路交通运输的关系

由于秦巴山脉交通便利性差，我们考虑以交通安全快捷舒适为其主要切入点。其核心问题是四川省外抑或全国的旅游者如何安全、方便、快捷地走进秦巴山脉，其方案有以下几种：①将公路交通结合快速稳定的铁路交通与航空服务，以较为节省成本和保护资源的星形网络拓扑结构为主，中央节点是设计中的铁路航空公路枢纽。②基于旅游淡季、旺季进行动态分析，哪些地段适合构建成本高的铁路交通子系统；哪些地段旅游淡旺季分化明显，从而构建成本相对较低的公路交通子系统。我们将在下文对两种方案分别进行分析。

4. 考虑旅游资源要素与铁路交通运输的关系

基于秦巴山脉四川片区西段生态脆弱地段具有森林资源丰富性的角度考虑，以及已有的国家在西段的铁路交通路线来看，我们将分析现有铁路交通系统是否满足旅游发展需求。

5. 考虑区位因素对绿色交通体系构建的影响

秦巴山脉四川片区区位因素对经济社会发展的影响很大，因此，对绿色交通运输体系构建的要求也相应较高。从调研结果及省内地理因素的角度分析，南充与达州的过境铁路、航空和水运比广元、绵阳和巴中地区更为密集。因此，这就要求绿色交通体系要做好几种运输方式的耦合研究，具体将在下文进行展开。

6. 考虑绿色交通体系构建对区位因素的影响

基于秦巴山脉生态保护的要求，该区域虽然有些地区的区位优势明显，但是环保压力依然十分严峻。我们可以从以下几种方案进行考虑：第一，交通运输方式间不可有过多的重叠造成交通资源的浪费；第二，绿色交通要做好宣传工作；第三，区位因素的考究下交通网络构建因素尤为重要；第四，秦巴山脉各地区的经济、人口、旅游资源及农产品都处于发展变化中，因此，研究绿色交通系统也要动态地基于未来制定的方针政策及当下状况研究。基于这四点可知，绿色交通关系的动态耦合研究尤为关键，因此，下文将进行绿色交通关系的耦合研究。

二、绿色交通关系耦合研究[29]

耦合是一个物理上的概念，刻画的是不同系统或运动方式之间相互依赖、相互协调、相互促进的关联现象[30]。本节研究的交通系统耦合是指交通运输方式构成的子系统与绿色交通要素子系统之间的耦合，即秦巴山脉交通要素系统与交通运输系统之间的动态互动性和相互作用、相互影响的关系。

（一）绿色交通要素与交通运输方式的耦合研究

我们从农副产品要素与高速公路的角度进行分析：公路网是支撑秦巴山脉绿色交通发展的基础条件，而绿色交通构建要素农副产品是秦巴山脉绿色交通体系的基本要素之一，因此，公路与绿色交通农副产品要素的关系分析具有重要意义。

秦巴山脉四川片区高速公路与农副产品加工点具有一定的相关关系，即加工点往往处于高速公路或者河流边上。考虑到农产品加工点成品走出秦巴山脉的问题，需要注意加工点资源流向成渝经济区的问题。我们分析复杂网络上的货物流量问题。基于秦巴山区调研数据[31~35]，本书分析此复杂网络上的货物流量问题，复杂网络拓扑分析最关键的问题是利用合理规则处理现实中的交通网络。考虑如下不变的网络运输问题。

利用公路交通原有拓扑进行建模，假设物流量是固定的（即每个加工点的月单位加工量都是定值，这方面的数据往往要基于当地每年的生产能力，往往也受天气、灾害环境发生、经济等因素影响，具有较大的波动），基于节点度、Hub点和聚类系数的概念，将这14个农产品加工节点加工量（单位：件）及成都市和重庆市月需求量（单位：件）分别用A_i（i=1,2,…,14），B_1，B_2表示，显然，根据实际背景，假设这是一个供不应求的关系，即需求量远大于加工量；用X表示农副产品的月平均单位利润（单位：元/件）。基于秦巴山区高速公路的网络拓扑结构，对经济效益与交通流分析方面，应用运筹学最大流算法进行优化处理即可。

其方法如下：分别记普通公路、省级高速公路和国家级高速公路的最大流量为C_1、C_2和C_3，$C_1<C_2<C_3$。基于秦巴山脉四川片区网络中任意两个城市可通过一个中间城市的可达性，可知秦巴山区公路网络具有小世界特性。结合小世界网络特性，通过统计该地区当前及规划中的农副产品加工点数量[36]，可知农副产品的运输是并不高效的树状结构，易知易造成交通堵塞，分析结果如图 4-1所示。

结合复杂网络中度的概念，我们可以发现巴中地区平昌到达州的公路交通较为脆弱（节点A_{11}~A_{14}），即若发生泥石流等地质灾害，巴中地区通向广元与其他地区的交通容易中断，并对巴中地区的农产品经济造成巨大影响。

从四川省内秦巴山脉农副产品与成渝经济圈关联的角度来看，对农产品要素我们应该加强巴中平昌段到达州段的交通建设，抑或加大力度建设巴中到仪陇段的交通路线。类似地，我们可以从省外关中经济区、华中经济区、中原经济区和

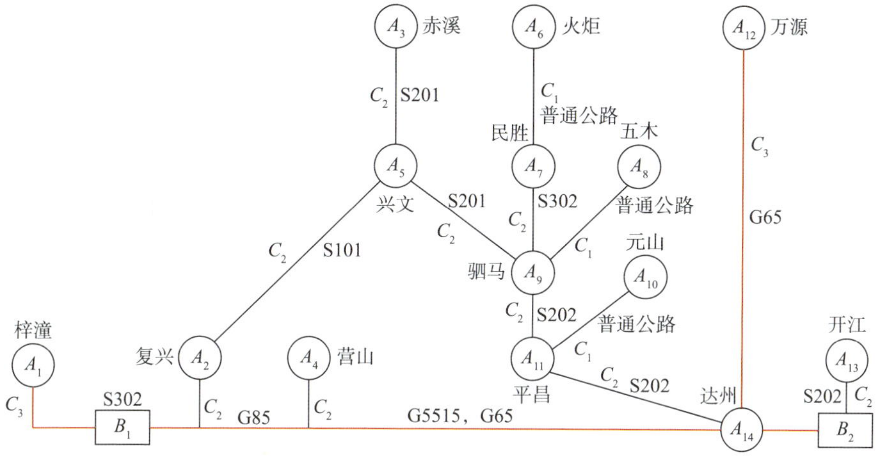

图4-1　秦巴山脉四川片区高速公路与农产品加工节点网络拓扑图

C_1：普通公路的最大流量。C_2：省级高速公路的最大流量。C_3：国家级高速公路的最大流量

甘肃兰州经济带的地理位置角度分析秦巴山脉四川片区高速公路建设与农产品加工节点的关系。以汉中、安康和陇南为外部需求节点，我们可以绘制最优运输路线。

利用类似的方法我们可以发现，通江段至万源的公路处于秦巴山脉地段，交通脆弱；而南江至陕西汉中经过光雾山-诺水河国家级风景名胜区，环保压力较大。因此，从省外因素考虑，我们也要加强广元与万源之间的横向交通路线建设，增强巴中地区农副产品走出去的能力；而适当减弱旅游路线及山区交通脆弱地段的农副产品资源流，减少机会损失成本。

利用类似的方法，我们可以分析旅游与公路交通之间的相互关系及交通脆弱性。核心问题是：秦巴山脉四川片区的周边主要城市，如汉中、安康、成都、重庆和陇南到达各个旅游节点的总时间在怎样的公路等级设计并考虑环保、道路安全等条件下各个城市到达任意旅游节点的总时间最短。这是一个网络最优化问题，通过类似的复杂网络分析得出，平武县的公路等级可以适当加强以适合当地旅游资源发展，南江地区的旅游公路等级也可以加强以适应当地旅游资源的发展。

关于区位因素与公路交通的关系，我们通过分析公路交通网络的度数，并基于上文分析未来需求量较大的节点，现总结如下：①秦巴山脉四川片区从农副产品要素角度考虑，未来巴中通江可以比较便利地连接秦巴山脉四川片区以北经济带和成渝经济带，是一个比较好的农副产品资源公路交通Hub点。②从秦巴山脉旅游要素角度考虑，既已形成的公路Hub点主要是西段的广元，这是一个既定的但比较合理的旅游资源公路交通Hub点。

（二）不同交通运输方式之间的耦合研究

以典型的公路交通与铁路交通的耦合角度进行考虑，由于秦巴山脉四川片区物产运输方式从公路交通转变到铁路交通较为固定，以及秦巴山脉四川片区东段铁路交通的稀疏性，我们分析旅游要素与铁路、公路交通运输方式的耦合。由于经济成本问题约束条件较为固定，所以分析环境影响的机会成本问题。

基于绿色交通的要求，分析交通运输方式的不同组合对秦巴山脉四川片区绿色生态环境的影响程度，这里假定公路的环境破坏能力大于铁路的环境破坏能力（单位时间单位旅客的维护环境的成本）。用K表示公路对绿色生态的影响程度（单位时间单位旅客单位路长上的维护费用）；L表示铁路对绿色生态的影响程度；M表示水运对绿色生态的影响程度。其中航空的影响程度忽略不计。基于网络拓扑结构的分析，可以构建最小生态破坏程度的最优化模型：

$$\min\sum_{i=1}^{5}\sum_{j=1}^{5}\left(p_{ij}^{K}f_{ij}^{K}+p_{ij}^{L}f_{ij}^{L}+p_{ij}^{M}f_{ij}^{M}\right)$$

$$\text{s.t.}\begin{cases}p_{ij}^{K}+p_{ij}^{L}+p_{ij}^{M}=1\\ f_{ij}^{K}+f_{ij}^{L}+f_{ij}^{M}=s_{ij}\\ \sum\limits_{i=1}^{5}s_{ij}=\sum\limits_{k=1}^{5}s_{jk}\\ 0\leqslant p_{ij}^{K},p_{ij}^{L},p_{ij}^{M}\leqslant 1\\ i,j=1,2,\cdots,5\end{cases}$$

其中，p_{ij}^{K}表示i与j之间的公路对绿色生态的影响程度；p_{ij}^{L},p_{ij}^{M}以此类推，这里将其做归一化处理；f_{ij}^{K}表示i到j的平均公路客流量（单位时间内的人流数）；s_{ij}表示i到j的不同运输途径下的总客流量。这里可以假设$p_{ij}^{K}>p_{ij}^{M}>p_{ij}^{L}$，取$s_{ij}$为对应自然风景区或者度假区的等级，并且$f_{ij}^{K}=p_{ij}^{K}s_{ij}$。以此为例，可计算上述关于$f_{ij}^{K},f_{ij}^{L},f_{ij}^{M}$的最优化模型。由于部分参数设置及旅客数量等动态变化问题，可以从提取的上述各种交通运输方式破坏程度数据中进行分析处理。

上述模型一方面能够帮助刻画不同交通运输方式下资源环境的承载力度；另一方面可以帮助分析在资源环境承载力度一定的情况下，如何安排公路、铁路和水运三类交通运输方式。另外，如果要考虑这三种交通运输方式的成本，可以将上述模型推广到以最小资源环境承载力为主要目标，以及最小成本为次要目标的多目标优化模型，也可以将资源环境承载力放置在限制条件中并以最小成本为目标的单目标优化模型。因此，这类优化模型可以推广到考虑资源环境承载力，不同交通运输方式的成本甚至不同线路（i到j）上交通运输方式成本的多目标优化模型，具有相当广泛的理论意义和实际价值。当然，基于数据上的多方位要求，这部分后续工作任重而道远[37]。

在上述模型中，基于此网络上不同运输方式下成本最小化模型，可以适当优化秦巴山脉四川片区五地区客流量的交通运输渠道，以此实现对秦巴山脉四川片区绿色环保及绿色交通的最优化。上述的要素研究与交通运输方式的关系强度如图4-2所示，其中的细线表示基于当前的交通系统分析得出的关系较为疏远的部分，其中的粗线表示基于当前的交通系统分析得出的关系较为紧密的部分。下文我们将阐述各个关系之间的绿色交通规划及实施问题。

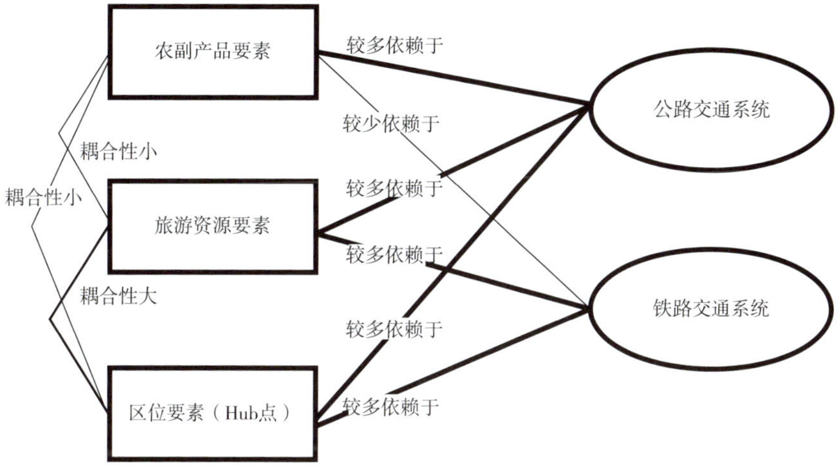

图4-2　秦巴山脉要素与交通运输方式

三、交通网络建设投入机制研究[38]

（一）基于四川秦巴山脉交通状况的投入机制分析

交通网络建设是一种大型的基础设施建设，其特点是投资规模大，建设周期长，跨越范围广，资金投入较大（动辄每千米上千万元的投入）。按照目前国家和政府的政策来讲，主要是引导各地区自行开展交通网络的建设，而如此巨大的建设资金的来源则是摆在各级政府面前的一个大难题。对交通建设投入机制进行相应研究和分析，是解决其投融资难题的先决条件。为了能选择适合秦巴山脉发展的交通网络建设投入机制，我们对秦巴山脉各市交通建设情况进行了调研。

秦巴山脉是国家精准扶贫战略所确定的14个集中连片国家贫困地区之一[39]，根据交通调研情况，其交通网络的特点是资金投入不足，基础设施薄弱，交通制约突出。其主要表现为公铁交通运输骨干网络不完善，水运交通分布不均，机场建设和航空运输严重滞后，城市内部交通体系不够完善，县城和小城镇交通条件需要进一步改善，综合交通运输网络化程度低，制约了区位优势和资源优势的发挥。

交通网络的建设既是解决区域经济发展的先决条件，也为全面建设小康社会奠定了坚实的基础，因此，对秦巴山脉的交通网络建设必须从战略角度予以思考。自2012年以来，秦巴山脉四川片区的交通网络建设呈现了快速发展态势。随着国家及四川省政府的逐步关注，秦巴山脉四川片区的交通建设有望迎来黄金发展期。伴随投资额度的加大，其交通建设有望成为新的投资热点，成为“十三五”基础建设投资新的增长点。

实施交通网络建设投入机制研究，深入探索区域交通网络建设的新机制和新模式，提出该区域交通网络建设的战略发展思路及具体的解决方案，建立持续可行的投入机制并加以贯彻实施是我们研究的重点。根据公共交通项目投资模式，按资金来源进行划分，可以分为政府投资、社会投资和混合型投资三种机制。

1. 政府投资

目前，中国绝大多数交通网络的建设资金主要来源于政府投资（即中央政府直接投入及地方政府投入的财政资金），而社会投资和混合型投资等其他形式的比例目前还比较低。

2. 社会投资

社会投资模式是指社会投资者以营利为目的，以个人或企业信用或项目收益为基础，以商业化融资手段筹集资金。社会投资模式主要包括以下几种：①自有资金；②商业银行贷款；③上市融资；④企业债券：⑤内源融资；⑥信托融资；⑦集合委托贷款；等等。社会投资者的融资能力往往有限，受政策、宏观经济环境等影响较大，融资风险较高，由于自身信用状况与政府投融资模式不同，融资成本往往较高，资金能否及时到位也不确定，但是，社会投资者具有管理效率高的优势。因此，政府也在不断改善政策，吸引社会投资者加入，不断为社会投资者投融资提供平台，提高社会资源的分配效率。

3. 混合型投资

混合型投资模式是指其中既有政府行为，也有社会投资行为，采取的是政府财政向交通项目开发部门提供补贴、减免税收或提供低息融资的方式。混合型投资模式既可以选择政府投资模式中的投融资方式，也可以选择社会投资模式中的投融资方式，此外，还包括以下内容：①交通工程与土地利用联合开发；②“设施使用协议”融资；等等。

混合型投资模式在保持政府投资的基础上，引入了社会投资，这不仅解决了交通项目建设资金需求量大的问题，而且有效降低了融资成本，提高了融资效率和资金利用率。该投融资模式也存在一些缺陷，如社会投资者投资收益不能保证、存在政策变动风险等。所以，混合型投资的实施需要政府在法律上的规范和制度上的支持[40]。

从秦巴山脉交通投入来看，在公共交通项目等大型基础设施建设的投融资过程中，政府的投入占很大比重，政府在政策、法律等方面需要不断完善，吸引更多的国内外资金，丰富投资主体。

（二）政策建议

秦巴山脉在公共交通项目建设的投融资体制中存在很多问题：第一，融资方式过于单一，主要依靠政府财政投入，并且依赖银行贷款，对资本市场没有充分利用，市场化融资的道路还很漫长；第二，由于公共交通项目建设投入巨大，投资回收期长，运营维护费用高，以及其他的政策限制，公共交通项目对民营和私人性质的企业吸引力不足，民间资本对项目的积极性很差，很少进入公共交通项目。因此，丰富投融资的模式，以及拓宽投融资渠道与资金来源，是进一步深入投融资体制改革的关键。根据秦巴山脉特殊性的绿色交通要素及各市的具体情况，我们提出以下投资建议。

（1）巴中市、南充市仪陇县、达州市开江县和万源市等地以农副产品资源为主的地区，交通投入可采用政府投资与社会投资相结合的混合型投资方式，社会投资主要是通过土地开发利用招商引资，同时发展农牧业。

（2）南充市阆中市、广元市剑阁县和巴中市通江县等有旅游资源特色的地区，交通投入可采取由政府投资和旅游收入相结合的方式。

（3）在区位因素中占明显优势的绵阳市的交通投入采用政府投资结合社会投资的混合型投资方式，绵阳市邻近成都市，经济发展较快，招商引资相对容易，投资后回报较快。招商引资项目可重点发展资源开发与环境保护相关的绿色产业，也可增大外资和民营资本的投入。

四、绿色交通的建设运行机制

随着国际社会对环境问题的日益重视，我国各级政府也从自身情况出发，先后制定了相关环境保护法律、法规，以切实提高环境质量。而这些环境保护法律法规最终通过各个建设、运营单位来贯彻执行。

中国城市规划设计研究院王静霞提出，绿色交通是采用低污染，有利于城乡环境的运输工具，来完成经济社会活动的一种交通理念，并归纳出“通达、有序；安全、舒适；低能耗、低污染”三者统一结合的整体框架构想[41,42]。

绿色交通是指安全、畅通、洁净的交通体系。它与解决环境污染问题的可持续性发展概念一脉相承。它所强调的是交通的“绿色性”，即减轻交通拥挤、减少环境污染、合理利用资源、促进社会公平。其本质是建立维持可持续发展的交通体系，以满足人们的交通需求，以最少的社会成本实现最大的交通效率。

秦巴山脉四川片区历来是四川扶贫开发的重点区域，存在生态环境脆弱、自然灾害频发、生存条件恶劣、贫困程度较大、连片贫困现象突出、矿藏等自然资源丰富、交通等基础设施和社会产业发展明显滞后等明显缺陷，这是当地交通网络建设的最大障碍。

我们建议从以下几个方面构建绿色交通的建设运行体系。

（一）高效绿色交通

加强规划引导和政策指导，整合各类资源，依托“三横六纵”交通主通道，全面提高公共交通运输能力，包括构建巴中等区域性交通运输枢纽，加快支线通用机场建设，加强嘉陵江、岷江、渠江等干支流的航道整治以完善通航设施，建设广元、南充等内河港口等，使之共同构建高效互连的交通网络。

（二）智能绿色交通

大力提高交通运行效率，统筹协调与突出重点相结合，必要时对绿色产品运输可以专门开辟“绿色快速通道”，或者建设一批在国内外具有重大影响力的生态与文化综合旅游区，以便捷高效的公路、铁路运输带动区域经济发展。

（三）城乡绿色交通

建立健全区域协作机制，促进区域内优势互补与协作发展，切实推进城乡一体化交通改造，利用复杂网络的知识，使之尽量在不提高交通成本的前提下得到更高效的运输。

（四）低碳绿色交通

以科技创新为支撑，严格实施汽车尾气达标排放，大力增强低碳交通支撑力，集约节约利用资源，强化排放动态监控，加大环境监督执法力度，建立健全环境综合整治责任机制，力争最大限度地降低区域生态负荷，使资源开发与环境保护形成良性互动格局。

整个路网应从道路功能上明确区分交通性干道、商业性道路、集散性道路和生活性道路，减少道路上各种车辆间的相互干扰，提高交通通行能力。具体来说，可以从以下片区进行区别发展。

（1）对区域内的区位优势较明显的重点发展区，应发展工业化、城镇化优势，促进人口集中、产业集聚，提高交通系统的综合承载能力。此外，该地区由于工业发展及资源开发，在发展交通的同时应倡导低碳环保、节能减排。

（2）对区域内的农业生态区，应大力发展特色农业和设施农业，其农产品可以走专门的“绿色快速运输通道”。公路建设保证农副产品的正常运输，不但要实现“乡乡通公路”“村村通公路”，而且要实现“村村通好路”，改善农村公路路面状况，提高农村公路等级。

（3）对生态保护区，应大力发展川陕红色旅游圈、三国历史文化旅游圈、秦岭巴山生态旅游圈等生态旅游，限制其他生产建设活动，最大限度地减轻交通网络的承载压力，以旅游业促进交通发展，交通带动旅游业发展。

建立绿色交通可持续发展规划，争取中央预算内资金和财政节能减排专项资金支持节能改造、节能技术产业化示范、合同能源管理、节能监察机构能力建设项目。继续实施节能产品惠民工程，推广高效节能产品。大力发展循环经济，开展再制造“以旧换再”试点，启动循环经济示范城市（县）建设，探索建立生态补偿机制。秦巴山脉既是资源富集区，又是生态脆弱区和贫困区。要搞绿色循环发展，为保护环境失去了一定的发展机会，其他受益地区应给予生态补偿，从而保证绿色交通的可持续发展。

绿色交通是一个综合性系统，应在绿色交通理念的指导下，从交通系统的全局出发，考虑整个系统的最优化，不但要达到系统内部的最优，还要考虑外部环境与资源的约束，使系统内部与外部协调统一，从而取得最大的交通效益，达到“通达、有序；安全、舒适；低能耗、低污染”三方面统一结合的整体构想。同时应特别注意，交通规划中应着力解决交通系统中出现的瓶颈问题，均匀分配交通流，达到交通运行的快速和畅通。

秦巴山脉四川片区绿色交通的建设运行，对统筹经济社会发展与生态环境保护，以及实现国家总体战略目标和全面建设小康社会奋斗目标均具有十分重要的意义，应当引起各级政府的关注。

第三节　绿色交通规划

基于上述结论，本书制定的交通规划方案如下。

一、绿色交通规划的制定

基于绿色交通网络体系构建中的基本要素并结合秦巴山脉四川片区交通

状况，从复杂网络的角度进行考虑，四川省的Hub点设立在南充市和巴中市较为合适，能够较大限度地促进当地绿色农业和旅游的发展；而从全国的角度考虑，Hub点设立在巴中市通江县附近更能有效实施秦巴山区绿色农业走出去的战略与国家的精准扶贫战略。

整体而言，本书提出的建议包括以下几点。

（1）建设广元—巴中—达州的铁路和高速公路，促进巴中、达州等农产品富集区的农产品资源流通出去。

（2）建设至万源高速公路，促进当地农产品资源流通及沿途旅游产业的发展。

（3）建设阆中—巴中铁路与高速公路，促进构建以巴中为区位优势节点、以绿色农产品资源为特色的交通枢纽，减弱巴中地区的交通脆弱程度。

（4）建设阆中—南充铁路，减弱秦巴山脉东部地区的铁路交通脆弱程度并促进绿色农产品资源流通出去，提高当地的经济收益。

（5）建设甘肃白水江国家级自然保护区—九寨沟自然保护区—平武—江油—绵阳高速公路，将秦巴山脉四川片区西部地区的旅游景点与国际著名旅游景点连成线，促进当地旅游产业的发展。

此外，分地区制定以下绿色交通规划。

1）广元市

广元市作为川陕甘接合部旅游集散中心，旅游业是全市确立的战略性支柱产业之一，也是全市未来经济社会发展的一个重点方向。重点的建议如下：推进广元港和南充港的专业化码头建设，推动联动发展；继续完善广元市农村公路，清除断头路；尤其是平武县至绵阳市修建国家级高速公路，并连通九寨沟，对当地旅游产业发展具有巨大的经济价值。

2）绵阳市

绵阳市北部四县位于秦巴山脉四川片区腹地，重点是农村公路的完善及绵阳市到北部四县的公路交通建设，建议修建江油市至绵阳市的国家级高速公路。

3）巴中市

巴中市铁路和公路网密度远远低于四川省平均水平，全市还有 1 490 个村不通油（水泥）路，只有部分航道具备 500 吨级船舶航行条件，人民群众“行路难”的问题依然突出。因此，公路建设和铁路建设尤为紧要。建议大幅度发展巴中市横向交通网络，即连接广元市、巴中市、达州市的铁路建设及国家级高速公路的建设，设置巴中市或者通江县为秦巴山脉四川片区东段的交通枢纽，为当地旅游和农副产品资源产业带来巨大价值。不建议修建低成本的汉巴南铁路，这是因为需要穿越北部米仓山国家级自然保护区。

4）达州市

达州市的规划目标是加快建设秦巴地区现代物流中心，使其成为重庆经济圈向北辐射的中转站和桥头堡。达州市的区位优势得天独厚，从区位优势角度考虑，不仅要发展达州市作为川东北辐射核心的积极作用，而且需要提高县城与达州市之间的交通便捷性。

5）南充市

南充市的基础设施日益完善，应继续加强铁路、高速公路和机场项目建设。例如，建设南充—仪陇—巴中铁路及配套车站等工程；嘉陵江仪陇段航道整治升级、推广全球定位系统（global positioning system，GPS），达到高等级航道标准；加快仪陇港区建设；改建通达巴中市、平昌县、阆中市、蓬安县、南部县、营山县等县级公路断头路和县内县级公路；全面完成兰渝铁路、广南高速、阆中机场、嘉陵江三桥、高速公路连接线及柏垭至天宫旅游快速通道等项目建设。

二、绿色交通规划的实施

秦巴山区绿色交通体系规划的实施问题，可采用优化建模处理方法：假设秦巴山脉四川片区不同县（市、区）的交通规划制定共有n个项目。基于交通制定的关联性及不同地区之间交通因素的耦合分析，用φ_{ij}表示项目i与项目j之间的关联程度系数（常量）；d_{ij}表示项目i与项目j之间的距离（常量）；记λ_i为项目i的开始实施时间（变量）；t_i为项目i所用的时间（常量）。从经济效益角度考虑，用M_i表示项目i所需要的成本（常量）；G_i表示项目i预期的农副产品增加产值、旅游增加产值及区位发展增加值的总和（变量）。从环境效益角度考虑，用h_i表示项目i对周边旅游环境要素的影响代价（常量）。综合考虑，可以构建以“经济效益最大化与环境承载最小化”的多目标优化模型：

$$\max \ F\left(\lambda_i,\varphi_{ij},d_{ij},M_i,G_i\right)$$

$$\min \ Q\left(h_i,d_{ij},G_i,\varphi_{ij}\right)$$

$$\text{s.t.}\begin{cases} g(\lambda_i,t_i,d_{ij})=0 \\ h\left(M_i,G_i,\varphi_{ij}\right)=0 \\ i,j=1,2,\cdots,n \end{cases}$$

其中，F、Q、g和h表示关于参数的几类非线性函数。

设想可以通过大数据处理来提取上述模型的常量数据，通过运筹学最大流算法进行优化处理就能获取最终的优化结果λ_i（项目i的开始实施时间）和G_i（表示项目i预期的农副产品增加产值、旅游增加产值及区位发展增加值的总和）。如果计算得到的λ_i较大，就表示该项目近期内可以不实施；如果λ_i较小，就表示该项目近期内可以立即实施。因此，模型的优化结果可以给出项目的启动时间及实施的可行性，从而为交通规划的实施提供决策依据。

三、绿色交通规划的运行

（一）协同运行机制

基于上文的模型研究，我们发现秦巴山脉绿色交通构建可以整体上看作供给和需求之间的协同建设。由于秦巴山脉绿色交通体系构建的实施是主观人为考究的，所以需要在交通决策部门的干预下实施。这可以通过构建多目标优化模型进行实现。因而各个项目之间的协同合作是十分关键的一种运行机制。

（二）整合运行机制

绿色交通体系构建不是单一的项目建设，而是需要从整体的角度进行统一的优化处理，因此，这需要从更加宏观的角度通过复杂网络或者最优化的思想，即用整合的方法作为秦巴山脉绿色交通规划的运行机制。例如，规划广元—巴中—达州的铁路，以及广元—巴中—南充的铁路建设要协调一致。

（三）后评价运行机制

除了绿色交通运行实施中的运行机制研究的需求，另外，关于绿色交通的后评价运行机制也是非常重要的运行环节。关于已有的汉口—广元—成都段铁路交通对秦巴山脉地区旅游产业的促进发展作用，我们在考虑其他交通运行的过程中要适当考究。例如，在广元—巴中—达州铁路交通运输系统修建完成后，可做3~5年的数据搜集，考察这一铁路对沿线农副产品、旅游等产业发展带来的变化，并通过数据分析评价这条新的铁路交通运输系统对当地哪些方面有促进作用，对哪些方面有不利影响，然后进行因地制宜的整改。

第五章 水资源开发

秦巴山脉四川片区主要包括绵阳、广元、南充、巴中和达州5市的25个县（市、区），总面积约为6.18万平方千米。其以嘉陵江、渝江、涪江和白龙江为主要干流，水系发达，共有大小河流5 000余条，径流资源丰富，水能蕴藏量约581.53万千瓦，水库数量较多，属水资源保有量富裕地区。同时，该区域是国家重要的生物多样性和水源涵养生态功能区，承担水库水源保护、生物多样性保护、水源涵养和水土保持等重大任务，生态建设地域广、要求高、难度大。目前，该区域水资源保护与开发利用中面临的主要问题如下：

（1）贫穷的经济和特殊的保护责任形成明显的反差；

（2）水土流失严重、下游区域水污染程度增加；

（3）水资源分布不均衡，供需矛盾日趋突出；

（4）丰富的水资源与水力资源未得到充分利用。

针对该区域的水资源特点，其保护与开发利用的主要研究内容如表5-1所示。

表5-1 秦巴山脉四川片区水资源保护与开发利用主要研究内容

序号	子课题	编号	研究内容
1	区域水资源保护与可持续利用战略	1-1	水资源及其开发利用状况调查与时空动态分析
		1-2	水土流失及土地退化状况与空间特征分析
		1-3	区域水资源平衡分析
		1-4	区域水资源战略安全评价
		1-5	水资源开发与优化配置战略规划
2	水资源生态补偿机制与水源保护示范体系	2-1	秦巴山脉广义水资源价值核算与方法
		2-2	区域和流域水资源生态补偿理论体系
		2-3	区域和流域水资源保护与生态补偿技术体系（含水权交易与水资源管理平台构建）
		2-4	嘉陵江生态廊道示范区规划
3	水生态修复与水污染防治工程技术体系	3-1	秦巴山脉水污染防治规划
		3-2	水质水量监测与预警平台构建
		3-3	河道内水环境生态修复技术方法研究
		3-4	河岸过渡带及滨水陆生环境生态修复技术方法研究
		3-5	人居环境建设指导框架

第一节　水资源情势研判

秦巴山脉四川片区覆盖绵阳、广元、南充、达州和巴中等5市，涉及25个县（市、区）。该区域水资源丰富，共有大小河流5 000余条，水能蕴藏量约为581.53万千瓦，所在水系主要为嘉陵江水系及其支流；主要河流包括嘉陵江干流及其一级支流白龙江、涪江和渠江，渠江支流州河和巴河，水系发达，径流资源丰富。

一、水文情势时空动态分析

（一）区域水文情势空间分布规律

根据覆盖秦巴山脉四川片区所在区域的嘉陵江流域内四大水系（武胜以上干流、渠江、涪江和白龙江）主要水文站历史资料的统计成果（表 5-2）分析，区域内水文情势呈现空间分布不均的特征[43]。

表5-2　嘉陵江流域径流组成表

河名	站名	集水面积/万千米^2	集水面积占北碚百分比	多年平均径流量/亿米^3	多年平均径流量占北碚百分比
白龙江	碧口	2.61	15.1%	84	11.8%
涪江	小河坝	2.95	17.1%	147	20.7%
渠江	罗渡溪	3.81	22.1%	219	30.8%
干流	武胜	7.89	45.7%	260	36.6%
	北碚	17.26	100%	710	100%

（二）区域水文情势时间分布规律

根据秦巴山脉四川片区所在的嘉陵江全流域多年平均年降水量年内分配情况（表5-3）以及出口控制站（北碚）和其他主要测站的多年平均年径流量年内分配情况（表5-4、表5-5）分析，区域内水文情势呈现年内分布不均的特征[44]。

表5-3　嘉陵江流域多年平均降水量年内分配

项目	1月	2月	3月	4月	5月	6月	7月
降水量/毫米	8.3	10.7	28.5	65	103.9	124.5	193.2
占比	0.8%	1.1%	2.9%	6.5%	10.4%	12.5%	19.4%

续表

项目	8月	9月	10月	11月	12月	全年	5~10月
降水量/毫米	158.3	156.3	70.2	27	9.5	995.4	806.4
占比	15.9%	15.7%	7.1%	2.7%	1.0%	100%	81%

表5-4 嘉陵江北碚站多年平均径流量年内分配统计表

项目	1月	2月	3月	4月	5月	6月	7月
径流量/亿米^3	11.9	9.13	12.5	26.7	55.2	65.1	146
占比	1.7%	1.3%	1.8%	3.8%	7.9%	9.3%	20.8%
项目	8月	9月	10月	11月	12月	全年	5~10月
径流量/亿米^3	111	133	79.5	33.2	17.9	701	590
占比	15.8%	19.0%	11.3%	4.7%	2.6%	100%	84.2%

表5-5 嘉陵江流域主要水文站径流量年内分配统计表

河流	站名	全年/亿米^3	汛期5~10月	
			径流量/亿米^3	占全年比例
白龙江	碧口	84	62.2	73.7%
渠江	罗渡溪	219	186.5	85.2%
涪江	小河坝	147	21.7	82.8%
干流	武胜	260	212.0	81.5%
	北碚	701	590.0	84.2%

（三）区域水资源开发利用状况调查与分析

秦巴山脉四川片区水资源开发利用状况见表5-6[45]。可以看出：秦巴山脉四川片区河网发育，水能资源较为丰富，但水资源利用率整体偏低，年用水量在水资源总量中所占的比例较小，低于全国水平，从总量上看还有较大利用空间。

表5-6 2015年秦巴山脉四川片区水资源开发利用状况对照表

项目	南充	达州	巴中	广元	绵阳	小计	四川	重庆	全国
已建水库数量/座	592	503	770	768	841	3 474	8 072	2 957	97 246
总库容/亿米^3	15[1)]	9.82	10.63	31.89	9.48	76.82	290.2	108.56	8 104
已建水电站数量/座	75	142	32	12	172	433	2 461	636	20 866
水电站装机容量/万千瓦	96.5	29.7	15.8	220.4	—	362.4	3 224.7	577.5	21 700
年均水资源总量/亿米^3	41.9	113.1	66.5	64.5	114	400	2 526.3	474.3	27 958
年用水量/亿米^3	10.5	11.6	4	5.9	17.1	49.1	242.5	83.9	6 183
利用比例	25.1%	10.3%	6.0%	9.1%	15%	12.2%	9.6%	17.7%	22.1%

1）南充水库库容数值仅计入大型和中型水库

二、区域水土流失状况分析

据全国水土流失遥感普查结果，2015年嘉陵江流域76个县（市、区）水土流失面积约为82 830.08平方千米，占流域总面积的52.14%，土壤侵蚀总量为36 599.5万吨，占长江上游水土流失地面固体物质的27.1%，平均土壤侵蚀模数为4 419吨/（千米^2·年）。

对于秦巴山脉四川片区所覆盖的绵阳市、广元市、南充市、达州市和巴中市等的水土流失分区统计分析，可以得到，区域内水土流失均较为严重，水土流失面积占总面积的比例均大于35%，其中绵阳市水土流失面积占总面积的比例最大，达州市比例最小。从各分区水土流失面积占区域水土流失总面积的比例来看，绵阳市占比最大，巴中市占比最小。

三、区域水资源状况及平衡分析

（一）区域水资源空间分布特征

秦巴山脉四川片区所覆盖的绵阳市、广元市、南充市、达州市和巴中市等多年平均水资源量分区统计见表5-7[46~49]。可以看出，该区域内水资源量的分布极不均匀，从单位面积水资源量来看，达州市最多，为68.15万米^3/千米^2，南充市最少；从人均水资源量来看，广元市最多，南充市最少。

表5-7　区域水资源量空间分布统计表

行政区	土地面积/千米^2	多年平均水资源量/亿米^3	单位面积水资源量/（万米^3/千米^2）	人均水资源量/（米^3/人）
广元市	16 227	64.46	39.72	2 447
南充市	12 479	41.91	33.58	600
绵阳市	20 286	114.0	56.20	2 200
巴中市	12 391	66.47	53.64	1 611
达州市	16 591	113.07	68.15	1 643

（二）区域水资源平衡分析

目前，秦巴山脉四川片区所覆盖的绵阳市、广元市、南充市、达州市和巴中市等均修建了各种各样的水利工程，以地表水、地下水等作为水源为生产生活提供所需水量。同时，各地也出台了相关规划，将在未来规划修建更多的取水建筑物。表5-8为区域内各分区不同水平年供水、需水平衡分析结果。可以看出，2015年，各分区对水资源的供应和需求基本平衡；在2020年，部分分区的可供水量无法满足生产生活的水量需求，如巴中市的缺水率为7.53%，而南充市、达州市的可供水量与需水量基本平衡。

表5-8 区域内各分区水资源供需平衡分析表

行政区	2015年			2020年				
	人口/万人	用水量/亿米^3	供水量/亿米^3	人口/万人	需水量/亿米^3	可供水量/亿米^3	缺水量/亿米^3	缺水率
南充市	759.0	10.50	10.50	805	26.61	26.77	−0.16	−0.60%
巴中市	390.2	3.99	3.99	416	10.75	9.94	0.81	7.53%
达州市	687.6	—	—	716	25.56	26.78	−1.22	−4.77%
广元市	311.7	5.90	5.90	327	—	—	—	—
绵阳市	547.4	17.11	17.11	567	—	—	—	—

四、区域发展的水资源限制性问题及解决途径

（一）区域水资源承载力

表5-9和图5-1为秦巴山脉四川片区2015年的水资源量及用水水平[50]。可以看出，区域在2015年的用水量在水资源总量中所占的比例还比较小，仍有较大的利用空间。从图5-2看来，区域供水和需水的平衡关系在年内存在不均匀分布。因此，需要提供管理和工程措施，从而减缓缺水影响。

表5-9 秦巴山脉四川片区2015年水资源量及用水水平对照表

项目	南充	达州	巴中	广元	绵阳	区域	四川	重庆	全国
年均水资源总量/亿米^3	41.9	113.1	66.5	64.5	114	400	2 526.3	474.3	27 958
人均水资源量/（米^3/人）	600	1 643	1 611	2 447	2 200	1 483	3 228	1 600	2 060
年用水量/亿米^3	10.5	11.6	4	5.9	17.1	49.1	242.5	83.9	6 183
人均用水量/（米^3/人）	138	169	102	189	312	182	302	283	456
万元地区生产总值用水量/米^3	79	102	102	126	118	103	92	66	109

（二）区域经济社会发展的水资源限制性问题

目前，秦巴山脉四川片区水资源保护与开发利用中面临的主要限制性问题如下。

（1）贫穷的经济和特殊的保护责任形成明显的反差。

（2）水土流失严重、下游区域水污染程度增加。

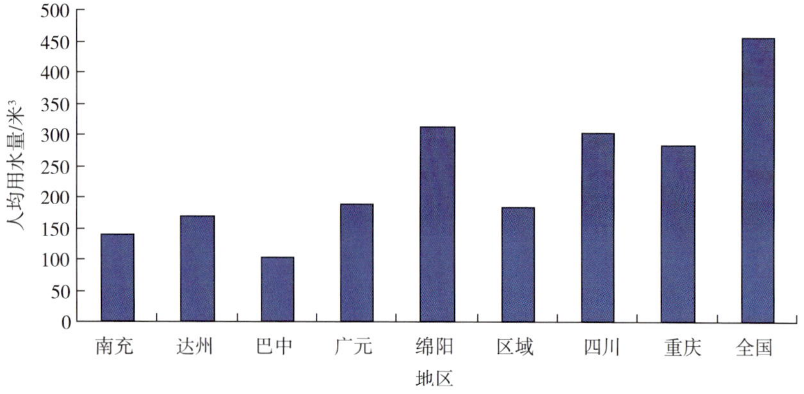

图5-1　秦巴山脉四川片区各市人均用水量对比图

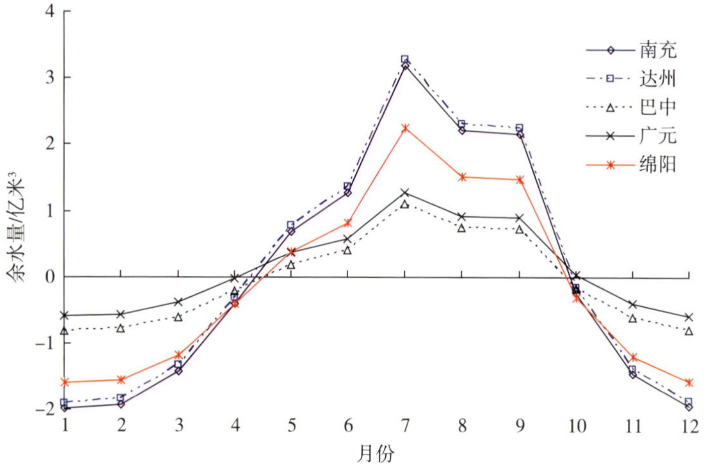

图5-2　秦巴山脉四川片区各区域余水量年内分布

（3）水资源分布不均衡，供需矛盾日趋突出。

（4）丰富的水资源与水力资源未得到充分利用。

（三）水资源限制性问题的解决途径

（1）稳步推进秦巴山脉四川片区水资源综合管理。

（2）构建秦巴山脉四川片区水资源优化开发体。

（3）建立多元化的秦巴山脉四川片区水资源生态补偿机制。

（4）重点推进秦巴山脉四川片区水资源开发保护创新示范区建设。

（5）建立综合解决秦巴山脉四川片区广义水资源问题的科技支撑体系。

第二节　水资源生态补偿[51]

水资源是秦巴山脉社会经济发展及生态环境安全的限制性因素之一。在秦巴山脉水资源利用及生态修复、环境保护的实践活动中，应建立相应机制和政策，有效促进秦巴山脉水资源的可持续利用，实现秦巴山脉生态环境的修复与保护。

秦巴山脉的水资源以径流资源为主，多为山区河流。嘉陵江是流经广元、南充、广安的主要河流，具备山区河流、丘陵河流的特点，因此，选择嘉陵江及其主要支流白龙江为示范。

一、嘉陵江主要水资源利用方式

嘉陵江是秦巴山脉最大的径流资源，其主要的开发方式是航电开发，如图5-3所示。灌溉、防洪、航运、发电与水土保持是嘉陵江的主要开发任务。

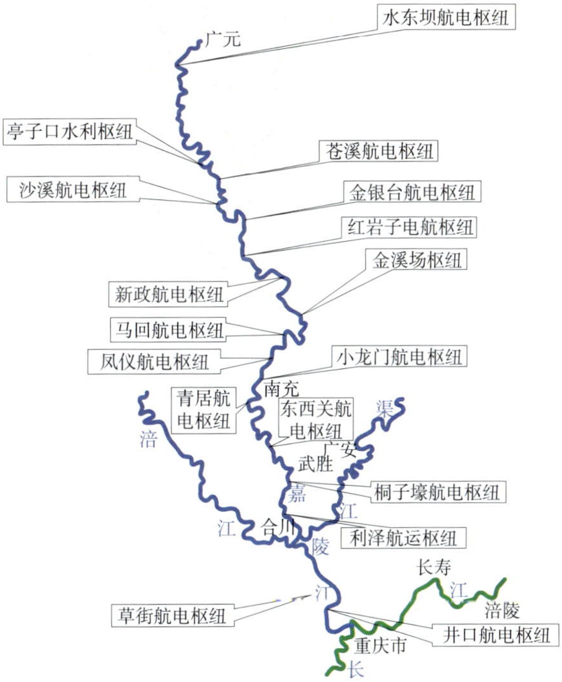

图5-3　嘉陵江中游航电枢纽分布

二、秦巴山脉水资源利用的主要生态环境影响

秦巴山脉各主要径流的开发活动对水资源承载力和生态环境有较大影响，将阻碍水资源的可持续利用。其中，水利水电、航运开发是秦巴山脉水资源的主要压力要素。秦巴山脉河流生态价值的影响维度主要包括供水、水产繁殖、观光旅游、调蓄洪水、河流输沙、纳污净化、维持生物多样性、减少碳/硫排放、养分循环、水库蓄水淹没等10个方面。

受水资源开发影响的山区河流为有效促进山区河流在水利建设、航电开发后的生态修复与保护，在开发后需要进行生态补偿。

（一）概念

生态补偿具体包括以下内容：①确定补偿主体（开发受益者）、生态补偿对象（山区河流生态建设者或者开发的受损者）和山区河流生态建设的组织与协调者；②分析各构成要素之间的关系、相互作用的方式、过程和规律，确定补偿的方式与途径；③科学评估开发后的生态效益和损失，确定补偿内容、补偿标准和评价体系；④按照补偿原则，协调补偿主体和对象之间的关系，构建生态补偿途径，实施生态补偿。

（二）补偿内容

（1）对生态修复和保护措施的补偿。实施生态修复与保护需要采取一些工程措施和生物措施，并给予一定数量的资金投入。

（2）对直接生态损失的补偿。开发造成的直接生态损失既包括林木、草地、耕地等直接损失，也包括水产品的价值损失。对这些损失的补偿，是生态补偿的重要内容。

（3）对机会成本损失的补偿。其所指的机会成本包括当地居民的机会成本和电力企业的机会成本。①当地居民的机会成本。进行水利开发后，水库淹没或者减水河段脱水退化影响当地居民的农业产出，所以此时的机会成本为负；水库的蓄水也会带来水产价值的提高等效应，从而提高耕地的单产量和畜牧产出，该机会成本又为正。二者叠加结果相对原来的状态若为正，开发对当地居民有正影响；反之，则为负影响。②电力企业的机会成本。无论采用哪一种开发方式，水电企业都存在一定的机会成本损失。生态用水、农业用水和环境用水等所需要的基本下泄流量都会使发电企业失去一定的发电收益，这也是一种机会成本损失。因为在开发中，利益相关者存在机会成本损失，所以在受开发影响的山区河流生态补偿机制构建中，需将这些损失纳入补偿范畴，并采取适当的方式进行补偿。

（三）受水资源开发影响的山区河流生态补偿机制

山区河流生态系统具有可控性，这是生态补偿机制和政策措施选择和实施的基本前提。在受开发影响的山区河流生态补偿机制研究中，可把山区河流生态系统看作受控系统，把生态补偿机制及相关的制度安排看作控制器。在生态补偿机制对山区河流生态系统的控制模式中，递阶控制结构是一种较理想的方式，如图5-4所示。

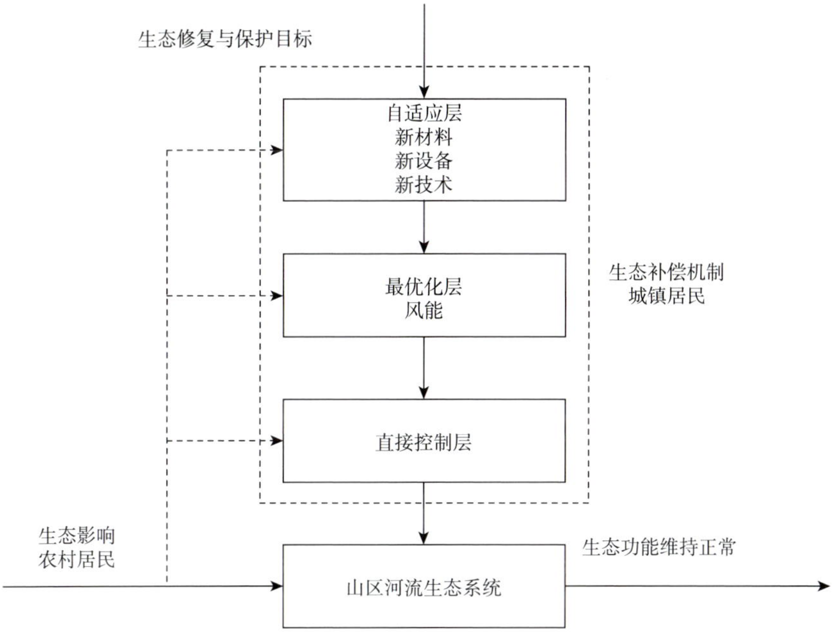

图5-4　生态补偿机制对山区河流生态系统的递阶控制结构

由图5-4可知，对受水利建设、航电开发影响的山区河流生态系统可控性的判断如下：根据山区河流生态系统的功能是否正常判定系统的可控性。受水资源开发影响的山区河流生态补偿机制作用示意图如图5-5所示。

由图5-5可知，如果生态补偿机制适宜且有效，在这种情况下，或者开发后的山区河流生态系统能与环境保持交换能量/物质流的平衡，或者开发后的山区河流生态系统在与环境保持交换能量/物质流的过程中，流入的能量/物质流大于流出的能量/物质流，此时山区河流生态系统是可控、健康且功能正常的，开发对山区河流不形成负面影响。

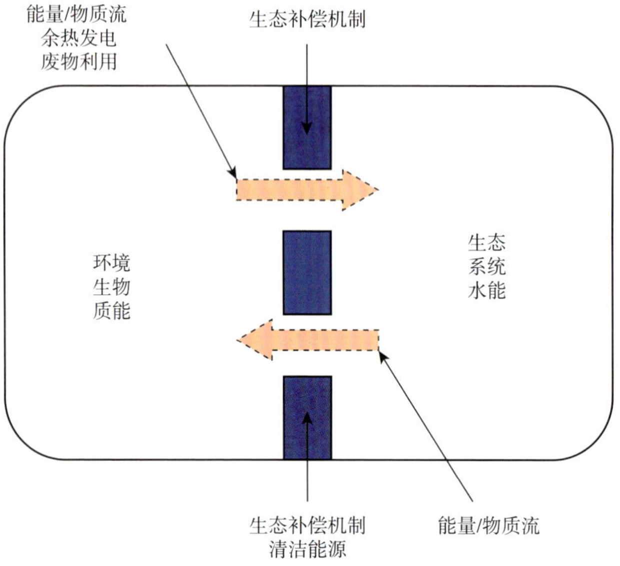

图5-5 受水资源开发影响的山区河流生态补偿机制作用示意图

（1）有相关补偿机制的缺失。现有受水利建设、航电开发影响的山区河流生态补偿相关的生态补偿机制，在补偿主客体、补偿标准、补偿模式和补偿支付制度等重要方面还存在需要完善的地方。

（2）补偿主客体缺失。例如，在生态补偿实践中，实施生态修复和保护的企业或地区作为补偿客体，它们所实现的生态服务价值没有得到应有的补偿，使水利建设、航电开发和保护的积极性不高。另外，补偿主体除水电企业外，主要由国家担当。国家财政的公共支出具有公共属性，没有将受益者按受益权重区分开来，而是行政区域内所有企业和居民共同承担补偿义务。

（3）补偿标准缺失。在现有的受水利建设、航电开发影响的山区河流生态补偿实践中，存在补偿标准的缺失。补偿标准缺失主要表现为公平性缺失、标准制定统一方法缺失。

（4）补偿模式的缺失。目前，山区河流开发生态补偿资金的筹集主要以国家公共财政的投入为主。单一的生态补偿模式存在以下几个方面的问题：一是公共财政投入补偿资金是有限度的；二是以公共财政投入为补偿模式的生态补偿目标多，监督和协调困难、效果不理想；三是公共财政投入补偿模式下的生态补偿机制运行效率低。

（5）补偿支付制度缺失。补偿支付制度缺失的主要表现如下：在当前阶段，补偿资金的筹集主要以国家公共财政的投入为主，而支付模式也以政府纵向转移支付为主要模式。这种支付制度存在诸多制约性，显然不利于生态补偿的顺利运行。

三、秦巴山脉广义水资源价值核算与方法

（一）广义水资源价值核算体系

常用的生态价值计算方法包括市场价值法、机会成本法、替代成本法和防护费用法[52~58]，受篇幅所限，在此不做一一介绍。水利建设、航电开发在各影响维度对山区河流生态价值的影响的计算方法如下。

（1）开发在供水维度对山区河流生态价值的影响计算：

$$V_1 = \sum \left(M_{1j} \cdot P_{1j} \right) \quad (5\text{-}1)$$

其中，V_1为开发在供水维度对山区河流生态价值的影响量；M_{1j}为不同用途的供水总量；P_{1j}为不同用途供水单位价格。

（2）开发在水产繁殖维度对山区河流生态价值的影响计算：

$$V_2 = M_2 \cdot P_2 \quad (5\text{-}2)$$

其中，V_2为开发在水体繁殖维度对山区河流生态价值的影响量；M_2为山区河流水库养鱼总量；P_2为其单位价格。

（3）开发在观光旅游维度对山区河流生态价值的影响计算：

$$V_3 = M_3 \quad (5\text{-}3)$$

其中，V_3为开发在观光旅游维度对山区河流生态价值的影响量；M_3为山区河流相关旅游业的直接收入。

（4）开发在调蓄洪水维度对山区河流生态价值的影响计算：

$$V_4 = \alpha_4 \cdot M_4 \cdot P_4 \cdot R_4 \quad (5\text{-}4)$$

其中，V_4为开发在调蓄洪水维度对山区河流生态价值的影响量；α_4为调蓄洪水的效益分摊系数；M_4为单位库容保护的耕地面积；P_4为单位耕地的粮食平均净产值；R_4为水库库容。

（5）开发在河流输沙维度对山区河流生态价值的影响计算：

$$V_5 = P_5 \left[\left(Q_5 / q_5 \right) / d_5 \right] \quad (5\text{-}5)$$

其中，V_5为开发在河流输沙维度对山区河流生态价值的影响量；P_5为因泥沙淤积失去造地功能的单位损失值；Q_5为年均泥沙淤积量；q_5为泥沙比重；d_5为土壤表土平均厚度。

（6）开发在纳污净化维度对山区河流生态价值的影响计算：

$$V_6 = \left(C_e - C_n \right) Q \cdot B \quad (5\text{-}6)$$

其中，V_6为水体自净价值，即开发在纳污净化维度对山区河流生态价值的影响量；C_e为输出断面规划水环境标准；C_n为水环境状况值；Q为水库年输出水量；B为处理污染物的单位成本。

（7）开发在维持生物多样性维度对山区河流生态价值的影响计算，分别按水库淹没及发电减水两种情形进行计算。

水库淹没情形下开发在维持生物多样性维度对山区河流生态价值的影响：

$$V_7 = \sum M_{7j} \cdot P_{7j} \tag{5-7}$$

其中，V_7为淹没损失，即水库淹没情形下开发在维持生物多样性维度对山区河流生态价值的影响量；M_{7j}为淹没耕地、山林的面积；P_{7j}为单位耕地、山林的服务功能价值。

发电减水情形下开发在维持生物多样性维度对山区河流生态价值的影响：

$$V_{7'} = S_7 \times 439 \tag{5-8}$$

其中，$V_{7'}$为生境价值，即发电减水情形下开发在维持生物多样性维度对山区河流生态价值的影响量；S_7为减水河段的总面积。

（8）采用防护费用法计算开发对山区河流生态价值的影响：

$$V_8 = M_8 \cdot P_8 \tag{5-9}$$

其中，V_8为消除某一影响所付出的总防护费用，即开发在某一维度对山区河流生态价值的影响量；M_8为总防护工作量；P_8为单位工作量所需付出的成本。

（9）开发在水库蓄水淹没维度对山区河流生态价值的影响计算：

$$V_{9(i)} = \sum\sum S_{9(i,j)} P_{9(i,j,t)} \tag{5-10}$$

其中，$V_{9(i)}$为水库淹没损失值（单位：元），即开发在水库蓄水淹没维度对山区河流生态价值的影响；$S_{9(i,j)}$分别为水库淹没林地或耕地的物质量；$P_{9(i,j,t)}$为某种服务价值的单位物质量的价值。

（二）资源价值核算方法

1. 基于生态价值变化量的生态补偿基数

用B表示受开发影响的山区河流生态补偿基数，ΔV表示山区河流生态价值变化量，则计算公式如下：

$$B=\Delta V \tag{5-11}$$

2. 受益方或补偿主体发展指数与生态补偿系数

因为实际的补偿额受到补偿主体补偿能力与意愿的限制，所以，在确定生态补偿标准时，采用补偿主体的发展指数作为补偿客体的生态补偿系数，对生态补偿基数进行调节。

因为涉及状态变量多且具有模糊渐变的特征，所以，采用Vague集相似度量方法对其进行度量。假设在山区河流生态补偿群体中某一补偿主体的发展状态可由K个维度进行评价，各评价维度的状态变量组用e_j表达，其中，$j=1,2,\cdots,k$；

$k \geqslant 1$。而每个状态变量组e_j的状态向量为$e_j=\left(e_{j1},e_{j2},\cdots,e_{ji}\right)$；$i$=1,2,⋯,$n$；$n \geqslant 1$。关于状态向量$e_j$的Vague集描述如下。

设论域为状态向量$e_j=\left(e_{j1},e_{j2},\cdots,e_{ji}\right)$，$e_j$上的一个Vague集$A$由真隶属函数$t_A$和假隶属函数$f_A$所描述，即$t_A:e_j \to [0,1]$，$f_A:e_j \to [0,1]$。其中，$t_A\left(e_{ji}\right)$表示由支持$e_{ji}$的证据所导出的肯定隶属度的下界；$f_A\left(e_{ji}\right)$则表示由反对$e_{ji}$的证据所导出的否定隶属度的下界，且$t_A\left(e_{ji}\right)+f_A\left(e_{ji}\right) \leqslant 1$（肯定隶属度与否定隶属度之和小于或等于1）。

状态变量e_{ji}在Vague集A中的隶属度被区间[0,1]的一个子区间$\left[t_A\left(e_{ji}\right),1-f_A\left(e_{ji}\right)\right]$所界定，称该区间为$e_{ji}$在Vague集$A$中的Vague值，记为$v_A\left(e_{ji}\right)$。

由此可知，状态变量e_{ji}的Vague集为$\left[t_A\left(e_{ji}\right),1-f_A\left(e_{ji}\right)\right]$。

对任一$e_{ji} \in e_j$，有$\pi_A\left(e_{ji}\right)=1-t_A\left(e_{ji}\right)-f_A\left(e_{ji}\right)$。

$\pi_A\left(e_{ji}\right)$为e_{ji}相对于Vague集A的Vague度，它刻画了e_{ji}相对于Vague集A的踌躇程度，是e_{ji}相对于Vague集A的未知信息的一种度量。

$\pi_A\left(e_{ji}\right)$值越大，表明e_{ji}相对于A的未知信息越多。显然，$0 \leqslant \pi_A\left(e_{ji}\right) \leqslant 1$，所以，$e_{ji}$相对于$A$的隶属情况应具有三维表示$\left[t_A\left(e_{ji}\right),f_A\left(e_{ji}\right),\pi_A\left(e_{ji}\right)\right]$，即真隶属函数、假隶属函数和Vague度。

对状态变量e_{ji}所表达的状态，可用其相对于理想状态（支撑属性类变量）或相对于极限状态（压力属性类变量）的相似程度，即相似度T来描述。采用集相似度量公式对状态变量的相似度T进行度量。

$$T\left(A,B\right)=1-\frac{\left|t_A-t_B-\left(f_A-f_B\right)\right|}{4}-\frac{\left|t_A-t_B\right|+\left|f_A-f_B\right|}{4} \tag{5-12}$$

其中，相似度$T\left(A,B\right) \in [0,1]$，$T\left(A,B\right)$值越大，表示Vague集$A$和$B$越相似。

在状态变量的相似度量中，集合A表示状态变量的Vague集，集合B表示支撑类变量的理想状态Vague集或压力类变量的极限状态Vague集。

假设每个状态变量e_{ji}都存在临界区间，即$e_{ji} \in \left[\alpha_i,\beta_i\right]$。定义评价维度$j$中所有状态变量相对于其临界区间的Vague集相似度集合为分类发展指数，用$T_j\left(e_j\right)$来表示，其值域区间为$T_j\left(e_j\right) \in [0,1]$。

如状态变量e_{ji}相对于其临界区间的相似度用$T_j\left(e_{ji}\right)$表示，$T_j\left(e_{ji}\right) \in [0,1]$，则补偿主体的分类发展指数$T_j\left(e_j\right)$的计算公式如下：

$$T_j\left(e_j\right)=\sum \theta_i T_i\left(e_{ji}\right),\quad \theta \geqslant 0,\quad \sum_{i=1}^{n}\theta_i=1 \tag{5-13}$$

其中，θ_i为第i个状态变量e_{ji}在评价维度j中的相对重要程度，即相对重要性权重。

基于保守角度，考虑各分类发展指数的平均值与最小值，可得到补偿主体发

展指数S的计算公式，即

$$S=\sqrt{\frac{\left(T_j\right)_{\min}^2+\left(T_j\right)_{\mathrm{AVG}}^2}{2}} \tag{5-14}$$

在式（5-14）中，补偿主体发展指数S能有效表征补偿主体的发展状态。

因为补偿群体中各补偿主体的发展状态是不一致的，所以可通过补偿群体中各补偿主体的发展状态指数对生态补偿基数进行修正，进而确定生态补偿标准，这样会更切合实际情况并具有可操作性。

若用I表示受水利建设、航电开发影响的山区河流生态补偿系数，S表示补偿主体发展指数，则受水利建设、航电开发影响的山区河流生态补偿系数I的计算公式为

$$I=S \tag{5-15}$$

四、区域和流域水资源生态补偿理论框架

（一）补偿机制的总体框架设计

根据受水利建设、航电开发影响的山区河流生态补偿的定义及其特点，可得到受水资源开发影响山区河流生态补偿机制的总体框架（图5-6）。

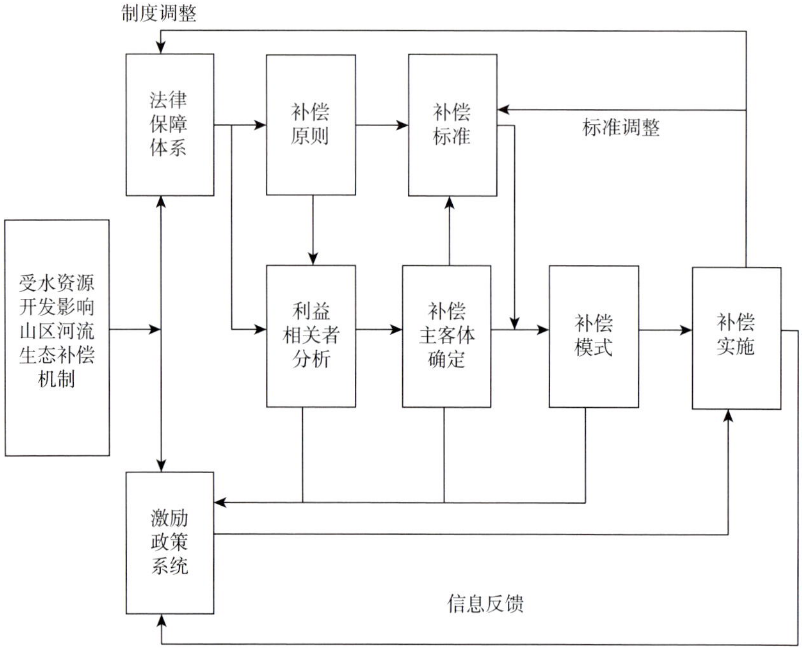

图5-6 受水资源开发影响山区河流生态补偿机制的总体框架

在图5-6的总体框架中，受水资源开发影响的山区河流生态补偿机制包括补偿原则、补偿主客体、补偿标准、补偿模式，以及相应的法律保障体系与激励政策系统等组成部分。其中，生态补偿原则主要包括以下几点：①破坏者支付补偿费用原则；②资源占用者付费原则；③获益者付费原则；④资源保护者受补偿原则。

（二）受水资源开发影响的山区河流生态补偿主客体分析与确定

山区河流水利建设、航电开发中存在利益链。生态补偿主客体的确定需建立在利益相关者分析的基础之上。

1. 利益相关者与补偿主客体分析

采用利益相关者分析法建立利益相关性矩阵，分析在山区河流水利建设、航电开发的生态补偿过程中哪些群体属于利益相关方、它们所担当的角色及地位与作用、它们对生态补偿机制运转的影响权重有多大，为平衡多方权益、顺利运转生态补偿机制提供决策依据。

2. 资料调查

山区河流水利建设、航电开发利益相关者的调查资料获取可以通过对当地政府、居民、研究机构和有关企业等进行走访调查，也可对上述相关方采用发放调查问卷的方式获取相关信息。

3. 利益相关者分类

根据水利建设、航电开发影响的直接与间接特点，将各利益相关者分为三类，即第一相关者、第二相关者和第三相关者，如表5-10所示。

表5-10　水利建设、航电开发利益相关者分类

相关者类型	利益相关者	水利建设、航电开发的影响方式	补偿的影响程度	利益重要性	群体重要性	决策影响力	可能采取的战略
第一相关者	区域内居民	破坏生态环境	强	高	高	低	索赔
	生态环境产业投资者	林地受损、减少水源、产业效益降低	强	高	高	高	索赔、要求转产政策优惠
	潜在的利益相关者	失去发展机会	强	高	中	低	放弃
	所在地政府	产业退化、财政受损	强	高	高	高	索赔

续表

相关者类型	利益相关者	水利建设、航电开发的影响方式	补偿的影响程度	利益重要性	群体重要性	决策影响力	可能采取的战略
第二相关者	受益区地方政府	增加电力带来的收益	强	中	中	中	提供补偿
	生态修复后生态资源消费者	享受成果	强	中	低	低	提供补偿
	资源管理部门	增加环境保护、生态修复的成本	中	中	中	高	增加预算
	科研工作者	研究修复技术	中	中	中	中	加大科研投入
第三相关者	中央政府	增加区域治理成本	中	中	中	高	增加预算
	新闻媒体	正面宣传水资源开发的效益	低	低	低	高	加大呼吁
	非影响区居民	增加潜在危机	低	低	低	低	表示关切
	非政府组织	反对水利建设、航电开发	低	低	低	中	增大呼声

（三）补偿主客体分析

在现实的实践活动中，需要在生态补偿机制中建立利益协调机制，通过利益相关者的权责分析，确定山区河流生态补偿的主客体，如表5-11所示。

表5-11 利益相关者权责分析

利益相关者	权利	责任	利益变化
所在地政府	资源的收益权、管理权和处置权	山区河流的保护、开发的监管责任	财政收入增加；区域环境改善
中央政府	资源的收益权、管理权和处置权	保护、开发的监管责任，以及下级政府行政的监管、区域间利益协调的责任	财政支出增加；国家生态环境改善；国际形象优化；社会矛盾减少
生态环境产业投资者	资源的使用和收益权	资源使用付费	成本增加，改善资源的使用方法
资源管理部门	资源开发的执法权、享有部分资源使用收益	河流开发与保护责任	权利与责任得到协调
区域内居民	生产资料受到损失，生活环境受到影响，传统的经济收入受到影响	对河流的生态修复措施进行配合和保护	在河流开发的影响下经济利益受到影响；经生态修复后，可获得非传统的生产方式，获得收入增加及新的就业机会
潜在的利益相关者	间接利益获得者	没有明显的责任，但具有监督责任	得到生态环境改善带来的益处

续表

利益相关者	权利	责任	利益变化
受益区地方政府	上游生态环境的改善对该地区的影响	为上游的生态改善提供资金支持	因环境保护的投入，提高了当地的生态价值
生态资源消费者	资源消费享有权	支付必要的费用，承担监督的责任	权责得到协调；生态消费资源得到增加

（四）政府责任

政府在生态补偿中应承担补偿主体、各利益相关者的利益协调及规则的建立和裁决等三方面责任，以对生态补偿的顺利运行提供引导和保障。

（1）水利建设、航电开发企业的义务。首先，开发企业是山区河流原生态的破坏者，是生态补偿的主体之一；其次，开发企业的开发活动也有其受益者，如电力消费者及生态修复与保护后的生态资源消费者等，从这个角度来看，开发企业也是生态补偿的客体之一。

（2）补偿主客体的确定方法。补偿主客体是开发的利益相关群体，只有进行系统而全面的分析，才能厘清补偿主客体的关系。同时，在确定补偿主客体时，不同的补偿内容有不同的补偿主客体，有的利益相关者可能扮演双重身份。具体到受水利建设、航电开发影响的山区河流生态补偿主客体的确定中，山区河流生态价值的变化情况可作为补偿主客体的确定依据。

（五）受水资源开发影响的山区河流生态补偿标准构建

建立受水资源开发影响山区河流生态补偿标准的临界区间，其中，区间下限为生态补偿基数与生态补偿系数的乘积，而区间上限则为生态补偿基数。因此，相应生态补偿标准的构建模型如下：

$$F=[B \cdot I ; B] \tag{5-16}$$

（六）受水资源开发影响的山区河流生态补偿模式建立

构建如图5-7所示的三种受水资源开发影响的山区河流生态补偿基本模式。

（七）山区河流生态补偿度评价

1. 生态补偿度概念

受水资源开发影响的山区河流生态价值变化所得到的补偿量与生态补偿标准的综合对比程度为生态补偿度。

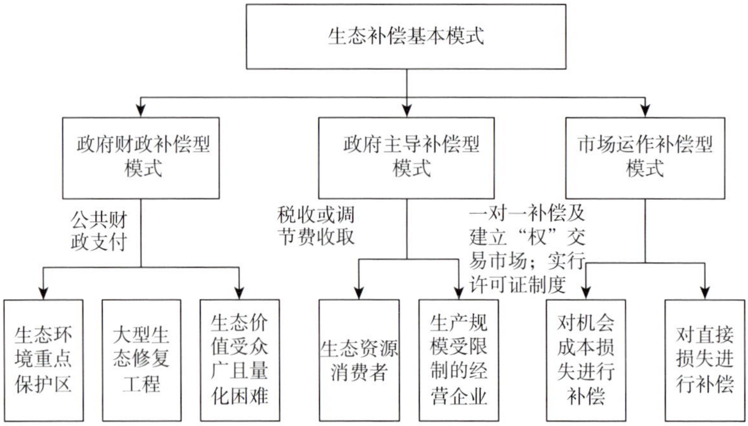

图5-7 受水资源开发影响的山区河流生态补偿基本模式

2. 生态补偿度的Vague集评价方法

设待评工况对象集为$V=\{v_1,v_2,\cdots,v_n\}$，生态价值变化所得到的补偿量指标为$U=\{u\}$。工况i的指标集v_i所描述的生态价值变化所得到的补偿量可分别用Vague集表示如下：

$$v_i=\{(u_i,[t_i,1-f_i])\}$$

$$\pi_i=1-t_i-f_i$$

其中，t_i（i=1,2,…,n）表示补偿量指标支持生态价值变化所得到补偿增加的隶属度；$1-f_i$（i=1,2,…,n）表示补偿量指标反对生态价值变化所得到补偿增加的隶属度；$1-t_i-f_i$反映的是既不支持也不反对的踌躇程度，是对未知信息的反映。

生态补偿标准$U^*=\{u^*\}$所表示的生态补偿理想状态可由Vague集表示如下：

$$v^*=\{(u^*,[t^*,1-f^*])\}$$

根据定义可知，待评工况的生态价值变化所得到补偿量的Vague值与生态补偿标准Vague值的Vague集相似度即为生态补偿度（CI），则生态补偿度的计算公式如下：

$$\mathrm{CI}=T(u_i,u^*),\quad i=1,2,\cdots,n \tag{5-17}$$

其中，CI为生态补偿度；$T(u_i,u^*)$为补偿量Vague值与补偿标准Vague值的Vague集相似度，可采用李凡提出的Vague集相似度量公式［式（5-12）］对其进行度量。

CI可表征山区河流整体或其中某一补偿主体所得到补偿的程度。CI值越大，表明山区河流整体或其中某一补偿主体所得到补偿的程度越高；反之，CI值越小，表明山区河流整体或其中某一补偿主体所得到补偿的程度越低。

（八）评价标准

根据CI的计算值域区间及受水资源开发影响的山区河流生态补偿的具体特点，可构建受水资源开发影响的山区河流生态补偿度推荐评价标准，如表5-12所示。

表5-12　受水资源开发影响的山区河流生态补偿度推荐评价标准

CI计算值	[0~0.2）	[0.2~0.5）	[0.5~0.6）	[0.6~0.8）	[0.8~1]
生态补偿程度	极低	较低	适当	较高	很高

五、区域和流域水资源保护与生态补偿技术体系

（一）秦巴山脉水权交易机制

秦巴山脉的水资源承载力除受资源分布不均的影响外，水污染也是一个较明显的影响因素。水环境污染是经济学中典型的外部不经济现象，解决该类问题的途径就是让社会化的私人成本内部化，即让经济个体（如生产者和消费者）产生的外部费用进入其生产或消费决策，由其自行承担或内部消化。

1. 水污染物排放权交易的主要思想

在满足水环境要求的条件下，核定水环境容量资源，确定并分配水污染物排放权，并允许水污染物排放权像商品那样被买入和卖出，以此来合理地配置水环境容量资源，有效地控制水污染物排放，实现以低成本解决水环境污染问题的目的。

2. 水污染物排放权的交易模式

水污染物排放权的权证交易所集中交易模型可设计为图5-8的形式。

3. 交易系统运行流程

在权证交易所集中交易模式下，水污染物排放权交易系统的运行流程可设计为图5-9的形式。

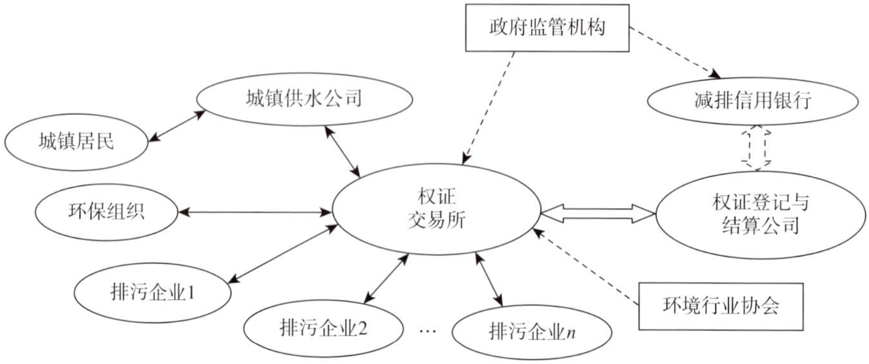

图5-8　权证交易所集中交易模型

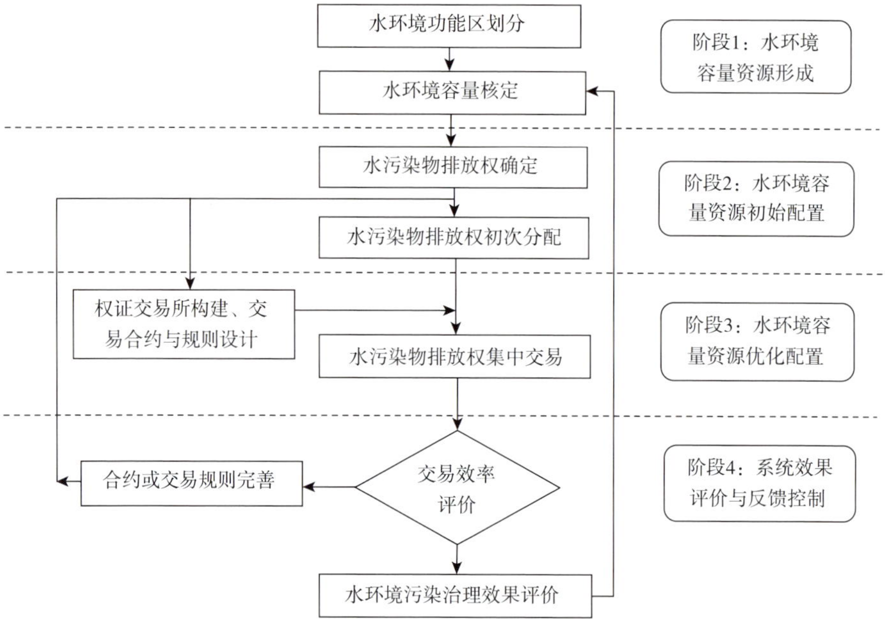

图5-9　权证交易所集中交易模式下的交易系统运行流程

4. 标准化交易合约要素

水污染物排放权在权证交易所集中交易模式下的标准化交易合约设计要素如表5-13所示。

表5-13　标准化交易合约设计要素

序号	要素类别	内容	备注
1	交易品种	水污染物	如COD、BOD、氮、磷等
2	交易单位	每张合约可排放量	如100千克排放量/张合约
3	最小价格变动单位	元/点	如5元/点
4	涨跌幅限制	交易价格对照前一交易日收市价的最大涨跌幅度	如±10%
5	排放标准		参照相关法律、法规制定
6	允许排放区域	合约载明的允许排放区域	排放区域可包含多个水环境功能区

注：COD为化学需氧量（chemical oxygen demand）；BOD为生化需氧量（biochemical oxygen demand）

5. 交易章程与规则要点

水污染物排放权在权证交易所集中交易模式下交易章程与规则的设计要点如下：①权证交易所为会员制的非营利性组织，由政府行业监管机构发起成立并负责监管。②权证交易在会员之间进行。③会员单位在交易所的交易行为由其委派并授权的出市代表负责执行，出市代表需经交易所培训并考核合格。④权证的交易方式为连续集中竞价，竞价原则是时间优先、价格优先。交易成交后，由交易所所属的权证登记与结算公司进行相应的清算过户。⑤权证交易与清算均为无纸化操作。初次分配的水污染物排放权在进行卖出操作前，需在权证登记与结算公司进行登记后才可卖出；而买入只需事先在交易所存入相应数量的交易保证金即可。

（二）受水资源开发影响的山区河流生态补偿激励政策系统构建

在水资源核算和水权交易机制研究成果的基础上，进行水资源管理定量化创新。

1. 现有的生态补偿相关激励政策

自20世纪90年代以来，我国中央相关部委及许多地方政府加快了对生态补偿机制的建设，并制定了一系列相关激励政策。受篇幅所限，在此不再列举。

2. 现有山区河流水资源开发生态补偿激励政策的缺失

关于山区河流水利建设、航电开发的生态补偿，目前在国家及地方层面基本没有专门的激励政策出台，相关生态补偿机制的运行效果难以保证。

3. 激励政策系统框架设计

受水资源开发影响的山区河流生态补偿激励政策系统框架如图5-10所示。

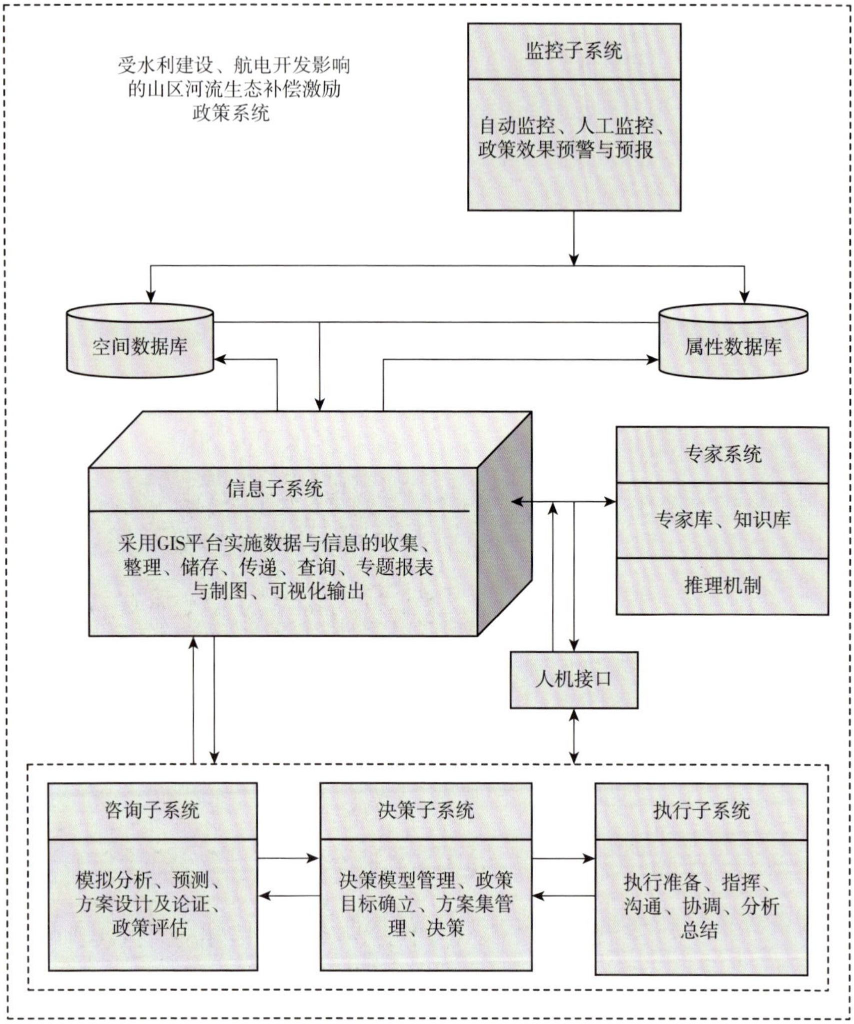

图5-10　受水资源开发影响的山区河流生态补偿激励政策系统框架

GIS：geographic information system，地理信息系统

（三）秦巴山脉河流生态补偿的市场运作补偿型模式设计

河流生态补偿的市场运作补偿型模式设计包括标准化河流生态价值权证设计、生态价值权交易中心概念模型设计、生态价值权的交易流程设计、生态价值权交易中心运行管理方式设计等内容。

1. 标准化河流生态价值权证设计

在秦巴山脉河流水资源开发的生态补偿中，可根据补偿客体对秦巴山脉河流生态价值的增加值授予补偿客体相应的生态价值权证。标准化的秦巴山脉河流生态价值权证要素如表5-14所示。

表5-14　标准化的秦巴山脉河流生态价值权证要素

序号	要素类别	内容	备注
1	交易品种	河流生态价值权	
2	权证单位	每张权证所代表的生态价值权	如10 000元/张权证
3	最小价格变动单位	元/点	如100元/点
4	涨跌幅限制	交易价格对照前一交易日收市价的最大涨跌幅度	如±10%

2. 生态价值权交易中心概念模型设计

秦巴山脉河流生态价值权交易中心的概念模型如图5-11所示。

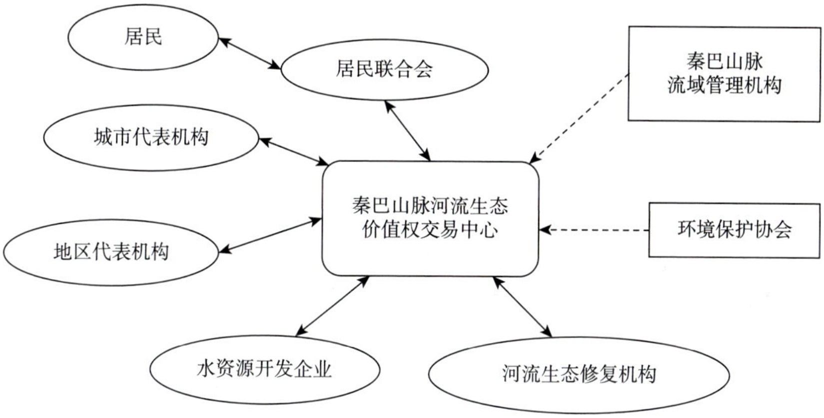

图5-11　秦巴山脉河流生态价值权交易中心的概念模型

3. 生态价值权的交易流程设计

秦巴山脉河流生态价值权交易流程如图 5-12 所示。在流程运行过程中，通过交易中心的集中公开交易，可以较低的成本实现受水利建设、航电开发影响的秦巴山脉河流生态价值变化的高效补偿，并最终实现秦巴山脉河流生态有效修复、保护与科学管理的目的。

4. 生态价值权交易中心运行管理方式设计

秦巴山脉河流生态价值权交易中心的运行管理方式如下：①交易中心为会员制的非营利性组织，由秦巴山脉河流管理机构发起成立并负责监管。②生态价值

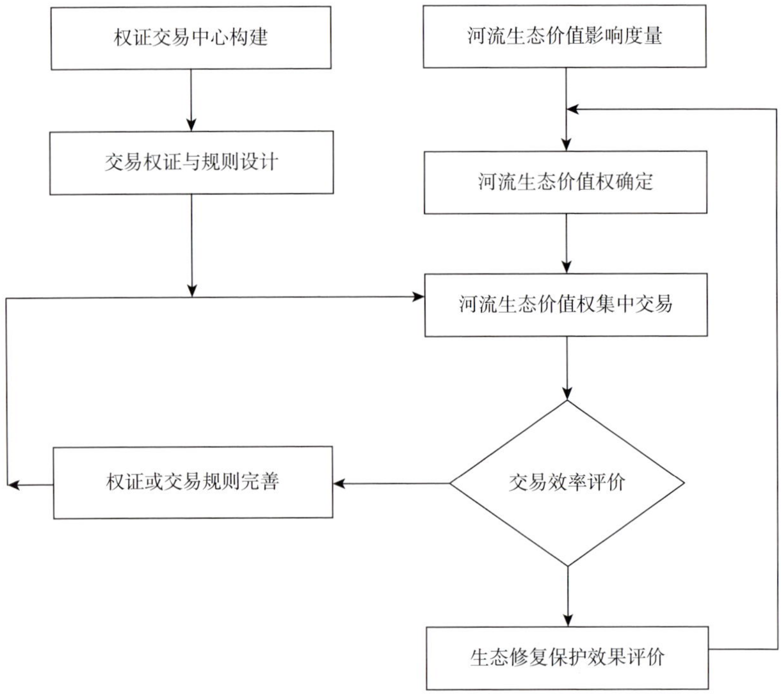

图5-12　秦巴山脉河流生态价值权交易流程

权的交易仅在会员之间进行。有意向的秦巴山脉河流水利建设、航电开发利益相关者，如组织或企业等，可提出入会申请，资格审查合格并缴纳相应的会费与会员保证金后，即可成为交易中心的正式会员。会员在交易中心存入交易保证金或进行河流生态价值权登记后，即可参加交易。③会员单位在交易中心的交易行为由其委派并授权的出市代表负责执行，出市代表需经交易中心培训并考核合格取得资格证书后方可上岗。④河流生态价值权的交易为公开、连续、集中竞价，竞价原则是时间优先、价格优先。交易成交后，由交易中心进行相应的清算过户。⑤河流生态价值权的交易与清算均为无纸化操作。初次分配的河流生态价值权在进行卖出操作前，需在交易中心进行登记后才可卖出；而买入只需提前在交易中心存入足够的交易保证金即可。

六、嘉陵江生态廊道示范区规划

嘉陵江是秦巴山脉四川地区最大的河流，流域包括绵阳、广元、南充、巴中和达州等，2015年区域内人口为2 227.55万人，地区生产总值为5 845.54亿元，分别占四川的27.5%和20.5%，其中人口与工业主要集中在嘉陵江的两岸。为提升秦巴山脉四川片区水资源的支撑能力，选择嘉陵江流域为示范区，针对资源性、水质性和政策性缺水开展水资源可持续利用战略研究。

（一）嘉陵江流域水资源状况特点

对嘉陵江流域水资源的状况进行分析（受篇幅限制，状况数据可见专题报告）可得到以下几个特点：①水资源空间分布不均；②水资源时间分布不均；③水环境处于亚健康状态；④水源涵养功能有环境压力增大的趋势；⑤工程性缺水问题仍然突出。

（二）示范区规划概要

1. 示范区规划范围

以嘉陵江干流为中心轴线，包括嘉陵江中游四川段广元昭花—广安桐子壕（约700千米）河段，规划嘉陵江生态廊道示范区，纵向范围从广元到广安嘉陵江河段，横向范围为嘉陵江流域集雨区。

2. 规划定位与目标

通过建立嘉陵江生态廊道，确定不同类型的水资源开发利用功能区，协调区域社会经济发展与生态环境保护的关系，提升区域水资源承载力，打造嘉陵江绿色经济走廊。利用嘉陵江及其支流的水力联系，借助嘉陵江国家战略航道的地位，保护和修复流域内的生态环境，建设一批骨干蓄水工程和调水工程，建立基于生态服务价值的水资源补偿机制和水权交易市场，以嘉陵江生态廊道——水资源开发利用功能区为定位，提升区域水资源的支撑能力。

3. 嘉陵江生态廊道发展战略构想

（1）水联网构建。在嘉陵江的重要支流上兴建骨干蓄水工程，可改善区域内水资源时间分配不均的问题；在社会经济重点发展区域内，构建以中小型水库为节点，以明、暗水渠为通道的调水网络，可改善区域内水资源空间分配不均的问题。

（2）改善水环境，建立绿色走廊。随着秦巴山脉四川片区社会经济的发展，水质性缺水将成为降低区域水资源承载能力的主要限制性因素。嘉陵江生态廊道建设，需要配套建设污染处理设施，逐步优化城市给排水网络；在农村配套以村为单位的废水集中处理设施，优化种植结构；进行政策创新，提高排污成本，用市场力量控制工业排污。嘉陵江生态廊道建设战略如图5-13所示。

4. 健全水资源利用生态补偿机制

改变社会资本投资意愿所造成的工程性缺水，需要重新审视顶层结构，制定

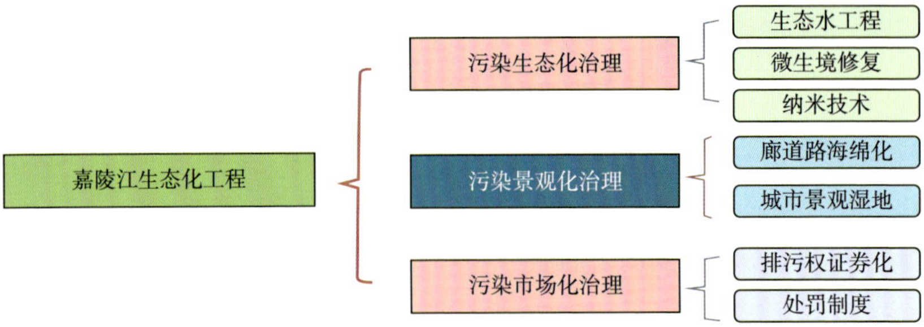

图5-13　嘉陵江生态廊道建设战略

有效的地方法规，健全投资-收益机制，建立谁投资谁受益，谁破坏谁补偿的水资源生态补偿机制。实施策略包括以下几点：①合理综合规划，优化社会经济发展目标和水资源支撑力约束；②健全补偿机制，以生态环境保护为重要考核内容，建立符合社会经济发展水平的水资源利用生态补偿机制；③资源市场化管理，强化行政监督职能，建立水资源使用权和排污权交易市场；④实行区域政府领导下的流域管理议事会议制度，合理分配水资源。

（三）嘉陵江生态廊道水资源利用主体功能分区

1. 嘉陵江上游水土涵养区

该区域为广元、绵阳、巴中嘉陵江干流以及一级和二级支流的集雨区。其主要功能如下：以户外旅游利用为主要利用模式，建立物种多样性的主题公园，设立以展示水生态工程为主要内容的环境保护教育基地。

2. 嘉陵江中游水资源利用区

该区域为广元、绵阳、南充、广安嘉陵江干流及一级和二级支流两岸滨水区。其主要功能如下：建立以低能耗、低排污为主的产业园区，建立骨干蓄水工程和配水网络，利用现有航电枢纽，对航道进行生态修复和生态运行，打造生态湿地景观公园。

3. 嘉陵江水资源利用拓展区

该区域为广元、达州、巴中、绵阳、南充、广安嘉陵江一级和二级支流集雨区以及其他重要河流两岸滨水区。其主要功能如下：以户外休闲旅游利用为主，适当建立以低能耗、低排污为主的产业园区，建立骨干蓄水工程和配水网络，为社会经济发展提供水资源储备。

（四）嘉陵江生态廊道建设的战略保障

该部分需要完成以下工作。

（1）优化水资源配置，加快水利工程建设，建立完善的水资源区域调配系统。

（2）从源头加大环境治理的力度，掐断污染的源头，恢复健康的生态系统。

（3）进行政策创新，构建科学的、可行的水资源和水环境治理的政策机制。

引入社会资本，使水资源承载力成为区域社会经济发展的助推器是嘉陵江生态廊道建设的战略保障（图5-14）。

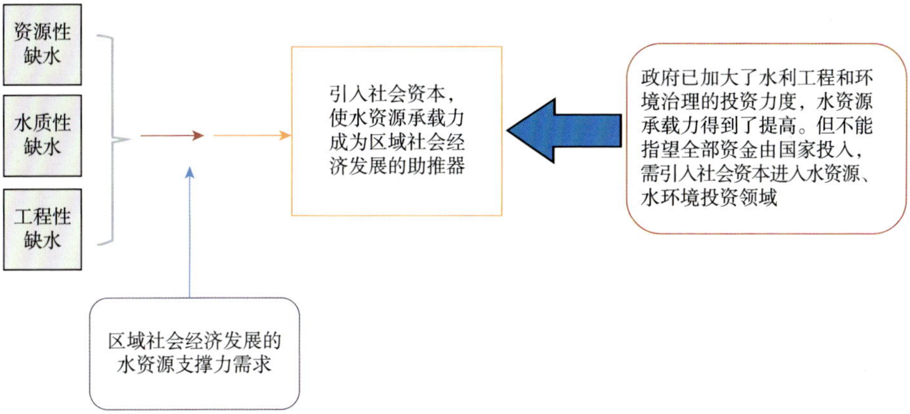

图5-14　嘉陵江生态廊道建设战略保障

（五）小结

（1）秦巴山脉四川片区存在资源性缺水、水质性缺水和工程性缺水等三类水资源危机，水资源承载力将不能支撑社会经济的发展。

（2）区域内水资源分布不均是引起资源性缺水的主要原因，兴建骨干蓄水工程，搭建畅通的水联网是解决资源性缺水的有效途径。

（3）随着城市规模的扩大和农村城镇化进程的加快，水质性缺水将严重削弱水资源承载力。加大环境治理的投入并从制度上提高约束力度，是解决水质性危机的有效办法。

（4）工程性缺水是影响水资源承载力的间接因素，会放大资源性缺水和水质性缺水对水资源承载力的影响。通过国家投入与社会资本相结合的方式，使水利工程和环保工程的发展与社会经济发展相适应，从而解决工程性的缺水效应。

（5）健全法律法规与政策制度，重点建立水资源利用的生态补偿机制，提高地方财政和社会资本对水资源配置工程的投资意愿，提高水资源对社会经济发展的承载力。

第三节 水环境生态修复

一、秦巴山脉四川片区水环境质量状况

按照现行监测规范，选取《地表水环境质量标准》（GB 3838—2002）中常规监测指标，按照环境保护部办公厅文件《关于印发〈地表水环境质量评价方法（试行）〉的通知》（环办〔2011〕20号）进行评价。

（一）南部县水环境状况

1. 流域水质状况

南部县的水环境包括嘉陵江和升钟水库两个主要水环境。近年来南部县整体水质较好，均无明显变化。

2. 城市主要河流断面水质状况

2012~2015 年城市主要河流断面水质状况如表5-15、表5-16和图5-15所示。

表5-15 2012~2015年嘉陵江年水质状况

河流名称	断面名称	年份	断面所属功能区	水质类别	备注（水质状况）
嘉陵江	五面山	2012	III	II	优
		2013	III	III	良
		2014	III	III	良
		2015	III	III	良
	红岩子	2012	III	III	良
		2013	III	III	良
		2014	III	III	良
		2015	III	III	良

表5-16　2012~2015年升钟水库年水质状况

水库名称	断面名称	年份	断面所属功能区	水质类别	备注（水质状况）
升钟水库	大坝	2012	II	II	优
		2013	II	II	优
		2014	II	II	优
		2015	II	II	优
	李家坝	2012	II	II	优
		2013	III	III	良
		2014	II	II	优
		2015	II	II	优
	铁鞭电站	2012	II	II	优
		2013	III	III	良
		2014	II	II	优
		2015	II	II	优
	铁炉寺	2012	II	II	优
		2013	III	III	良
		2014	II	II	优
		2015	II	II	优

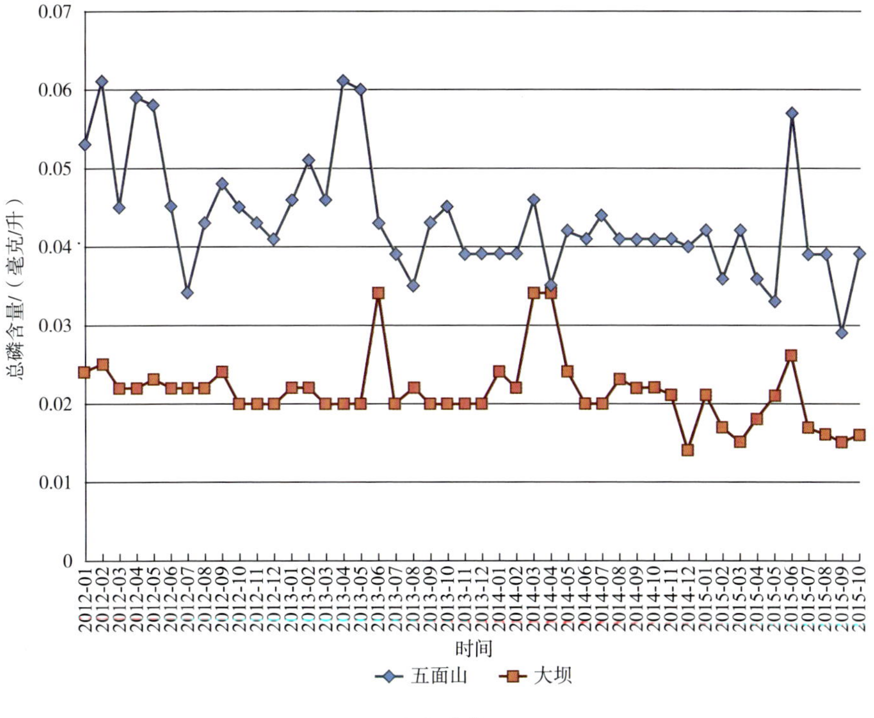

（a）总磷

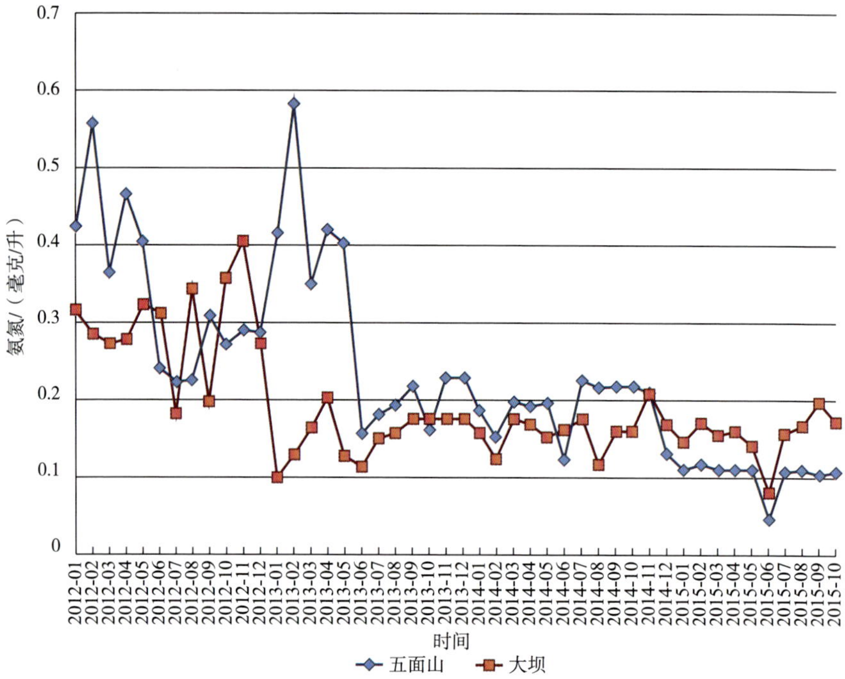

（b）氨氮

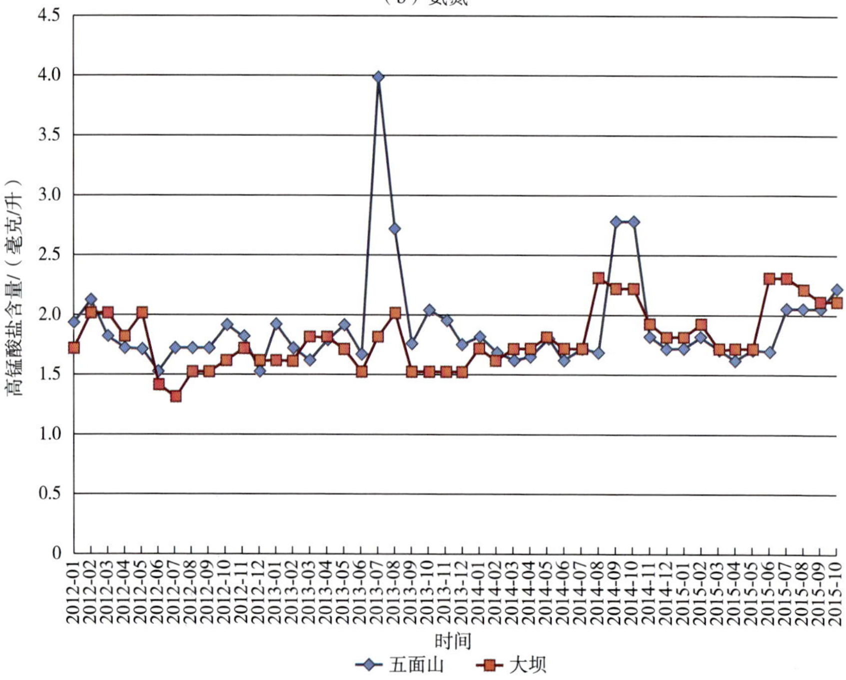

（c）高锰酸盐

图5-15　2012~2015年南部县主要水域水质变化趋势图

本章主要选取总磷、氨氮和COD_{Mn}（高锰酸盐）作为特征污染物，其中，总磷和氨氮主要代表水体受营养物质污染程度指标，由图5-15可以看出，该类污染物在南部县水系中的含量满足规定水质类别要求，且呈下降趋势；COD_{Mn}主要代表水体受有机物污染程度指标，由图5-15可以看出，该类污染物在南部县水系中的含量基本稳定，满足规定水质类别要求。综合分析可以看出，近年来南部县水质情况良好，无突出的超标污染物，大坝断面水质优于五面山断面水质。

（二）达州市水环境状况

1. 流域水质状况

流经达州段的主要河流为渠江，后河、巴河、州河、流江河、铜钵河、任市河、东柳河、明月江为渠江的支流。渠江（达州段）水质良好。达州区域内渠江干流、支流国控、省控和市控断面中，Ⅱ~Ⅲ类水质比例介于75%~90%，整体水质状况良好，近年来无明显变化。

2. 城市主要河流断面水质状况

2015年达州市主要河流断面水质状况如表5-17所示。

表5-17　2015年达州市主要河流断面水质状况

城市名称	河流名称	断面名称	断面所属功能区	水质类别	备注（水质状况）
达州市	后河	漩坑坝	Ⅲ	Ⅲ	良
	巴河	螺蛳湾	Ⅲ	Ⅲ	良
		排马梯	Ⅲ	Ⅲ	良
		江陵	Ⅲ	Ⅲ	良
		清河坝	Ⅲ	Ⅱ	优
		大蹬沟	Ⅲ	Ⅱ	优
	州河	张鼓坪	Ⅲ	Ⅲ	良
		车家河	Ⅲ	Ⅲ	良
		万家河	Ⅲ	Ⅲ	良
		白鹤山	Ⅲ	Ⅲ	良
		水井湾	Ⅲ	Ⅲ	良
		舵石盘	Ⅲ	Ⅲ	良
	渠江	团堡岭	Ⅲ	Ⅲ	良
	流江河	白兔乡	Ⅲ	Ⅲ	良
	铜钵河	上河坝	Ⅲ	Ⅳ	轻度污染，超标项：（COD）
		矮墩子	Ⅲ	Ⅲ	良

续表

城市名称	河流名称	断面名称	断面所属功能区	水质类别	备注（水质状况）
达州市	任市河	联盟桥	III	V	中度污染，超标项：BOD、COD、高锰酸盐指数、总磷
	东柳河	墩子河	III	Ⅳ	轻度污染，超标项：氨氮、总磷
	明月江	葫芦电站	III	III	良
		李家渡	III	III	良

（三）巴中市水环境状况

1. 流域水质状况

流经巴中段的主要河流为巴河，是渠江的支流。2010~2015年，巴河（巴中段）水质良。巴中区域内巴河干流国控、省控和市控断面中，水质类别为Ⅲ，整体水质状况为“良”，无明显变化。

2. 城市主要河流断面水质状况

2010~2015年巴中市主要河流断面水质状况如表5-18所示。

表5-18　2010~2015年巴中市主要河流断面水质状况

年份	城市名称	河流名称	断面名称	所属功能区	水质类别	备注（水质状况）
2010	巴中市	巴河	手傍岩	III	III	良
			平昌白衣道河湾	III	III	良
			大佛寺	III	III	良
2011	巴中市	巴河	手傍岩	III	III	良
			平昌白衣道河湾	III	III	良
			大佛寺	III	III	良
2012	巴中市	巴河	手傍岩	III	III	良
			平昌白衣道河湾	III	III	良
			大佛寺	III	III	良
2013	巴中市	巴河	手傍岩	III	III	良
			平昌白衣道河湾	III	III	良
			大佛寺	III	III	良
2014	巴中市	巴河	手傍岩	III	III	良
			平昌白衣道河湾	III	III	良
			大佛寺	III	III	良

续表

年份	城市名称	河流名称	断面名称	所属功能区	水质类别	备注（水质状况）
2015	巴中市	巴河	手傍岩	III	III	良
			平昌白衣道河湾	III	III	良
			大佛寺	III	III	良

由表5-18的评价结果可知，2010~2015年巴中市主要河流巴河的水质无明显变化，且水质类别均为Ⅲ类，满足规定水质类别要求。本章选用COD、BOD_5、NH_3-N、DO、TP、TN作为特征污染物，COD、TP浓度整体为下降趋势，BOD_5、DO浓度整体为上升趋势，NH_3-N、TN浓度整体趋势为不变，均满足规定水质类别要求。

（四）广元市水环境状况

1. 流域水质状况

流经广元段的主要河流为嘉陵江，南河、白龙江为嘉陵江的支流。嘉陵江（广元段）水质优。广元市区域内嘉陵江干流国控、省控和市控断面中，达Ⅱ~Ⅲ类水质比例高于90%，整体水质状况为“优”，近年无明显变化。

2. 城市主要河流断面水质状况

2014年广元市主要河流断面水质状况如表5-19所示。

表5-19　2014年广元市主要河流断面水质状况

城市名称	河流名称	断面名称	所属功能区	水质类别	备注（水质状况）
广元市	嘉陵江	八庙沟	II	II	优
		上石盘	III	II	优
		张家岩	III	II	优
	南河	安家湾	III	II	优
		南渡	III	II	优
	白龙江	苴国村	II	II	优
		姚渡	III	II	优

二、秦巴山脉四川片区水环境保护与规划

划分主要河流控制单元，根据控制单元目标水质，计算控制单元水环境容

量，结合各河段污染排放量，计算剩余环境容量和允许排放量、削减量，依据水环境污染排放和水质状况，结合环境治理能力状况，制定合理的水资源保护与规划方案。

（一）控制单元划分

结合秦巴山脉四川片区水资源分区、地表水监测断面和县域范围，除去Ⅱ类水质部分，共划分为七个控制单元，涵盖干支流和重点小流域。

（二）水环境综合整治措施

根据秦巴山脉四川片区水环境污染排放、水质状况，结合环境治理能力状况，提出秦巴山脉四川片区水资源保护治理措施[59]。

（1）在加强城镇污水处理设施建设，以及城市污水处理厂运营管理的基础上，逐步实现乡镇污水处理厂的全覆盖。

（2）加强农业面源污染源的整治，发展生态农业，减少农药化肥的施用量，提高畜禽粪便的综合利用率。

（3）结合乡镇污染源及水环境生态修复，加强小流域综合整治，逐步消除黑臭水体（Ⅴ类及劣Ⅴ类水体）。

（4）优化产业布局，严禁工业项目在园区外选址建设，整治工业污染源，确保达标排放。

（5）认真落实《水污染防治行动计划》，加强水环境保护。

三、秦巴山脉四川片区地表水生态修复理论与技术

对秦巴山脉四川片区而言，地表水污染源基本上是生活污染和农业污染。鉴于污染源特征、排放特征、时空格局，以及社会经济条件，本区域地表水污染治理要求资金投入低、运行成本低、管理要求低，客观上使水体生态修复成为本区域地表水环境治理的首选。进行地表水修复的生态手段基本上有两个大类可供选择，即人工湿地和生态浮床工程。

（一）人工湿地

对秦巴山脉来说，城镇和居民点极为分散，规模大小不等，社会经济水平差异很大，生活污水处理排放总量与通量大小各异，难以采用统一标准修改小规模的污水处理厂，同时运行成本也难以维持。人工湿地污染处理系统最适合这种分散的小规模的污水排放，很容易解决广大乡村湿地建设所需的土地和水力落差，运行成本低，稳定性较为可靠。因此，采用垂直流或者复合垂直流系统为主的人

工湿地污水处理系统，根据实际情况，适当地增加前置处理单元，提升缓冲容量、运行稳定性及出水水质是切实可行的。

对于小流域水体污染特别是水体富营养化，通过在适当位置截留，将表面流串联水平潜流，对人工湿地进行处理，可以明显改善地表水水质和其余景观质量，取得较好的生态效益、经济效益与社会效益。

（二）生态浮床工程

关于秦巴山脉地表水体污染类型与特征，可以分为生活污水、富营养化水体［重金属和POPs（persistent organic pollutants，持久性有机污染物）等不超标水体］及重金属和POPs等有害物质超标有机污染水体，可以分别采用两类生态浮床工程进行生态修复。

（1）在生活污水及富营养化水体中，发展以水生农作物种植为主的生态浮床工程为地表水体结构与功能进行生态修复和水质净化。

（2）在重金属和POPs等有害物质超标有机污染水体，发展水面植物景观建设和生态系统功能恢复为主的生态浮床系统，实现区域与流域水体水质净化和环境美化。

第四节　水资源研究主要发现

秦巴山脉四川片区水资源保护与开发利用研究的主要结论如下。

（1）摸清了区域季节资源性缺水和局部水质性缺水并存的特征。

（2）明确了中西部水源涵养基地与天然水生态基因库的基本特征。

（3）建立了以“两线两单”为基本的水资源安全保障框架。

（4）构建了区域水资源补偿机制与保护示范体系。

（5）提出了水资源有效开发保护下的人居环境建设指导框架。

第六章　矿产资源开发

矿产资源是人类社会生存和发展的重要物质基础，矿业作为国民经济的基础产业，提供了我国所需要的95%的固体能源、80%的工业原材料和70%以上的农业生产资料，矿业开发为支持经济高速发展、满足人民物质生活日益增长的需求提供了广泛的资源保障，做出了重要的贡献。但是，矿产的勘查和开发不可避免地会对生态环境造成破坏。例如，破坏耕地和建设用地，采矿诱发地质灾害，采矿使水资源的均衡性遭受破坏产生各种水环境问题，矿山开采中产生的废气、粉尘、废渣造成了大气污染和酸雨，采矿破坏了自然地貌景观影响整个环境的完整性，等等。

秦巴山脉四川片区的矿产整体上受龙门山断裂带和米仓山—大巴山褶皱断裂带的控制，根据控矿要素可以划分为龙门山成矿带、米仓山—大巴山成矿带和川北油气成矿带3个Ⅲ级成矿单元，矿产资源具有控矿条件复杂、固体矿产与能源矿产共存、矿产资源的富集地通常也是传统的旅游景观地的分布特点。

“十二五”期间已探明有储量的矿种46种，查明储量的矿区243处，这些矿产类型包括以下几种：①能源矿产。煤、天然气、油砂、沥青、地热和铀。②金属矿产。黑色金属矿产有铁、锰、钒和钛；有色金属矿产有铜、铅、锌、钴和钼；贵金属矿产有金；稀有金属有锶；等等。③非金属矿产。其品种繁多，包括工业矿物石墨、工业岩石等。其中，勘查程度达到勘探阶段的矿床有106处，占43.62%；勘探程度达到详查阶段的矿床有48处，占19.75%；勘探程度达到普查阶段的矿床有66处，占27.16%；勘探程度达到预查阶段的矿床有23处，占9.46%。总体形势是矿产资源种类丰富，但规模均以中小型为主，缺乏大型、超大型矿床，能源矿产、非金属矿产多，金属矿产少；共生、伴生矿床多，单一矿床少；贫矿、难选冶矿多，富矿少。“十二五”末期已经开发利用的矿产41种，建成各类矿山547个（不含天然气矿山），其中，大型16个、中型63个、小型及以下468个。2014年采矿业矿山生产总产值为447.734 3亿元（不含天然气），约占四川省生产总值（28 536.7亿元）的1.6%，部分区县矿业经济已成为区域经济发展的支柱产业，逐步形成了具有一定规模的矿产资源特色产业集群或产业链。

针对秦巴山脉四川片区资源状况及区域绿色循环发展趋势，建议将该区域矿产资源的勘查划分为鼓励勘查区、限制勘查区、禁止勘查区、允许勘查区等四类勘查规划区。综合考虑以下几方面：①目前勘查程度；②国民经济发展急需程度；③有利成矿带；④矿业开发对地方经济影响程度；⑤矿业开发对旅游影响程度；⑥矿业开发对水资源的影响程度；⑦矿业开发对交通运输的影响程度；⑧矿业开发引发的地质灾害对环境的影响程度。同时，确定秦巴山脉矿产资源开发区块及等级，共划分为鼓励开发区2个、允许开发区5个、禁止开发区2个，有利于秦巴山脉矿产资源绿色循环发展。

第一节　矿产资源概况

一、秦巴山脉四川片区矿产资源概况

秦巴山脉四川片区大地构造位于龙门山造山带（北段）、米仓山推覆褶皱带和大巴山推覆褶皱带的交汇部位。受扬子地块、华北地块、松潘—甘孜地块构造应力场的综合作用，先后经历了加里东运动、华力西运动、印支运动、燕山运动和喜马拉雅运动的改造，形成现今的地质特征与矿产资源分布状况。

（1）龙门山造山带：南起绵阳市安县永安镇附近，北至广元市朝天区一带，整体呈北东—南西向展布，延伸180~190千米，是松潘—甘孜地块和碧口地块向北东楔进过程中对秦岭地块和扬子板块做双向汇聚形成的推覆构造带。构造带内地层组成复杂，除了发育代表原扬子地台型沉积的震旦纪至早三叠世的地层之外，还有代表山前盆地沉积的晚三叠世煤系地层及侏罗纪至古近纪红色盆地沉积，以及代表地台古老基底的前寒武纪杂岩体及变质火山岩和火山岩系。

（2）米仓山推覆褶皱带：位于龙门山造山带、米仓山推覆褶皱带、大巴山推覆褶皱带和四川盆地之间，东侧接南大巴山弧形带西端，西侧接龙门山构造带北段，北接米仓山推覆褶皱带，南为四川盆地。区域内扬子地台结晶基底、褶皱基底和沉积盖层均有出露，变质岩、岩浆岩和沉积岩三大岩类出露齐全。结晶基底由后河群片麻岩、变粒岩、斜长角闪岩组成，褶皱基底由火地垭群上两组、麻窝子组浅变质岩组成。该区域岩浆活动频繁，晋宁期、澄江期侵入岩包括超基性岩、中酸性岩到碱性岩等类型。盖层除泥盆系和石炭系缺失外，其余地层均有出露。

（3）大巴山推覆褶皱带：主体位于上扬子地块北缘、四川盆地与米仓山推覆褶皱带的过渡带上，西接汉南—米仓山构造带，东端止于神农架基底隆起，是一个呈北西—东西向延伸且向南凸出的弧形构造带。研究区地层发育齐全，从前震旦纪基底、震旦系到白垩系均有出露。一般以城口断裂为界，城口断裂以北为北大巴山构造带，城口断裂以南至前陆盆地之间的断褶带为南大巴山构造带。南大巴山地层除缺失奥陶系和志留系外，其余各时期地层均有出露。其中，震旦系至中三叠统主要为海相沉积，包括下震旦统的凝灰质砂泥岩、砾岩和上震旦统至中三叠统的灰岩、白云岩、白云质灰岩、硅质灰岩、膏盐岩、泥质灰岩、砂泥岩等，上三叠统至白垩系主要为陆相砂泥岩和砾岩。南大巴山冲断带由一系列复式背斜和向斜组成，并发育大量平行推覆构造带走向的逆（冲）断层。

上述复杂的地质条件造就了秦巴山脉四川片区发育种类比较齐全的矿产资源，黑色、有色、稀有、贵金属等金属矿产，以及化工和建材等非金属矿产和能源矿产均有分布，所以该区域是我国重要的矿产基地之一。其中，锰、金、铅、锌、钼、铀、铜、石墨和磷等矿产的储量在国内占有举足轻重的地位。

二、秦巴山脉四川片区成矿区带划分

成矿带的划分主要以区域内成矿作用最强、矿床最多的地质构造旋回所形成的地质构造单元为基础，同时考虑其他地质构造旋回期间形成的矿床空间部分状况。据四川省成矿带的划分依据，研究区主体隶属于Ⅰ-4滨太平洋成矿域（叠加在古亚洲洋成矿域之上）Ⅰ级成矿域，Ⅱ级成矿省隶属Ⅱ-15扬子成矿省[60]。本次研究根据构造地质演化过程及矿产发育特点，将研究区划分为龙门山成矿带、米仓山—大巴山成矿带和川北油气成矿带三个Ⅲ级成矿带[61]。

（一）龙门山成矿带

该成矿带位于研究区西部，沿北东向龙门山断裂带展布，包括两个Ⅳ级成矿区带，即摩天岭古陆金（Au）成矿区和广元—江油铁（Fe）–锰（Mn）–铅（Pb）–锌（Zn）–硫（S）–银（Ag）–铝土矿–砂金成矿区。

1. 地质构造特征

龙门山成矿带由中新元古代基底变质岩系、南华纪中酸性火山岩、磨拉石建造和相关花岗岩、震旦纪—志留纪和二叠纪—中三叠世稳定海相沉积等构成，地层呈北东向带状分布，缺失泥盆系—石炭系。基底岩性以变质石英砂岩、粉砂岩及板岩互层为主，南华系为巨厚火山岩及火山碎屑岩。上震旦统至奥陶系层序不连续，陆源碎屑岩占优势，岩性为变质砂岩、千枚岩、硅质岩、夹灰岩。志留系—泥盆系广泛分布，基本岩性以板岩、千枚岩为主，均经历了不同程度的区域变质作用影响，局部变质程度可达角闪岩相。石炭系—二叠系以沉积碳酸盐岩为主，晚二叠世火山岩分布广泛，以玄武岩为主。

2. 主要矿产类型

成矿带内矿产丰富，矿种较多，规模不等，大、中、小型矿床及矿点均有出露，主要矿种有金、铁、锰、铅、锌、硫、银、磷（P）、铝土矿、蛇纹石和花岗岩等。该成矿带内各Ⅳ级成矿带矿产特征论述如下。

（1）摩天岭古陆金成矿区：在中新元古代碧口群、泥盆纪地层中与印支运动有关的构造破碎带内发育蚀变岩型金矿，碧口群中发育火山沉积变质型铜矿，第四纪河流中发育冲洪积型砂金矿床。该区域以金矿为主，代表性矿床有草地中型和松潘沟小型等微细浸染型金矿，成因类型为地下水溶滤型。

（2）广元—江油铁-锰-铅-锌-铜-银-铝土矿-砂金成矿区：位于龙门山断裂带北段，发育有石坎式锰矿、唐王寨式铅锌矿、碧鸡山式铁矿、杨家院式硫铁矿、轿子顶铜矿及第四纪砂金矿。其中，轿子顶背斜南翼寒武系邱家河组中的石坎式锰矿是四川主要的锰矿类型之一，已开发利用，但迄今为止工作程度较低，六处小型矿床仅为初步普查，勘查深度很小，预测其资源潜力大。碧鸡山式铁矿是四川沉积铁矿类型之一，已知小型矿床七处，矿产资源潜力大。中泥盆统观雾山组发育的杨家院中型硫铁矿矿床，已开发利用，潜力不大。唐王寨向斜中泥盆统养马坝组、观雾山组中的马鞍山式层控热液型铅锌矿有中型三处、小型两处，矿产资源潜力大。轿子顶背斜中火山沉积变质型铜矿，已有小型通木梁铜矿，以往工作程度极低，初步预测其资源潜力大。

3. 区域成矿规律

根据成矿地质环境与成矿作用、地质演化与成矿阶段，结合已知矿产成因及时空展布特征，认为该成矿带的成矿作用具有以下规律。

（1）矿床时间分布规律：矿床的成矿时代从中元古代至新生代均有发育，前寒武纪为火山沉积变质型铜矿，与古岛弧岩浆作用有关的铁矿和霞石铝矿，以及被动陆缘的海相沉积型锰、磷矿。例如，中元古代黄水河群和碧口群中发育火山沉积变质型铜矿，受地层层位控制明显。古生代时期秦巴山脉四川片区内以沉积型矿床为主，部分为后期热液叠加改造型矿床。例如，早寒武世的石坎式锰矿、钡矿，中泥盆世的唐王寨式铅锌矿和杨家院式硫铁矿，等等。印支期对摩天岭地块影响较大，发育于碧口群和泥盆纪三河口组中的断裂带中生代时期多次活动及热液叠加，形成了一系列构造破碎带蚀变岩型金矿床。

（2）矿床空间分布规律：矿床时空分布受成矿构造地质背景和成矿地质作用类型控制，在一定构造单元或部位多成群成带产出。

龙门山和摩天岭地块的中元古代海相火山沉积岩，沉积初期形成同沉积铜矿的初始矿源层，经后期热液叠加和变质作用最终形成铜矿床。早寒武世的安县海湾，控制了什邡式磷矿矿床的形成和分布。中泥盆世，龙门山北段唐王寨碳酸盐岩台地，控制了宁乡式铁矿、马鞍山式铅锌矿和杨家院式硫铁矿的形成及分布范围；中二叠世，在沉积间断面上大白岩式青川矿床，铝土矿严格受古风化壳的形态及分布范围等控制；晚三叠世—早侏罗世，龙门山处于陆相沉积区，形成了煤矿和菱铁矿等沉积矿产；第四纪在摩天岭地块南缘和龙门山北段的河流发育区，形成了河流冲积及洪积作用成因的砂金矿产，严格受河流的发源地及所流经的地区地貌条件等因素控制。

（3）成矿作用的继承性和叠生性规律：不同地质时代和演化阶段的成矿作用，除形成具有成矿专属性及成因相关联的系列矿床外，多具有长期性、继承性和多阶段叠加改造的规律性。从中元古代至古生代，在不同地质演化阶段、不同地质背景和不同地质作用下，成矿作用大多经历从矿源层形成、成矿元素的初始富集、活化或叠加改造再富集的过程，如中元古代碧口群等中的火山沉积变质型铜矿，在中元古代仅形成初始铜矿源层，经历晋宁期—印支期的多次叠加、富集作用，最终成矿；马鞍山式铅锌矿在中泥盆世地层形成时铅锌矿初步富集，但必须经历后期的热液进一步叠加、富集，才形成工业矿床。部分产于剪切带中的金矿，由于成矿作用的继承性和后期叠加改造，矿床的成矿时代和矿质来源等问题常使成因产生争议。

（二）米仓山—大巴山成矿带

该成矿带位于四川盆地北部的扬子地块北缘，包括两个Ⅳ级成矿区带，即米仓山铁-铜-铅-锌-金-石墨-霞石铝矿成矿区和大巴山铁-煤-毒重石-石灰岩-高岭土成矿区。

1. 地质构造特征

该成矿带由中新元古代基底变质岩系、南华纪中酸性火山岩、磨拉石建造和相关花岗岩、震旦纪—志留纪和二叠纪—中三叠世稳定性海相沉积地层组成，晚三叠世—白垩纪为陆相河湖相含煤碎屑沉积。侵入岩带呈东北—西南向展布，以基性岩和中酸性侵入岩为主，形成于古元古代—新元古代，以新元古代晋宁期侵入岩的规模最大且岩石类型复杂，属于南华纪扬子陆块基底杂岩。火山岩总体发育程度较弱，集中形成于中元古代—新元古代早期活动陆缘裂谷盆地发育阶段，呈夹层出现于前寒武系之中。新元古代中期南华系为陆相山间断陷盆地磨拉石—火山岩建造，下部为中酸性火山岩，上部主要为中基性火山岩，表明区域裂陷深度越来越大。从区域构造演化来看，晋宁运动之后的南华纪，该区域处于造山期后构造松弛阶段，或者说已经进入下一个构造旋回的初期伸展阶段。变质岩以区域变质岩为主，发育于汉南—米仓山基底隆升带中。其他岩石类型，如动力变质岩发育于不同层次、不同规模和不同期次的断裂带中，接触变质岩沿侵入体周围分布，形成宽窄不等的接触变质带，混合岩化主要发育于扬子地块的结晶基底中。

成矿带归属于华南板块上的扬子地块，包括扬子北缘—西北缘前陆变形体系和四川大型沉降盆地两个次级构造单元。其中，前者包括宁强—龙门山前锋冲断褶带、大巴山弧形前锋冲断褶带、汉南—米仓山东西向背斜隆起三个构造单元，经历了新太古—古元古代结晶基底地形成、中元古—青白口系过渡基底的形成、南华系—志留系盖层阶段、泥盆纪—晚三叠世盖层形成阶段、晚三叠世—白垩纪主造山期变形和喜山期变形多期构造演化。

2. 主要矿产类型

成矿带内矿产丰富且矿种较多，包括与岩浆岩型（李子垭铁矿、坪河霞石铝矿和椿树坪钒钛磁铁矿），沉积变质型（坪河石墨矿），沉积型（旺苍—南江煤田、南江石膏矿、南江宁强磷矿），层控热液型（沙滩铅锌矿）等主要类型。

该成矿带进一步划分两个Ⅳ级成矿带，具体特征如下。

（1）米仓山铁-铜-铅-锌-金-石墨-霞石铝矿成矿带：位于米仓山一带，已知大型矿床有2处（坪河石墨矿和霞石铝矿）、中型矿床9处（李子垭铁矿，红山、椿树坪钒钛磁铁矿，李家河铁矿，尖山、肖家湾石墨矿等）、小型20处、矿点23处，如沙滩铅锌矿、水木河石膏、宁强式磷矿等。此外，二叠系和上三叠统—下侏罗统中均有煤矿和菱铁矿产出。

（2）大巴山铁-煤-毒重石-石灰岩-高岭土成矿带：位于大巴山一带，大巴山断裂将该成矿带分成两部分。北部为在早寒武世的硅质岩、白云岩和碳质板岩中产出的毒重石，南部在震旦纪陡山沱期的黑色岩系中产有高燕式锰矿2处，即大竹河锰矿和田坝锰矿。一般情况下，产出锰矿的地层中局部有磷矿产出，如杨家院小型磷矿等，具有很大的找矿潜力。

3. 区域成矿规律

（1）矿床时间分布规律：成矿时代从元古代至新近纪均有。中元古代火山沉积变质作用成矿，代表矿床为坪河石墨矿，受火地垭群麻窝子组地层控制。新元古代沉积作用成矿，代表矿床为宁强磷矿、沙滩铅锌矿，受晚震旦世灯影组地层控制，产在碳酸盐岩向碎屑岩过渡部位的碳酸盐岩一侧且受热液叠加改造。成矿带内晋宁期的基性-超基性岩、碱性岩、中酸性的岩浆岩均较发育，因此，岩浆气液与围岩相互作用形成矽卡岩型铁矿，如李子垭式（李子垭、红山、五铜包、水马门、土墙坪和宪家湾矿床等），岩浆分异作用形成的椿树坪钒钛磁铁矿和坪河霞石铝矿等，与岩浆岩具有明显的成矿专属性。古生代成矿阶段以沉积型锰和钡矿为主，并有热液改造的铅锌矿。

（2）矿床空间分布规律：构造环境和成矿地质作用控制了矿床的空间分布。米仓山基底（古岛弧）晋宁期岩浆岩控制了与岩浆作用有关的铁和霞石铝矿等矿床的分布。大巴山地区早震旦世的同生断陷盆地控制了海相沉积型高燕式锰矿的形成与分布范围。晚三叠世—早侏罗世，米仓山和大巴山主要处于海相沉积区，形成铁、煤、铅和锌等优势矿产。米仓山—大巴山成矿带成矿特点示意图如图6-1所示。

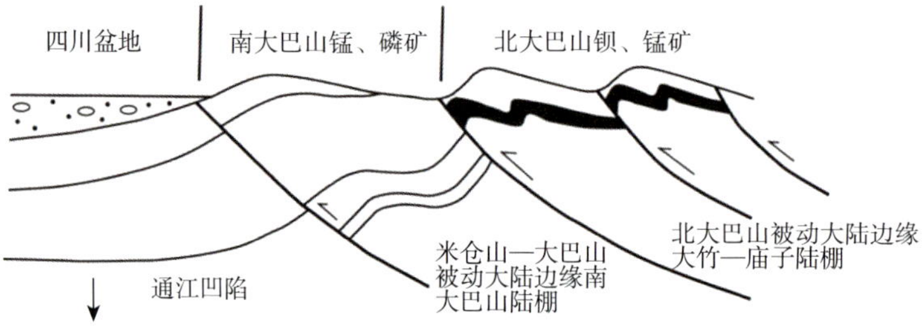

图6-1　米仓山—大巴山成矿带成矿特点示意图

（三）川北油气成矿带

秦巴山脉四川片区油气构造主要分布于龙门山前带、米仓山前带及大巴山前带。各油气成矿带所处构造位置、沉积环境及成藏模式具有较大差别，这导致其成矿带分布复杂。

1. 龙门山前油气成矿带

龙门山前带油气成矿区位于四川省西部，大致分布在茂县—江油市以东北、苍溪县以西和广元市朝天区以南区域，以沿龙门山断裂带分布为主，该油气成矿带总体呈南西—北东向分布，可以划分为北川—江油天然气成矿带、江油—梓潼天然气成矿带、剑阁—苍溪天然气成矿带和厚坝油砂岩成矿带等四个预期成矿带。

（1）川北—江油天然气成矿带：该区域出露多为二叠系—侏罗系沉积建造，分布有下二叠统梁山组煤层、中三叠统雷口坡组碳酸盐岩，主要为中坝气田，主要产气层段为中三叠统雷口坡组。

（2）江油—梓潼天然气成矿带：主要位于梓潼区块，有黎雅庙、魏城、关北、文兴场、柘坝场等构造，油气层位主要为下二叠统栖霞、茅口组至上三叠统须家河组。

（3）剑阁—苍溪天然气成矿带：主要集中于元坝—九龙山矿集区。据报道，成矿带内元坝气田资源潜力比较大，预计超过普光气田。九龙山大型含油气构造在下二叠统栖霞—茅口组获得重大突破，为今后龙门山前西北带重点勘探层系，该区侏罗系珍珠冲组亦进入开发区域。此外，射箭河、河湾场、矿山梁大型含油气构造含气地层以下二叠统栖霞—茅口组为主，该区具备碳酸盐岩岩溶型储层获得重大勘探突破的潜力。

（4）厚坝油砂岩成矿带：油砂岩主要分布在龙门山江油的二郎庙—广元矿山梁一线，资源量大于4亿吨。其作为非常规油气勘探，今后潜力巨大。

2. 米仓山—大巴山油气成矿带

米仓山—大巴山前带油气成矿区主要位于川中北部—川北及川东北部地区，东以湖北为界，该油气成矿带在川中北部总体呈北西—南东向分布，在渝东总体呈南西—北东向分布，以天然气为特色，兼顾石油及页岩气，主要有龙岗、普光等大、中型油气田，可分为阆中—平昌油气成矿带、达州—宣汉—万源油气成矿带、万州—云阳油气成矿带和巫溪—奉节页岩气成矿带等四个预期成矿带。

（1）阆中—平昌油气成矿带：主要富集于仪陇—平昌矿集区、南部—蓬安矿集区，典型气田为龙岗气田、公山庙和营山气田。油气层以二叠系长兴组、飞仙关组礁滩型碳酸盐岩气藏为主，其次为须家河组至侏罗系沙溪庙组碎屑岩气藏及灰岩油气藏。

（2）达州—宣汉—万源油气成矿带：主要位于宣汉—万源矿集区块。该区块大型构造发育，有普光、大湾、毛坝、铁山坡、渡口河、罗家寨、滚子坪、雷音铺、亭子铺、黄龙场、五宝场、沙罐坪、檀木场和五百梯等构造，油气层位主要为下二叠统栖霞、茅口组至上三叠统须家河组。

（3）万州—云阳油气成矿带：主要富集于万州—云阳油气矿集区，包括三叉坪等系列构造，主要产层为二叠系—三叠系碳酸盐岩气藏。

（4）巫溪—奉节页岩气成矿带：该成矿带延伸范围广，主要分布于巫溪—奉节页岩气矿集区。以寒武系筇竹寺组/牛蹄塘组、奥陶系五峰组及志留系龙马溪组为页岩气产气段，其中，以志留系龙马溪组为重点层系。

3. 区域成矿规律

（1）大地构造环境及演化：川北油气成矿带总体受龙门山、米仓山—大巴山两大构造格局及演化控制。其中，龙门山前油气成矿带地处四川盆地西北边缘与龙门山断褶带前山带的过渡区，米仓山—大巴山油气成矿带总体属于川北古中坳陷低缓带北部与川东古斜中降高陡断褶带。川北油气成矿带同整个四川盆地（甚至上扬子准地台）一起经历了震旦纪以来地台基底上和地槽区的多个构造发展阶段，在构造及沉积演化上具有多旋回的特点。尤以米仓山—大巴山隔挡式褶皱变形区，薄皮式滑脱推覆变形使盖层变形受到多套岩石强弱组合的控制，最终形成高陡复杂构造带。

（2）矿床空间分布规律：龙门山前常规油气主要分布于北川—江油成矿区，处于北部隆起带、北部坳陷带、前缘断褶带、前缘冲断带及松潘—甘孜褶皱带；非常规油砂岩矿床分布于江油武都、厚坝镇及重华镇、二郎庙、竹园坝、碾子坝—下寺矿山梁—天井山一带。米仓山—大巴山地区油气成矿带潜在页岩气富集区主要分布于渝东北巫溪、奉节区块；长兴、飞仙关组油气主要富集于普光、大湾、毛坝、铁山坡、渡口河、罗家寨、滚子坪、雷音铺、亭子铺、黄龙场、五宝场、沙罐坪、檀木场和五百梯等宣汉—万源构造区及三叉坪构造区，属万州—云阳区块；三叠纪—侏罗油气藏主要分布于龙岗气田、公山庙、营山气田等阆中—平昌构造区等地。

（3）矿床成矿时代：龙门山前油气矿区从二叠系至中侏罗统沙溪庙组的不同层位中均具有工业性气流，主要成矿层位为中三叠统雷口坡组、上二叠统长兴组、下二叠统茅口组顶部及栖霞组，其次为侏罗系沙溪庙组。气源主要来源于马鞍塘组、小塘子组深色泥页岩层及侏罗系泥页岩，大型断裂沟通下伏气源，圈闭印支晚幕已具雏形，晚侏罗—喜山期成藏，上覆须家河组为气藏提供了良好的盖层和后期保存条件。米仓山—大巴山前带油含油气层系成矿时代分布时代延伸较远。寒武系筇竹寺组自生、自储形成良好的烃—储页岩气组合，于晚古生代成熟并持续成藏富集。志留系龙马溪组烃源岩自生—自储易于形成非常规页岩气藏，其主力生油期位于海西期—印支期，主力生气期位于燕山晚期，燕山晚期—喜山期生烃停止、构造抬升导致页岩气逸散至其他储层内。栖霞—茅口组、雷口坡组气源主要来自寒武系烃源岩地层、二叠系龙潭组泥岩及煤系地层，燕山晚期的晚侏罗世—喜山期成藏。上三叠统须家河组气藏气源来自下伏龙潭组煤系地层及须家河组自身泥岩地层，其烃源岩成熟期为燕山期侏罗世时期。侏罗系油源来自须家河组及大安寨段泥页岩地层，侏罗纪晚期成烃成熟。

三、矿产资源种类

据“十二五矿产资源规划”的统计资料，研究区已探明有储量的矿种46种[62~66]，这些矿产可划分为能源矿产、金属矿产、非金属矿床和水气矿产等四种类型。

（1）能源矿产包括煤、天然气、油砂、沥青、地热和铀。

（2）金属矿产包括黑色金属、有色金属、贵金属和稀有金属等类型。其中，黑色金属矿产主要为铁、锰、钒和钛；有色金属矿产主要为铜、铅、锌、钴和钼；贵金属矿产主要为金；稀有金属主要为钡和锶。

（3）非金属矿产包括工业矿物及工业岩石两大类。其中，工业矿物类主要为硫铁矿、石墨、磷、毒重石、重晶石、透闪石、方解石、长石、霞石、滑石、盐、卤石和石膏；工业岩石主要为板岩、白云岩、辉绿岩、页岩、花岗岩、大理岩、灰岩、砂岩、黏土、高岭土、膨润土、蛇纹岩、纹化石、硅石、脉石英和铝土矿。

（4）水气矿产主要是矿泉水、温泉。

四、矿产资源分布

矿产资源的空间分布受控矿地质条件制约，秦巴山脉四川片区的矿产资源主要分布在龙门山成矿带、米仓山—大巴山成矿带和川北油气成矿带范围内，其分布规律统计如下。

（一）能源矿产类

（1）煤矿：主要分布在北部广元市元坝镇—旺苍县—巴中市南江县和东部的万源市及达州市一带，统计有215处矿床，基本为小型规模，只有1处规模达到中型（达州市中山矿区）。

（2）天然气：主要分布在达州市，代表天然气田有开江县五百梯（大型）、开江县沙罐坪（小型）、宣汉县渡口河（中型）、宣汉县普光气田（大型）、达州市铁山坡（中型）、毛坝气田（小型）、黄龙场气田（小型）、渡口河气田（中型）和罗家寨气田（大型），此外还有绵阳市江油中坝（中型）和苍溪县九龙山（小型）。

（3）油砂：分布在江油市二郎庙青林口（中型）。

（4）沥青：主要分布在广元市青川县和剑阁县，两处均为小型矿床。

（5）地热：主要为广元市川北温泉（大型）和剑阁县剑门关医疗热矿水（大型）。

（6）铀矿：主要分布在通江县北部，是我国南方重要的砂岩型铀矿成矿带之一，主要为沉积成岩后叠加改造型。已查明多个中小型矿床，矿化点和异常点繁多。

（二）金属矿产

（1）铁矿：主要分布在龙门山成矿带和米仓山—大巴山成矿带。菱铁矿在旺苍县发现3处小型矿床，万源市发现7处小型矿床；磁铁矿在旺苍县有3处小型矿床，南江县1处中型矿床、3处小型矿床和6处矿点；褐铁矿仅在广元市朝天区发现2处矿点。

（2）锰矿：青川县2处小型矿床，万源市发现2处中型矿床及8个矿化点。

（3）钒矿：主要分布在达州市，代表矿床为万源蒲家坝隔档溪（中型）和万源蒲家坝（小型），在旺苍县发现一矿点（双汇镇双汇钒矿点）。

（4）钛矿：仅在旺苍县发现1处中型矿床，即旺苍县椿树坪钛磁铁矿。

（5）铜、铅和锌矿：主要分布在龙门山北段和米仓山。其中，铜矿代表矿床有青川县青溪铜矿（小型）和南江县沙坝磁铁矿区红山矿段（小型）；南江县沙滩银矿梁（小型）主产铅矿矿石和锌矿矿石；广元市朝天区槽子沟多金属矿（小型）铜铅锌多金属矿共生矿床。

（6）钴矿：仅在南江县发现，矿床为南江县沙坝磁铁矿区红山矿段（伴生矿产，小型）。

（7）钼矿：仅分布在旺苍县，代表矿床为旺苍县水磨钼矿（小型）。

（8）金矿：主要分布在龙门山成矿带（平武县、青川县和北川县），米仓山—大巴山一带也有少量分布（广元市朝天区和昭化区）。其中，岩金主要分布在平武县和北川县，代表矿床为平武胡家沟金矿（中型）、平武银厂金矿（中型）。砂金矿区在龙门山北段和米仓山—大巴山一带展布均匀，代表矿区有广元市朝天区嘉陵砂金矿（大型）、青川县天隍院砂金矿（中型）、平武县古城砂金矿（中型）、江油市青莲砂金矿（中型）等。

（9）锶矿：仅发现达州市渠县望溪锶矿（大型）。

（三）非金属矿产

（1）硫铁矿：主要分布在青川县、广元市、江油市和南江县，代表矿区有江油市杨家院（中型）、青川县黄山沟硫铁矿（小型）、青川县青溪硫铁矿（小型）、青川县侯家村硫铁矿（小型）、广元市朝天区平溪乡谢家湾硫铁矿（小型）和南江县潮水洞硫铁矿（小型）。

（2）石墨：主要分布在旺苍县、南江县及青川县，代表矿床有南江县坪河乡石墨矿（大型）、南江县坪河乡向阳坡石墨矿（中型）、南江县坪河乡肖家湾石墨矿（中型）、青川县石坝乡五一村石墨（中型）、旺苍县大河石墨矿（中型）、旺苍县坪河石墨矿（中型）、旺苍县大河乡唐家河石墨矿（中型）、广元市朝天区马家乡纸坊沟石墨矿（小型）和旺苍县大阳河坝石墨矿（小型）。

（3）磷矿：仅在南江县和万源市发育，代表矿床有万源县杨家坝（中型）和南江县新立磷矿（小型）。

（4）重晶石：分布在龙门山成矿带及米仓山—大巴山地区，代表矿床有青川县大院乡南溪重晶石矿（小型）、广元朝天重晶石矿（小型）和北川县杨家沟重晶石矿（小型）。

（5）毒重石：仅在万源市发现[67]，代表矿床为万源市庙子钡矿（毒重石，小型）。钡以硫酸钡（$BaSO_4$）的形式存在于重晶石的矿床广泛分布，但存在于毒重石中的并不多见。

（6）透闪石：仅分布在旺苍县，代表矿床为旺苍县万山透闪石矿（小型）。

（7）方解石：仅分布在旺苍县，代表矿床为旺苍县五权山花方解石矿（小型）。

（8）长石：主要分布在旺苍县，已发现10余处小型矿床。

（9）霞石：仅在南江县有发现，代表矿床为南江县坪河乡坪河霞石矿。

（10）滑石：仅分布在广元市青川县和旺苍县，代表矿床为青川县沙州镇滑石矿（中型）和旺苍县英萃镇五岭滑石矿（小型）。

（11）盐：研究区的盐矿包括岩盐和卤水，均分布在达州市。岩盐代表矿床为渠县鲜渡河矿区（中型），卤水代表矿床为宣汉县富钾卤水（大型）。

（12）卤石：分布在达州市，代表矿床为渠县农乐矿区偏崖子背斜北段（大型），卤石与石膏共生，是我国仅有的卤石矿床。

（13）石膏：主要产于达州市，广元市和巴中市也零星可见，代表矿床为达州市渠县龙门峡南矿段（大型）、达州市渠县龙门峡北矿段（大型）、达州市渠县三汇镇农乐矿区（小型）、广元市顺发矿区（小型）和巴中市南江县红岩乡水木河矿区（小型）。

（14）铝土矿：主要分布在龙门山成矿带和米仓山—大巴山成矿带，代表矿床有广元市朝天区羊木镇五星铝土矿（中型）、广元市市中区白朝乡徐家村铝煤矿（小型）、青川县建峰乡青峰村铝矿（小型）、青川县白家乡松盖村铝矿（小型）、青川县白家乡捡沟铝矿（小型）、青川县白家乡黄家湾铝矿（小型）、万源花萼山坳坪垭铝土矿（小型）和万源花萼山白杨坪铝土矿（小型）。

（15）膨润土：分布在广元市剑阁县和苍溪县，代表矿床有剑阁县姚家乡长沟里膨润土矿（小型）、剑阁县姚家乡张家坝膨润土矿（小型）和苍溪县太阳嘴膨润土矿（小型）。

（16）高岭土：仅在达州市宣汉县有发现，矿区为宣汉县新华镇唐胜黏土矿厂（小型）。

（17）黏土：主要分布在广元市，达州市零星展布，代表矿床有四川省广元市黏土矿（青川）（中型）、达州市大竹县金鸡乡中山背斜（中型）及24处小型矿区。

（18）板岩：分布于广元市，代表矿区为大院回族乡大茅村北井窝板岩矿（小型）等，共发现8处小型矿区。

（19）白云岩：分布于青川县、旺苍县、南江县和达州市，代表矿区有青川县竹园凤台山白云岩（中型）、旺苍县高阳碎石厂（小型）、南江县杨坝白云岩矿（小型）和达州大风乡（小型）。

（20）辉绿岩：仅在旺苍县有发现，代表矿区为旺苍采石场（小型）。

（21）页岩：分布在南充市、达州市、巴中市和广元市等地区，共400余处小型矿区。

（22）花岗岩：主要分布在广元市，巴中市和南充市零星展布，共计13处小型矿区。

（23）大理岩：主要分布在旺苍县和南江县，代表矿床有南江县寨坡乡姜家湾大理岩（大型）、旺苍县纸厂沟大理石矿（小型）、旺苍县水磨大理石矿（小型）、旺苍县水磨乡廖家湾大理石矿（小型）和旺苍县大河汉白玉矿（小型）。

（24）灰岩：主要分布在青川县、旺苍县、宣汉县、渠县及南江县，共计7处大型矿区、1处中型矿区和51处小型矿区。

（25）砂岩：主要分布在青川县、南部县、宣汉县和剑阁县，共计1处大型矿床、1处中型矿床和38处小型矿区。

（26）蛇纹岩：仅在青川县分布，代表矿床为青川县王家湾蛇纹岩（小型）。

（27）硅石：分布在旺苍县和南江县，代表矿床为旺苍县虎林（小型）和旺苍县大河硅石矿（小型）。

（28）脉石英：主要分布在青川县，共计19处小型矿床。

（四）水气矿产

（1）矿泉水：分布在广元市和巴中市，代表矿床为剑阁县剑门关矿泉水、广元市冰鸟天然矿泉水和南江县沙坝乡南江神源矿泉水。

（2）温泉：主要分布在龙门山构造带山前区域，目前多处被开发。

五、矿产资源储量

根据2015年收集到的资料统计，秦巴山脉四川片区成矿带内不同级别矿产资源储量（资源量）大致如下。

（一）能源矿产储量

（1）煤矿：广元市煤矿保有资源为12 084.80万吨，巴中市储量为8 366.63万吨，达州市基础储量为42 950.61万吨。

（2）天然气：达州市保有资源储量为2 243.794亿立方米。

（3）沥青：广元市保有资源储量为65.82万吨。

（4）地热：秦巴山脉四川片区保有资源储量为342.406 8万米^3/年。

（二）金属矿产储量

（1）铁矿：广元市旺苍县菱铁矿保有资源为63.04万吨，万源市菱铁矿资源量为2 403万吨；广元市旺苍县磁铁矿矿石保有资源为626.56万吨，巴中市磁铁矿矿石保有资源为126万吨、基础储量为1 723.7万吨、资源量为1 136万吨。

（2）锰矿：广元市锰矿矿石保有资源为18.42万吨。

（3）钒矿：达州市钒矿资源量为42.8万吨。

（4）钛矿：旺苍县椿树坪钛磁铁矿矿石保有资源为5 649.40万吨。

（5）铜、铅、锌矿：青川县青溪铜矿（小型）铜金属保有资源为64.11万吨，南江县沙坝磁铁矿区红山矿段（小型）铜矿矿石资源量为364.8万吨；南江县沙滩银矿梁铅矿矿石和锌矿矿石资源量各为337.3万吨；广元市朝天区槽子沟多金属矿（小型）铜铅锌多金属保有资源为4.58万吨。

（6）钴矿：南江县沙坝磁铁矿区红山矿段（伴生矿产）钴矿矿石资源量为137.8万吨。

（7）钼矿：钼矿矿石保有资源为100.7万吨。

（8）金矿：广元市岩金的保有资源为600千克，广元市砂金的金属保有资源为33 756.89千克。

（9）锶矿：资源量为40万吨。

（三）非金属矿产储量

（1）硫铁矿：广元市硫铁矿保有资源为36.3万吨，巴中市硫铁矿保有资源为19万吨。

（2）石墨：广元市石墨保有资源为378.13万吨，巴中市南江县坪河乡石墨矿保有资源为378万吨。

（3）磷矿：资源量为916.2万吨。

（4）毒重石：资源量为73万吨。

（5）重晶石：保有资源为5.27万吨。

（6）透闪石：保有资源为3.67万吨。

（7）方解石：保有资源为3.93万吨。

（8）长石：保有资源为60.24万吨。

（9）霞石：储量为805.6万吨。

（10）滑石：保有资源为125.32万吨。

（11）盐：岩盐的保有资源为554万吨，卤水资源量为13 354万吨。

（12）卤石：与石膏共生，石膏和卤石保有资源量为1 902万吨。

（13）石膏：达州市保有资源为 3 383.79 万吨，广元市保有资源为 46.78 万吨，巴中市南江县储量为108.59万吨。

（14）铝土矿：广元市铝土矿矿石保有资源为122.30万吨，达州市铝土矿矿石资源量为84万吨。

（15）膨润土：保有资源为154.06万吨。

（16）高岭土：基础储量为6.5万吨。

（17）黏土：广元市保有资源为1 451.68万吨；达州市大竹县金鸡乡中山背斜（中型）资源量为350万吨，宣汉县柏树后河沟黏土矿厂（小型）基础储量为4.776万吨。

（18）板岩：保有资源量为196.69万立方米。

（19）白云岩：广元市和巴中市保有资源为 2 920.26 万吨，达州资源量为 672万吨。

（20）辉绿岩：保有资源量为158万吨。

（21）页岩：达州市基础储量为 2 588.52 万吨，南充市仪陇县基础储量为 1 839.134 万吨，南充市南部县保有资源为 2 130.74 万吨，巴中市保有资源为 1 429.71万吨，广元市保有资源为379.78万吨。

（22）花岗岩：广元市保有资源量为 566.87 万立方米，巴中市基础储量为 139万立方米、资源量为57万立方米，巴中市保有资源为334.98万立方米。

（23）大理岩：保有资源量为564.35万立方米。

（24）灰岩：广元市保有资源为 37 697.55 万吨，华蓥山矿区渠县龙潭乡矿段、华蓥山矿区渠县民主乡矿段、铜锣峡矿区大竹县中和乡矿段、大巴山矿区万源市八台乡矿段和宣汉县天生镇矿段资源量为 218 955 万吨，宣汉县其他矿区基础储量为100万吨，南江县小河乡李子坪石灰岩矿保有资源为304.63万吨。

（25）砂岩：广元市保有资源为2 503.06万吨，达州市基础储量为50万吨，南部县基础储量为31 425万吨。

（26）蛇纹岩：保有资源为940.24万吨。

（27）硅石：保有资源为31.323万吨。

（28）脉石英：保有资源为313.47万吨。

（四）水气矿产储量

矿泉水：保有资源为330.6米^3/日。

第二节　开发战略分析

一、秦巴山脉四川片区矿产资源勘查状况分析

（一）矿产资源勘查开发遵循的基本原则

本着矿产资源的开发服从并服务于社会发展大局的原则，按照“加快发展，

科学发展，又好又快发展”的总体取向，根据经济社会发展的需要，合理布局有序发展秦巴山脉矿产资源。建议遵守的基本原则如下。

（1）按照经济社会发展宏观布局要求，结合矿产资源分布特点和开发利用条件，矿产资源勘查开发要确定各具特色的区域发展方向、重点和时序，发挥政府财政资金的引导作用，鼓励社会多元化资金有序投入，形成协调、有序的勘查开发区域发展新格局。

（2）转变增长方式，按照建设资源节约型、环境友好型社会和构造社会主义和谐社会的要求，矿产资源勘查开发要加快由粗放型向集约型转变。

（3）加强综合勘查、综合开采和资源保护，发展矿产资源领域的循环经济，提高节约与综合利用资源的水平。

（4）加强矿区的地质环境恢复治理和废弃土地复垦，最大限度地减少资源勘查开发活动的环境代价。开发一方资源，做强一方产业，带活一方经济，富裕一方百姓，促进社会和谐进步。

（5）提高自主创新能力。突出地勘单位、矿山企业的创新主体地位，加强人才队伍建设，鼓励原始创新、集成创新和再创新，增强自主创造新能力，推进矿产资源勘查、开采和综合利用等环节的科技进步与结构调整，提升矿产资源勘查开发综合竞争力，促进矿产资源勘查开发走创新型发展道路。

（二）秦巴山脉矿产勘查工作程度

据《四川省矿产资源总体规划（2008—2015年）》的统计资料，研究区域具有查明资源储量的矿种为46种，查明储量的矿区为243处，共设置探矿权146处。统计到的243处矿（床）点中，勘查程度达勘探阶段矿床有106处（其中，金属矿产42处，非金属矿产27处，能源矿产37处），约占43.62%；勘探程度达到详查阶段的矿床有48处（其中，金属矿产25处，非金属矿产20处，能源矿产3处），约占19.75%；勘探程度达到普查阶段的矿床有66处（其中，金属矿产38处，非金属矿产13处，能源矿产15处），约占27.16%；勘探程度达到预查阶段的矿床有23处（其中，金属矿产15处，非金属矿产2处，能源矿产6处），约占9.46%。

总体来看，靠近龙门山构造带所在区域勘查程度总体较低[68~73]。

二、秦巴山脉四川片区矿产资源勘查规划

（一）矿产资源调查评价

根据前述成矿带划分原则和秦巴山脉四川片区矿产资源禀赋状况，结合四川省地质矿产勘查开发局和各地方职能部门规划，强调秦巴山脉四川片区在今后一段时间内，从查清矿产资源种类及储量的前提出发，应该加强龙门山成矿带内摩

天岭古陆金成矿区及其外围金矿的资源调查工作，加强广元—江油铁-锰-铅-锌-硫-银-铝土矿-砂金成矿区资源调查评价工作，加强米仓山铁-铜-铅-锌-金-石墨-霞石铝矿成矿区和大巴山铁-煤-毒重石-石灰岩-高岭土成矿区资源调查评价工作，具体调查评价工作概述如下。

1. 矿产资源远景调查评价

（1）巴中市：在南江县坪河上两—沙坝重要成矿远景区开展1：50 000矿产资源远景调查评价，提供新的找矿远景区和找矿靶区。

（2）达州市：在万源—樊哙片区的重要成矿区带开展1：50 000矿产资源远景调查，提供新的找矿远景区和找矿靶区。

（3）广元市：在广元市北部山区的龙门山和米仓山重要成矿区带开展1：50 000矿产资源远景调查，矿种铁、锰、铜、铅、锌、镍、金等；在广元市中部地区，开展低硫煤、煤层气、优质非金属矿产和地下水资源等矿产资源调查评价。

2. 能源矿产调查评价

（1）巴中市：开展南江县流坝—水洞地区、南江县红岩地区、通江县铁溪地区和通江县两河口地区煤炭资源远景调查评价，以及通南巴天然气调查评价，尽快提供一批可供进一步勘查的矿产地，增强巴中市中长期发展的能源保障。

（2）达州市：以渠县龙门峡北矿、宣汉黄金口、宣汉县添子城复背斜、宣汉县自由乡、开江县天师段、开江县河井沟、开江县龙洞坝、大竹县城门洞、万源市水洋坪等矿区及白腊坪井田等63个井田为基本单位开展±0米水平以下的煤炭资源及达州市地热资源远景调查评价，尽快提供一批可供进一步勘查、开发的矿产地，增强达州市中长期发展的能源保障。

（3）广元市：加强广元市中北部青川县、剑阁县、朝天区、利州区、元坝镇、旺苍县地区的煤炭资源勘查，提高煤炭资源勘查级别，增强本地的煤炭供给能力。逐步开展煤系地层中的油页岩和煤层气勘查，以及龙门山、米仓山南麓的地热资源勘查，以充分利用本地能源矿产。

3. 金属矿产调查评价

（1）巴中市：在南江县坪河—上两—沙坝重要成矿远景区，以铁、金等为主攻矿种，兼顾铅锌铜矿开展调查评价，查明铁、金、铅锌等多金属矿的区域控矿地质条件，圈定矿化有利地段和物化探异常，发现和评价新的矿产地。

（2）达州市：在万源和宣汉樊哙片区以锰、菱铁矿、锶和钒等为重点矿种加强调查评价，着力寻找中型、大型矿床，提供一批可供进一步详查、勘探和开发的矿产地。

（3）广元市：加强广元市北部山区铁、锰、铜、铅、锌和金等重点矿种的勘查工作，着力寻找大、中型矿床，提供一批可供进一步详查、勘探和开发的矿产地，具体如下：①广元市旺苍县盐井河铅锌矿普查；②广元市朝天区张家地区锰矿普查；③广元市旺苍县岩台子勘查区煤炭普查；④青川县酒家垭金矿普查；⑤青川县关沟里铁矿普查；⑥青川县青江河铝土矿普查。

（4）绵阳市：开展平武地区虎牙式铁锰矿和平武、北川地区平溪式锰矿勘查；加强唐王寨地区铅锌矿勘查，加大平武楼房沟与青山、江油马鞍山与扁担梁、北川黑铅槽等矿区的深部勘查力度；加强平武大桥、白马、水晶、高村和北川青片等重要金矿成矿区勘查；加强仰天窝地区硫铁矿勘查。

4. 非金属矿产调查评价

（1）巴中市：开展南江县坪河—杨坝地区霞石正长岩、花岗石、石墨矿的综合调查研究；开展通江县临江—两河口地区和通江县铁溪—朱元地区的耐火材料、石膏矿调查评价；开展通江县白土垭地区膨润土矿调查评价。

（2）达州市：开展达州市水泥用灰岩、石膏、冶金用灰岩、陶瓷用黏土、硫铁矿、水泥配料用砂岩、建筑石料用灰岩、砖瓦用页岩、建筑用砂砾石等矿产资源调查评价。

（3）广元市：加强对广元市中北部硫铁矿、耐火黏土、水泥原料、玻璃原料、陶瓷原料、冶金辅助原料、饰面石材、晶质石墨、天然沥青、长石、优质膨润土和灾后重建急需的砖瓦用砂页岩等重要非金属矿产的勘查，提供一批可供开发利用的矿产地。

（4）绵阳市：加强江油市、北川县、安州区水泥用灰岩和特色饰面石材勘查；加强安州区高川磷矿区深部与外围勘查。

（二）有序化规范矿产资源勘查空间

矿产资源勘查规划是各地区矿业活动与矿政管理的主要依据，是规范政府行为和企业行为的指南，秦巴山脉各县（市、区）根据各地的实际情况编制了相应的矿产资源勘查规划。但是，以往各县（市、区）在编制矿产资源勘查规划时存在以下几方面问题：首先，矿产资源勘查规划定位问题模糊，各县（市、区）往往站在自身立场上考虑问题较多，不能把握宏观调控意图；其次，基础地质矿产资料不足，勘查规划的地质依据不充分，或者说没有充分考虑地质事实；除此之外，矿产资源勘查规划与地方经济社会发展的衔接也存在一定问题。本次研究对矿产资源勘查规划主要从以下几个方面进行考虑并做出具体的勘查区划。

（1）详细研究矿产基础地质资料，确保矿产资源勘查规划的制定有据可依。

（2）加强有利成矿带上国家紧缺大宗矿产品勘查。秦巴山脉四川片区石油、天然气、金、铁、铜、铅、锌和石墨等国家紧缺矿产具有良好的找矿潜力，在这些紧缺矿产具有找矿前景区域、具有矿产资源潜力的老少边穷地区鼓励矿产资源勘查。

（3）对秦巴山脉四川片区进行整体矿产资源勘查规划考虑，平衡考虑各市、区和县现有的勘查基础条件、自然地理条件、生态环境条件与经济基础等问题。

综合考虑上述因素，根据自然地理条件及成矿作用条件，并考虑国家级或省级自然保护区分布状况等权重，对秦巴山脉四川片区划定鼓励勘查区、限制勘查区、禁止勘查区及允许勘查区等四类勘查规划区，区划原则如下。

（1）矿产资源鼓励勘查区：在金、铁、锰、铜、铅、锌和石墨等紧缺矿产具有找矿前景区域、具有矿产资源潜力的老少边穷地区鼓励矿产资源勘查。鼓励勘查区内通过优先设置探矿权，引导商业性矿产资源勘查，促进社会资本投入。

（2）矿产资源限制勘查区：为保护资源和生态环境，对研究区省级（含省级）以上自然保护区和地质遗迹保护区（地质公园），以及重要城镇、铁路、高速公路、重大工程设施及其周围500米范围内，依法限制勘查活动，严格控制探矿权设置数量。

（3）矿产资源禁止勘查区：限制勘查区的核心区及军事禁区、港口、机场、国防工程设施圈定地区及其他法律、法规禁止从事勘查活动的地区。本区划定的限制勘查区内也包含了禁止勘查区。

（4）矿产资源允许勘查区：鼓励勘查区、限制勘查区、禁止勘查区以外的其他地区，这部分区域矿床出露较少，成矿条件有待深入研究。

根据以上原则，秦巴山脉四川片区矿产资源勘查分区共划定出3个鼓励勘查区、4个允许勘查区、6个限制勘查区。各勘查区特点分述如下。

（1）广元—巴中北大巴山鼓励勘查区KG005：位于广元—北大巴山一带，与南大巴山不同的是，该区域金属矿产丰富，规模较前者大，已知大型矿床有2处（坪河石墨矿和霞石铝矿）、中型矿床9处（李子垭铁矿，红山、椿树坪钒钛磁铁矿，李家河铁矿，尖山、肖家湾石墨矿等）、小型矿床20处、矿点23处，如沙滩铅锌矿、水木河石膏和宁强式磷矿等。

（2）川北油气带鼓励勘查区KG003：目前包含元坝镇、九龙山、射箭河、中坝、龙岗、公山庙和营山等多处气田，根据空间分布及地质特征划分为川北—江油天然气成矿带、江油—梓潼天然气成矿带、剑阁—苍溪天然气成矿带，以及厚坝油砂岩成矿带。该区域成矿规律研究深入，常规油气和非常规油气成矿潜力巨大，是石油、天然气及其他非常规能源矿产重点勘查规划区。

（3）达州地区鼓励勘查区KG006：该区域有普光和罗家寨2处大型气田及毛坝、铁山、渡口等中小型气田，5处大、中型及数百处小型煤田，油气成矿潜力巨大。此外，该区域还有3处中型石墨矿，石墨矿的找矿潜力同样巨大。

（4）摩天岭古陆允许勘查区KG001：主体位于龙门山成矿带西部摩天岭古陆金成矿区，行政区划主要包括平武县和青川县，面积约4 800平方千米。该区域主要的矿床类型为金矿、铜矿和铁锰矿。勘查区范围内包含2处中型铁锰矿、1处中型铜矿、1处中型岩金矿、6处中型砂金矿以及数十处小型矿产，代表性矿床有草地和松潘沟等微细浸染型金矿。从密集分布的砂金矿床现状分析，该区域应该具有非常好的原生金矿的成矿条件，找矿潜力巨大。

（5）广元—江油龙门山允许勘查区KG002：位于龙门山断裂带北段，行政区划隶属于广元市和江油市，面积约 2 100 平方千米。该区域发育有石坎式锰矿、唐王寨式铅锌矿、碧鸡山式铁矿、杨家院式硫铁矿、轿子顶铜矿及第四纪砂金矿。迄今为止本区工作程度较低，预测资源潜力大。

（6）广元—巴中南大巴山允许勘查区KG004：位于米仓山—南大巴山一带，主要在二叠系和上三叠统—下侏罗统多处小型煤矿和少量的金矿、铁矿，煤成矿潜力巨大。

（7）万源大巴山允许勘查区KG005：位于大巴山一带，该区域有1处中型铁矿、1处中型钒矿，14处小型铁矿，1处中型、1处小型毒重石矿床，多处小型煤矿，南部在震旦纪陡山沱期的黑色岩系中产有高燕式锰矿2处，即大竹河锰矿和田坝锰矿。一般情况下，产出锰矿的地层中局部有磷矿产出，如杨家院小型磷矿等，找矿潜力大。

（8）王朗—雪宝顶国家级自然保护区限制勘查区KX001：位于四川省绵阳市平武县，保护区总面积322.97平方千米，是中国建立最早的4个以保护大熊猫等珍稀野生动物及其栖息地为主的自然保护区之一。

（9）北川小寨子沟省级自然保护区限制勘查区KX002：属于森林和野生动物类型自然保护区，主要保护对象为大熊猫、金丝猴和扭角羚等珍稀濒危野生动物及森林生态系统。保护区的总面积约为45平方千米，全部为国有林。该区域是岷山大熊猫A种群分布边缘区。

（10）江油观雾山国家级地质公园限制勘查区KX003：四川江油国家地质公园地处龙门山北段，位于四川省江油市，紧邻北川县、平武县，面积为116平方千米，由窦圌山、佛爷洞、观雾山和吴家后山4个主要景区组成。公园以丹霞地貌、泥盆系标准纪地质剖面和岩溶景观为主要特色，并有优美的生态环境和丰富的历史人文景观相配套的综合性大型地质公园。

（11）阆中盘龙山森林公园限制勘查区KX004：位于阆中城郊，环绕阆中古城区，面积多达20平方千米，包含小盘龙山、大盘龙山、锦屏山、灵山、玉台山、卫星水库、锯山垭、鹳子山、灯盏窝、传包梁、双山垭、土地垭、高成山、寨子山及嘉陵江河道等区域。该区域以自然景观、森林景观和人文景观为主体，发育大片次生林及各种名贵野生动植物资源，其森林覆盖率高达87.4%。

（12）观音山森林公园限制勘查区KX005：位于四川盆地东北大巴山南麓，达州市宣汉县柏树镇，面积约16平方千米，最高海拔为1 058米。公园内有丰富的动物资源，森林昆虫多达200种，植被丰富，种类繁多。

（13）百里峡地质公园限制勘查区KX006：位于四川省达州市宣汉县樊哙镇辖区，景区核心面积为65平方千米，发育有丰富的溶洞景观，共100余个，动物多而珍贵，植物丰而罕见。

三、矿产资源与地方经济

矿产资源的开发是地方经济发展的重要动力，但也会给地方经济的发展带来一些负面影响，如环境污染、资源浪费等。矿产资源是区域开发的物质基础，早在区域开发之初就被列入社会生产中，随着社会进步及经济发展，人类对矿产资源的需求及开发利用的深度和广度不断扩大，矿产资源开发对当地的社会发展和经济建设起着直接的促进作用[74]。矿产资源开发对地方经济发展的积极作用体现在以下几个方面。

（1）矿产资源及其开发利用对地方经济发展有基础性的、深远的影响：生产要素的不完全流动性、经济活动的不完全可分性和距离成本是地方经济存在的三个重要基础。矿产资源在空间上是不能流动的，不可能形成空间资源均衡化，因而，矿产资源开发的经济活动只能发生在资源富集的区域，矿产资源及其开发利用活动的空间分布是地方经济赖以存在的客观基础，对区域经济发展具有较强的辐射作用。

（2）矿产资源开发利用能够增加地方财政收入，为地方经济建设积累资金：矿产资源开发业是建立在相对集中的资源的基础上，并依托有限范围的基础设施优先发展起来的，能在短期内带来丰厚的收益。世界上很多国家和地区都是依靠优先发展矿产资源开发业完成了资本的原始积累，如美国、澳大利亚等国家。因此，矿产资源的开发能够扩大地方经济总量，增加当地财政收入，迅速积累经济建设所需要的资金，为进一步加快发展创造条件。表6-1为秦巴山脉各行政区域矿业总产值在地区生产总值中的占比一览表。可以看出，矿业总产值对地方财政收入具有重要作用，这种作用在其他产业欠发达地方（如广元和南充）显得更加突出。

表6-1　矿业产值占地区生产总值比例一览表

城市	矿业总产值/亿元	占地区生产总值比例	从业人员/万人
达州	28.75	8.30%	6
广元	27.36	47.00%	/
绵阳	23.80	2.00%	/
巴中	3.41	6.49%	/
南充	82.06	23.85%	/

注：表中数据来自各市矿产资源总体规划（2008~2015年），“/”表示未收集到相关数据

（3）带动相关产业的发展，促进经济的良性循环发展：矿产资源开发在纵向上可带动加工、运输等产业发展，在横向上可带动交通、供电、供水和机械制造等产业发展。同时，矿产资源的开发能带动相关配套设施的建设，能迅速改善地方经济发展中面临的基础设施薄弱等状况，改善投资环境，为经济的全貌发展创造条件。

（4）增加当地的就业机会：矿产资源开发可以为地方创造相当一部分的就业机会，不仅可以带来人流、物流和商流的发展，还可以间接地增加就业机会。

第三节　绿色开发策略

一、秦巴山脉矿产资源开发状况分析

秦巴山脉四川片区矿产资源总体状况是矿产资源种类丰富，主要矿种达46种，但规模均以中小型为主，缺乏大型、超大型矿床。秦巴山脉四川片区矿产资源的种类发育比较齐全，能源、黑色金属、有色金属、稀有及贵金属、化工和建材等矿产均有分布，是我国重要的矿产基地之一。其中，锰、金、铅、锌、钼、铀、铜、石墨和磷等矿产的储量在我国占有举足轻重的地位。矿产资源总体特征表现为大型矿区少，中小型矿区多；能源矿产、非金属矿产多，金属矿产少；共生、伴生矿床多，单一矿床少；贫矿、难选冶矿多，富矿少，具体特点如下。

（1）煤矿小而分散，主要分布在四川盆地的边缘，受四川盆地古生代和中生代地层特定层为岩性控制。

（2）天然气主要集中在达州市附近，规模可达大、中型。该区域有两个大型地热矿产，已探明的油砂、沥青、铀矿规模均较小。

（3）铁矿、锰矿、钒矿、钛矿、铜矿、铅矿、锌矿、钴矿、钼矿及锶矿均

以小型为主，个别规模可达中型，矿化点和矿点零星。

（4）金矿储量可观，其中，岩金矿主要分布在龙门山成矿带，具有中小型规模。

（5）非金属矿床中除了盐、卤石矿规模达到大型外，其余均为中小型矿床，呈星散状分布。

秦巴山脉四川片区2015年已经开发利用的矿产达41种，建成各类矿山547个（不含天然气矿山），其中，大型16个、中型63个、小型及以下468个。2014年采矿业矿山生产总产值为447.734 3亿元（不含天然气），约占四川省生产总值（28 536.7亿元）的1.6%，部分区县矿业经济已成为区域经济发展的支柱产业，逐步形成具有一定规模的矿产资源特色产业集群或产业链。

二、矿产资源绿色开发区块划分及合理布局

（一）矿产资源开发与绿色环境

随着现代工业技术和社会经济的迅速发展，人类对矿产资源的需求也越来越大，矿产资源是现代工业发展必然的物质保证。半个多世纪以来，我国矿业迅速发展，年矿石采掘量已超过 60 亿吨，从业人员近 1 000 万人，固体矿产开发总规模跃居世界第二位，随着矿业发展而兴起的城镇约 300 座[75]。矿产资源在开发、加工和使用过程中不可避免地要破坏自然环境，产生各种各样的污染，给生态环境和人类健康带来间接或直接的、近期或远期的、慢性或急性的不利影响。事实显示，一些国家或地区的环境污染状况在某种程度上总是与这些国家或地区的矿产资源消耗水平一致。同时，矿产资源又是一种不可再生的自然资源。摆在人们面前的是一个不容回避的问题，应该怎样正确认识和处理矿产资源开发与环境保护的关系，寻求可持续发展之路。开发矿业所产生的环境问题日益引起各国的重视，一方面是保护矿山环境，防治污染；另一方面是合理开发利用，保护矿产资源。

全世界绝大多数行业都涉及环境污染问题。矿山开采作为一个特殊行业，其环境污染有比较鲜明的特点。从经济学角度来说，矿业环境恶化的根源就在于在矿业运行过程中私人成本和社会成本的分离。矿山开采活动为机器设备和劳动力等支付的成本被称为私人成本，而这种私人成本和环境成本之和被称为社会成本。矿山开采过程中的私人成本是企业必须支付的，而环境成本却没有支付，这就导致私人成本和社会成本相分离，从而出现了经济的无效率及价格的扭曲，政府和社会组织必须把环境成本进行正确评估后内化为矿山企业成本。

目前我国矿山环境问题突出表现为以下五个方面。

（1）采矿活动破坏了大量耕地和建设用地。资料显示，因采矿及各类废渣、

废石堆置等，全国累计破坏森林106万平方千米，破坏草地23.6万平方千米。地表植被被破坏和尾矿被大量堆放，这导致了严重的水土流失与土地荒漠化[76]，如准格尔煤田土地沙化面积已占煤田面积的21%。

（2）采矿诱发地质灾害。统计数据显示，据国土资源部在2000年初的初步统计全国由采矿引起的塌陷达到180余处，塌陷坑1 600多个，塌陷面积1 150平方千米。全国发生采矿塌陷灾害的城市约40个，其中造成严重破坏的有25个，每年由采矿地面塌陷造成的损失达4亿元以上。地下采空、地面及边坡开挖影响了山体、斜坡稳定，最终造成地面开裂、崩塌和滑坡等地质灾害。

（3）采矿使矿区水均衡性遭受破坏，产生各种水环境问题。例如，山西省由采煤造成18个县26万人吃水困难，2万平方千米水田变成旱地，全省井泉减少3 000多处。另外，据不完全统计，由废渣、尾矿造成水体严重污染的有色金属矿山达到30多座[76]。

（4）矿山开采中废气、粉尘、废渣排放，这造成了大气污染和酸雨。煤炭采矿行业废气排放量占全国工业废气排放量的5.7%，其中有害物排放量为73.13万吨/年，主要是烟尘、二氧化硫、氮氧化物和一氧化碳，使矿山地区遭受不同程度的污染。二氧化硫污染导致的酸雨区面积占国土面积的30%以上，粉尘的大气污染同样是雾霾的根源之一。

（5）采矿破坏自然地貌景观，影响整个地区环境的完整性。矿业开发有很多环节，如矿产勘查、可行性研究、矿山设计、建设、采矿、选矿、冶炼和闭坑等，任何开发都是在特定的地质环境中进行的，任何一个环节出了问题都有可能造成环境污染和破坏，矿产资源开发对环境带来的影响不可低估，要想方设法加以限制和改善。

（二）秦巴山脉四川片区矿产资源开发的合理布局研究

秦巴山脉四川片区复杂的地质背景使秦巴山脉四川片区不仅矿产种类齐全，并且自然地理和经济地理条件得天独厚。与其特殊地质地貌背景相关的国家级自然保护区、国家重点风景名胜区、国家级森林公园数量众多，构成国内甚至全球范围内的特色旅游区。

据统计，秦巴山脉四川片区共有6处国家级自然保护区、10处国家级森林公园、3处国家级风景区、4处国家级地质公园、4处国家级湿地公园、2处国家5A级风景旅游区、20处国家4A级风景旅游区、4个国家级历史文化名镇[77]。绿色开发秦巴山脉的矿产资源，要处理好矿山开发与自然保护区、旅游区、风景区和国家森林公园间的协调关系。建议秦巴山脉四川片区矿产资源的开发利用，在保护资源实现绿色环境的前提下，有计划地规划开发矿产资源。

开发区划分可以综合考虑以下八项因素：①矿产资源目前的勘查程度；②国

民经济发展急需程度；③有利成矿带；④矿业开发对地方经济的影响度；⑤矿业开发对旅游影响程度；⑥矿业开发对水资源的影响程度；⑦矿业开发对交通运输的影响程度；⑧矿业开发引发的地质灾害对环境的影响程度。基于上述因素，建议将秦巴山脉四川片区矿产资源开发区块划分为鼓励开发区、允许开发区和禁止开发区三种类型，工作程序如下。

（1）在限制和禁止勘查区的划分基础上，考虑矿产资源开发对文化生态保护区、水源地、地质灾害或者交通不便等因素的影响，建议将秦巴山脉四川片区矿产资源开发区块确定为禁止开发区。

（2）针对鼓励勘查和允许勘查的区域，根据成矿条件和成矿远景、考虑矿产资源国家急需程度、矿业开发对地方经济的支撑等问题，可以将其定义为允许开发区或者鼓励开发区。

（3）矿产开发已经是地方经济支柱产业，或者成矿条件及成矿远景好的鼓励或允许勘查区，可以将其定义为允许开发区。

根据绿色循环发展理念，秦巴山脉四川片区矿产资源的开发利用，在前面13个勘查区划分的基础上规划出2个鼓励开发区、5个允许开发区和2个禁止开发区（表6-2）。各开发区的评价原则分述如下。

表6-2 秦巴山脉矿产资源开发区块分级一览表

编号	开发区块名称及等级	面积/千米^2
CG01	巴中南江石墨鼓励开发区	410
CG02	川北油气带鼓励开发区	4 300
CX01	平武—青川金–铜矿产允许开发区	1 200
CX02	江油—雁门铁–铝–金矿产允许开发区	4 000
CX03	广元—旺仓米仓山山前煤矿允许开发区	3 100
CX04	万源—白沙铁–毒重石–高岭土允许开发区	2 200
CX05	达州石墨–能源矿产允许开发区	4 500
CJ01	北川—江油保护区矿产禁止开发区	2 000
CJ02	王朗—雪宝顶保护区矿产禁止开发区	316

1. 巴中南江石墨鼓励开发区

该区域属于米仓山成矿带中部，面积约410平方千米，为石墨–锰–金–铜–碱性花岗岩矿床矿集区。已知有2处石墨和霞石铝矿大型矿床，9处中型铁矿、石墨矿床，以及 40 多处小型矿床及矿点，成矿潜力巨大。特别是石墨矿床，截至

2014年2月，已查明部分石墨矿石储量为5 360.5万吨，其中，坪河的石墨矿石储量为325.5万吨，尖山的石墨矿石储量为5 035万吨，这使四川的石墨资源在国内外占有举足轻重的地位。该区域的矿产资源属于四川省的特色优势资源，利用“蓝色矿山”的开发理念绿色开发，将给地方经济和四川省矿业发展带来新的机遇。

2. 川北油气带鼓励开发区

川北油气带鼓励开发区是指北西向分布于剑阁、苍溪、仪陇一带的油气成矿区域，主要集中于元坝镇—九龙山矿集区。成矿带内的元坝镇气田预计超过普光气田，九龙山大型含油气构造在下二叠统栖霞、茅口组获得重大突破，为今后龙门山前西北带重点勘探层系，该区侏罗系珍珠冲组亦进入开发区域。此外，射箭河、河湾场、矿山梁大型含油气构造含气地层以下二叠统栖霞—茅口组为主，该区域具备碳酸盐岩岩溶型储层获得重大勘探突破的潜力，是石油、天然气及其他非常规能源矿产重点勘查规划区，该区域尚可涵盖阆中盘龙山森林公园限制勘查区的范围，如果有效控制石油及天然气的开采对地面环境的影响不大。

3. 平武—青川金-铜矿产允许开发区

该区域对应摩天岭古陆鼓励勘查区，主要分布在秦巴山脉四川片区最西侧归属平武—青川县的范围内。该区域主要为少数民族居住区，人口密度小，成矿地质条件较好，矿产地质勘查程度很低，目前发现的已知矿床数量多，特别是金矿，具有大型、中型和小型兼备的优势，构成了原生金矿和砂金金矿成矿系列。同时，沉积型的铁锰矿、沉积-热液叠加成因的铜矿等也颇具规模，如果进行矿产开发会给地方经济带来可观的效益。但是，该区域地形条件复杂，矿产资源的开发利用如果沿袭传统的粗犷式开发模式，一定会对环境造成破坏。因此，建议在这种矿产资源允许开发的区域，矿产资源的开发利用一定要做好真正意义上的环境保护论证及落实工作。

4. 江油雁门铁-铝-金矿产允许开发区

该区域大致位于江油—广元龙门山勘查区北部龙门山断裂带的北段，探明的有石坎式锰矿、唐王寨式铅锌矿、碧鸡山式铁矿、杨家院式硫铁矿、轿子顶铜矿及第四纪砂金矿。其中，轿子顶背斜南翼寒武系邱家河组中的石坎式锰矿是四川省主要的锰矿类型之一，已开发利用，但迄今为止工作程度较低，6处小型矿床仅为初步普查，勘查深度均很小，预测其资源潜力大。碧鸡山式铁矿是四川省沉积铁矿类型之一，已知小型矿床有7处，矿产资源潜力大。中泥盆统观雾山组发育杨家院中型硫铁矿矿床1处，已开发利用，潜力不大。唐王寨向斜中泥盆统养马坝组、观雾山组中的马鞍山式层控热液型铅锌矿有中型3处、小型2处，矿产资源潜力大。轿子顶背斜中火山沉积变质型铜矿，已有的小型通木梁铜矿，以往工作程度极低，初步预测其资源潜力大。

5. 广元—旺仓米仓山山前煤矿允许开发区

该区域主要位于米仓山南部山前，目前是大量的中小型煤矿和白云石等非金属矿产的矿集区，煤矿已经成为地方经济的支柱产业。矿产资源的开发利用已经对环境造成了一定的影响，也造成了地下水和地表水污染。因此，尽管区域内矿床数量多，经济意义重大，但不作为鼓励开发区域。

6. 万源—白沙铁–毒重石–高岭土允许开发区

该区域主要位于大巴山一带，大巴山断裂将该区域分成两部分，北部为在早寒武世的硅质岩、白云岩和碳质板岩中产出的毒重石，南部在震旦纪陡山沱期的黑色岩系中产有2处高燕式锰矿，即大竹河锰矿和田坝锰矿。一般情况下，产出锰矿的地层中局部有磷矿产出，如杨家院小型磷矿等，勘探程度低，找矿潜力大，建议将其划分为允许开发区。

7. 达州石墨–能源矿产允许开发区

该区域以能源矿产广泛分布为特点，矿产资源的开发已经是达州地区经济中重要的支柱产业。区域内分布有普光和罗家寨2处大型气田，以及毛坝镇、铁山、渡口等中小型气田，油气成矿潜力巨大。除此之外，还分布有5处大、中型及数百处小型煤田，有3处中型石墨矿，石墨矿的找矿潜力同样巨大。

8. 北川—江油保护区矿产禁止开发区

其位于北川—江油近东西向分布的区域，属于龙门山成矿带的南部区段。该区域尽管成矿条件良好，现有金矿、铅锌矿，以及油砂等探明的矿产资源，但是，鉴于附近有北川小寨子沟省级自然保护区、江油观雾山国家级地质公园，加上汶川地震造成的岩石及土壤的破坏会加剧矿产资源开发的地质灾害级别，所以建议将其列为禁止开发区。

9. 王朗—雪宝顶保护区矿产禁止开发区

该区域位于四川省绵阳市平武县，大致与王朗—雪宝顶国家级自然保护区限制勘查区相当，是我国建立最早的4个以保护大熊猫等珍稀野生动物及其栖息地为主的自然保护区之一，矿产地质勘查程度低，以生态保护为主，建议将其列为矿产资源禁止开发区。

（三）处理矿产资源开发与环境保护的关系问题

矿产资源的开发利用不可避免地会对环境产生不利影响。参考国内外资源开发的一些实例，正确处理矿产资源开发与环境保护的关系，能够在一定程度上降低资源开发对环境的破坏，还矿区一片蔚蓝的天空，这正是目前倡导的“蓝色矿山”的主题[78~82]。处理矿产资源开发与环境保护的关系问题，建议从以下几方面着手。

（1）提高认识，完善立法：加大宣传环保法律法规力度，提高每个人的环境保护意识，增强人与自然和谐相处、保护环境就是保护我们自己的家园、破坏环境就是破坏我们赖以生存的条件的重要性和急迫性。

经过近70年的发展，我国已经形成一系列与矿山环境保护有关的法律制度，主要有《中华人民共和国矿产资源法》、《中华人民共和国环境保护法》、《中华人民共和国水污染防治法》、《中华人民共和国大气污染防治法》、《中华人民共和国海洋环境保护法》及《中华人民共和国土地管理法》等。并且，与这些大法相应制定了一些规定和细则，如《中华人民共和国水污染防治实施细则》、《水污染物排放许可证管理暂行办法》、《征收排污费暂行办法》、《建设项目环境保护管理办法》、《全国环境监测管理条例》和《土地复垦规定》等。

我国与矿山环境保护有关的法律、法规很多，既有全国性的，又有地方的；既有中央的，又有部门的；既涉及大气、水体、土地，又涉及矿产、森林、海洋；与矿山环境保护有关的部门更是为数不少。在这种情况下，众多的法律、法规之间由于缺少协调，各部门之间缺少制约与平衡，造成法“多”、“治”难，真正的矿山环境谁都管，又谁都不管，在矿山环境整治中“政府失灵”“市场失灵”。我国没有一个完整的矿山环境法规，对矿山环境的监督、管理分散于各个部门的法律法规中。

20世纪80年代中期以后，有近百个国家引入或着手制定新的矿业法，或者对矿业法规进行重大修改。无论是发达国家还是发展中国家，在制定和完善矿业法的过程中，都非常注重对环境问题的考虑。

在矿山环境保护管理的法律法规方面，尤其是在一些发达国家，如美国、加拿大、澳大利亚等，基本上形成了一套从中央到地方的完整体系，并针对矿产资源的不同类型形成了从金属矿产、油气、煤矿、铀矿到石料等不同的环境管理法律法规。其中，以美国的矿山环境立法最为健全。早在140多年前的1872年，美国就颁布了《通用矿产法》；1969年颁布了《国家环境政策法》、《水污染控制法》和《清洁空气法》。此外，美国还有一部专用于矿山环境治理及土地复垦的法律，即1977年颁布的《露天采矿管理和复垦法》，这是一部规范美国矿山企业在环境保护及土地复垦方面的责任与义务的重要法律，包括9章92节。在该法中有关矿山环境保护及复垦的监督管理的方方面面的法律关系、经济关系无一遗漏。特别是它明确了执行机构，并授予十多项管理职责，理顺了执行机构和其他机构之间在矿山环境监督管理上的关系，避免了执法机构之间的扯皮现象。该法的执法机构是联邦内政部的露天采矿复垦局，而不是美国联邦环保署。该法的颁布执行有力地促进了美国矿山环境的整治，使新开采矿山的土地复垦率达到了80%。法国和印度关于矿产开发与环境保护方面的法律法规也值得借鉴。

总体上讲，在矿山环境管理的法律制度上，国外在以下几个方面的政策值得我国注意和借鉴：①矿业项目环境影响评价制度；②保证金和财务担保制度；③矿地生态恢复和土地复垦制度；④环境许可证制度；⑤环境监督和检查制度。

（2）合理规划，监管到位：资源开发中首要的问题是规划，重要的问题是生态环境保护，具体的问题是监测、监督管理到位。只有完善的规划、严密细致的环境评价和到位的监测、监督管理，才能确保资源的有序开发及合理利用。

对已经编制的矿产资源勘查及开发规划，结合可持续发展和环境保护要求进行复核，对不符合国家法律、法规规定的或者与国家和地方自然保护区域综合规划有矛盾的，应进行修改完善，对还没有进行规划的要尽快进行规划。依照国家环境保护法律规定，对规划中的单个项目进行系统而完备的环境影响评价并严格实行跟踪监测、监督管理和竣工验收。

规划和环评要以维护广大人民群众的根本利益为出发点，以保护生态环境为基准点，对那些开采价值大、生态环境有保障、能够给人民群众带来利益、地方财政能增收的矿藏实行有计划开发，对那些开采价值不大、生态环境破坏严重，以及开发后土地、荒山植被难以恢复的，要痛下决心停止开发，不能为了眼前一点蝇头小利以牺牲环境为代价。要严格按规划对申报的单个项目进行审批，杜绝滥占资源的无序开发。对规划中的单个项目严格实行招投标制度，对不能满足生态环境保护要求的投标商实行“一票否决”，同时，切实落实“谁开发谁保护，谁破坏谁恢复，谁受益谁补偿”的制度，把项目开发的生态环境保护落到实处。

（3）资源整合，适度开发：依据国家法律规定和产业政策，从发展的实际需要出发，对规划区内规模小、开采技术落后、资源浪费严重、生态环境破坏及安全没有保障的矿山实行资源整合。政府应以矿产资源权为纽带，采取招标、拍卖、挂牌有偿取得产权的办法，逐步使矿产资源产权配置向市场机制转化，促使资源由零星分散向规模生产、集约经营、技术先进、资源利用水平高的方向流转。同时，要注意打击非法转让矿产资源权的违法行为，促使资源产权市场健康良性运作。

正确处理适度开发与规模效益的关系，既要推进集约化经营，发挥规模效益，又要把年度资源开发量放在一定限度上，进行适度开发，适当延长矿山服务年限，以保持一定时期内矿山企业生产保持稳定，避免大起大落。如果资源丰富，开采条件允许，年度产量太低，则经济效益不好，也影响资源合理开发利用；如果资源不是十分丰富，年度产量过高，则会影响矿山寿命[83]。当初大庆把年产量定在5 000万吨这个高度上稳产了多年，如果定得过高，那么将会导致强化开采资源很快耗竭，油田矿山将很快闭坑，高强度开采也不是易事。

（4）合理利用，变废为宝：目前，在提高矿产资源开发利用和矿山环境恢复治理水平上，我国和发达国家还有一定差距，相应的科技投入和研究力度也不够大。要加强矿山环境保护的科学研究，应着重研究矿业开发过程中引起的环境变化及防治技术，以及矿业“三废”的处理和废弃物回收与综合利用的技术，采用先进的采、选技术和加工利用技术，提高劳动生产率和资源利用率。加强矿山环境保护新技术、新工艺的开发与推广，增加科技投入，促进资源综合利用和环境保护产业化。加强矿山生态环境恢复治理工作，不断提高生态环境破坏治理率。引进和开发适用于矿区损毁土地复垦和生态重建新技术[84]，进行矿区生态重建科技示范工程研究，加大矿山环境治理与土地复垦力度，在一些工作开展早、基础条件好的矿区，选择不同类型、不同地区的大型矿业基地，针对矿产资源开发利用所造成的生态环境破坏问题，以可持续发展的观点，发展绿色矿业，建立绿色矿业示范区。

对矿产资源合理利用的首要问题是“变废为宝”——将固体废弃物进行资源化。矿山尾矿、废石等固体废弃物治理的关键是综合利用，矿山固体废弃物的资源化是综合利用的基础和条件。

例如，近年来，利用煤矸石制砖、发电取得了很好的经济效益、社会效益和环境效益。开矿留下的废矿坑，有的寸草不生，有的积水成了污水塘。然而经过改造，也能变成亮丽风景，如浙江绍兴东湖就是春秋战国时期的一个采石场，经过治理改造成了风景区。对废坑进行改造利用的例子，在国外更是比比皆是，其中最著名的是加拿大的宝翠花园[84]。四川盆地周边的达州、广元及绵阳等地区大量作为经济支柱的煤矿，有的已经有上百年的历史，如煤矸石等废石整体上侵占了土地资源，污染了周边环境，应该采取类似的办法合理利用，变废为宝，造福社会。

第七章 工业与信息化发展

推进工业绿色循环发展是建设生态文明的必然要求。工业是立国之本，是我国经济的根基所在，也是推动经济发展提质增效升级的主战场；“绿色化”提倡科技含量高、资源消耗低、环境污染少的产业结构和生产方式。工业的绿色发展水平直接影响，甚至在某些阶段直接决定，生态文明建设的成效。要主动适应新常态，深入贯彻落实《中共中央 国务院关于加快推进生态文明建设的意见》，协同推进“新型工业化、城镇化、信息化、农业现代化和绿色化”融合发展，持续发展作为建设秦巴山脉四川片区经济的重要着力点，应放在更加重要的位置，大幅度提高工业绿色化、低碳化水平，加快形成秦巴山脉经济社会发展新的增长点。

在新一轮科技革命和产业变革中，大力推进信息技术创新应用，加速向互联网化、移动化、智慧化方向演进，“信息化+”和“互联网+”使经济社会结构、组织形式、生产生活方式发生重大变革。以信息经济、智能工业、网络社会等为主要特征的高度信息化社会，引领我国迈入转型发展新时代。工业化和信息化的深度融合是产业升级的方向和动力，信息化积极推进其他“四化”发展，诱发新的技术创新和流动，实现社会生产力的跨越式发展。

秦巴山脉四川片区囊括川东北5市，覆盖25个县（市、区），集革命老区、贫困地区、地震灾区、民族地区于一体，既是贫困人口最多的集中连片贫困地区，也是国家和四川省新一轮扶贫攻坚主战场之一，同时是国家生态保护区和限制开发区。受自然地理条件限制，该区工业基础薄弱、产业层次偏低、创新能力不足、各类人才匮乏、国家资金投放偏少、信息化相对滞后、信息化与工业化融合程度不够，不能满足工业绿色、低碳、循环发展的需求。

因此，本章结合秦巴山脉四川片区实际，以全球视野、创新思维谋划秦巴山脉工业与信息化绿色循环低碳发展的创新战略，提出以下对策建议：调整优化工业布局，构建完善绿色低碳现代产业体系；积极推动能源产业发展，打造国家级天然气综合开发利用示范区；积极打造优势产业集群，加快提升产业竞争力；建设云计算和大数据产业中心，提高信息化建设水平；积极推进“互联网+”，提高信息化服务水平；以创新为驱动，加强人才基地建设，服务秦巴山脉四川片区工业与信息化绿色发展。促进该区域经济快速增长、降低综合能耗、高效利用资源；促进区域内外互联互通，信息共享，以信息化带动工业化，以工业化推动信息化，发挥后发优势，实现秦巴山脉四川片区的经济和社会绿色循环低碳的跨越式发展。

第一节 发展状况分析

秦巴山脉四川片区是经济欠发达地区的革命老区[85]，贫困人口较多，巴中、达州、广元及南充的部分老区县（市、区）更是国家确定的秦巴山脉集中连片贫困地区；作为长江上游生态屏障的重要组成部分，多处于山区、旱区，山高谷深、坡陡路险，自然灾害频发，多数地处“秦巴山脉灾害分布区”、“四川盆地东部大暴雨、山洪、滑坡区”、“川东伏旱气候区”和“川中夏、伏旱交替区”的交汇地带，受自然地理条件限制，部分地区工业与信息化发展滞后。

该区域总面积约为6.18万平方千米，约占四川省面积的 12.72%，涉及县（市、区）区域的 1 735 万人（2015年），占四川省的21.31%。2014年秦巴山脉四川片区生产总值为2 989.74亿元，占比仅为10.48%，工业化进程缓慢且质量不高，工业增加值为1 197.16亿元，占四川省工业增加值的比例为9.65%；从工业化率指标来看，巴中市全域和南充市仪陇县尚处于工业化初期，其余地区处于工业化初期向工业化过渡的阶段。信息化建设起步较晚，基础设施建设相对薄弱，区域内未实现互联互通，信息化服务能力不足；信息化与工业化融合程度不够，不能满足工业绿色、低碳和循环发展的需求[86]。

一、发展状况与特点

改革开放以来，特别是近十多年来，秦巴山脉四川片区在各地党委和政府的有力领导下，充分利用国家重视区域协调发展，加大扶贫开发力度、深入推进西部大开发和促进中部地区崛起的一系列战略部署，抓住国家大力推进区域生产力布局调整、产业结构优化升级、南水北调中线工程建设的重大机遇，深入实施“大企业引领、大项目支撑、园区化承载、集群化推进、科技化创新”的发展战略，使工业与信息化有了一定发展，对片区脱贫致富起到了重大支撑作用。

（一）工业经济占比偏大

2014年秦巴山脉四川片区规模以上工业实现增加值1 197.16亿元，约占全区域生产总值的40%。除巴中市的巴州区和恩阳区，以及南充市南部县的第三产业比重超过第二产业以外，其他各县（市、区）第二产业所占比例均为最高（表7-1），大多数区县的第二产业比重占比超过一半，证明工业经济占比偏大。

表7-1 2014年秦巴山脉四川片区各县（市、区）产业结构状况

区县	产业结构	区县	产业结构
达州市[1)]	20.9∶52.9∶26.2	朝天区	20.8∶52.2∶27.0
通川区	9.9∶54.8∶35.3	旺苍县	17.6∶55.6∶26.8
达川区	24.5∶49.9∶25.6	青川县	24.5∶41.5∶34.0
宣汉县	21.1∶55.5∶23.4	剑阁县	12.4∶48.9∶38.7
开江县	27.6∶45.8∶26.6	苍溪县	25.6∶43.0∶31.4
万源市	22.5∶53.7∶23.8	绵阳市[1)]	16.0∶51.0∶33.0
巴中市[1)]	18.0∶46.0∶36.0	平武县	20.8∶48.8∶30.4
巴州区	12.4∶39.0∶48.6	北川县	23.9∶40.1∶36.0
恩阳区	30.8∶26.8∶42.4	梓潼县	30.0∶44.8∶25.2
平昌县	18.0∶53.0∶29.0	江油市	13.9∶50.2∶35.9
南江县	16.6∶56.7∶26.6	南充市[1)]	21.9∶50.9∶27.2
通江县	20.4∶42.9∶36.7	仪陇县	34.7∶41.3∶24.0
广元市[1)]	17.4∶47.7∶34.9	南部县	2.7∶30.6∶66.7
利州区	4.9∶55.5∶39.6	营山县	26.1∶49.5∶24.4
昭化区	27.0∶45.9∶27.1	阆中市	17.6∶60.6∶21.8

1）为各市的整体产业结构情况

资料来源：2014年达州市国民经济和社会发展统计公报、2014年巴中市国民经济和社会发展统计公报、2014年广元市国民经济和社会发展统计公报、2014年绵阳市国民经济和社会发展统计公报、2014年南充市国民经济和社会发展统计公报

（二）信息化发展程度提升

秦巴山脉四川片区信息化建设虽然起步较晚，但是信息化基础设施已有一定的发展；信息化与传统产业融合逐步推进；开展了信息化与工业化融合工作，信息技术已应用在大型企业生产、销售、采购、财务和质量管理等环节；电子政务网基本覆盖市县级；电子商务规模逐渐扩大；农村信息化建设逐步推进；中心市区信息化建设基础设施水平快速跃升，市区以“互联网+”为驱动，信息化建设有序推进；信息技术服务社会能力增强，在农业、教育、医疗、交通、安全、环保、旅游和社区管理等领域得到了一定应用；信息化保障措施逐步建立[87]。

近年来，秦巴山脉四川片区内绵阳、广元、南充、达州和巴中等中心市区信息化建设基础设施水平快速跃升，市区以“互联网+”为驱动，信息化建设有序推进。在“两化”融合方面，相继启动创建和实施了企业信息化公共服务平台、智慧园区、数字企业、节能降耗示范工程。在农业信息化方面，建成了精准农业引导工程、农业科技服务平台、宽带信息等工程。国家网络安全保障能力不断提升，在维护国家安全和促进经济社会发展中发挥了重要作用。

秦巴山脉四川片区现阶段信息化总体应用水平较低，有些地方政府对信息化重视不够，信息化的意识不强，投入力度太小。信息化系统建设与体制改革协调推进不够，信息化标准以及信息传递的法律、法规和政策体系尚未形成。

（三）工业结构体系门类多元

目前，秦巴山脉四川片区工业门类渐全，结构趋于多元，已形成清洁能源和油气化工、矿产品加工、食品饮料医药、纺织服装、装备制造、战略性新兴产业等六大门类的工业体系[86]。

（1）清洁能源和油气化工。清洁能源方面，四川省发展和改革委员会核准了南充市嘉陵工业园40兆瓦天然气分布式能源项目，标志着四川第一个区域型天然气分布式能源项目正式落户南充；达州市的大型环保燃气电站一期工程全面竣工投产，设计年发电能力为31.5亿千瓦时，是四川省乃至中国西部地区首座F级大型环保燃气电站；中石化胜利油田天然气发电项目迁建广元市天然气综合利用工业园区即将建成投产。油气化工方面，达州市依托天然气发展的达兴能源20万吨二甲醚、汇鑫能源天然气综合利用20万吨液化天然气、达州玖源40万吨合成氨/45万吨尿素、瓮福达州磷硫化工基地、达兴能源 110 万吨捣固焦炉、达运集团公路物流港等21个产业项目已建成投产；南充化工园区石油化工产业承接四川石化基地下游产业、以发展芳烃深加工为主，重点建设精对苯二甲酸、聚酯、尼龙、己二酸、己内酰胺等项目，天然气精细化工产业重点建设丁二醇、甲醛、多聚甲醛等项目，新能源产业重点建设中石油生物航煤和燃料乙醇等项目；广元市按“一区四园”格局规划建设广元市天然气综合利用工业园区：天然气工业园（苍溪县）规划发展天然气制烯烃、天然气制乙炔、天然气发电、天然气制合成油、硫化工等五条产业链项目；天然气配套工业园（利州区）规划发展天然气上下游产品配套加工项目；气煤循环经济工业园（旺苍县）充分依托天然气资源，对煤炭焦炉尾气等废弃物进行综合利用，规划生产甲醇、乙醇、二甲醚及下游化工产品；油砂工业园（青川县）规划建设油砂分离厂和炼油厂，着力发展提炼原油及下游化工产品，其中，气煤循环利用项目已形成产业基础，香港中华煤气已签署投资45亿元开发油砂及综合利用项目；巴中市曾口化工园内年产60万吨天然气汽车清洁燃料项目于2010年9月在平昌县驷马镇开工建设；60万吨乙烯项目和9

万吨乙炔等化工项目与化工园基础配套等项目招商工作加快推进。秦巴山脉四川片区清洁能源和油气化工产业发展态势良好，天然气产业集群初具雏形[88]。

（2）矿产品加工。秦巴山脉四川片区发育有种类比较齐全的矿产资源，除能源外，黑色、有色、稀有、贵金属、化工和建材等矿产均有分布，是我国重要的矿产基地之一[89]。依托矿产品资源发展了冶金、建材、机械等产业。达州钢铁、铅锌冶炼与深加工，广元市元泰达有色金属材料、启明星铝业，以及绵阳市江油市攀钢集团江油长城特殊钢的生产能力位居我国前列。绵阳市北川县的米黄石已经获得国家地理标志保护。广元市袁家坝工业园作为全市铝产业发展的重要基地，目前已入驻启明星、华兴、恒大、元泰达、安驭、蜀塔、欧亚等10家上下游关联企业，形成了以阳极炭素—电解铝—铝锭—铝加工为主导的铝产业链条，并不断向铝产业链的细分市场及产业高端迈进。产品覆盖铝棒材、铝板材、铝杆等初级产品，以及铝轮毂、泡沫铝、铝型材等终端产品。矿产品加工在秦巴山脉的工业体系中占有重要地位。

（3）食品饮料医药。各县（市、区）关于农副产品加工的工业园区众多。例如，达州市农产品加工集中区于2010年被农业部认定为全国农产品加工业示范基地，广元市元坝工业园区被中央定位为中国食品产业发展重点园区，这些县（市、区）还形成了一大批龙头企业和名特优品[90]：达州市的天源油橄榄、富硒食品等，巴中市的“巴食巴适”食品，南江黄羊，通江银耳，平昌小角楼和江口醇等；广元市的苍溪红心猕猴桃、苍溪雪梨，朝天核桃，米仓山茶叶，青川黑木耳，广元橄榄油，剑门关豆腐；绵阳市北川的茶叶、野蜂花蜜、花魔芋，平武的木耳、野生天麻，江油的附子、中坝酱油，梓潼酥饼；南充市的张飞牛肉，阆中保宁醋，营山黑山羊，仪陇元帅柚等。在饮料方面有雪花啤酒、汇源果汁、娃哈哈、天友集团等龙头企业。在医药方面，四川素有“中医之乡，中药之库”的美誉，有众多具有地理标志的药材，如通江银耳、南江细毡毛忍冬、达州乌梅、苍溪川明参、青川天麻、旺苍杜仲、江油附子和仪陇半夏等，形成了以广元新中方医药和四川科创医药集团为代表的生物医药基地。广元新中方医药集团是“中国成长十强企业”“中国民营企业500强”，是广元医药产业的龙头企业，现有23家子公司，是集中药材种植、药品研发生产、医药贸易流通、医疗器械制造等于一体的大型民营制药企业[91]。

（4）纺织服装。秦巴山脉四川片区涉及的五市均发展有纺织服装产业，达州有雅康家居制品，是国内知名的家居拖鞋中型生产企业；广元有广英服装及剑阁的凤源服装和奥迪亚时装等；巴中形成了以达芙妮为龙头的服装鞋帽产业链；绵阳梓潼轻纺产业功能区发展名优棉麻纺织、绿色包装产业，聚集凯特包装、林江苎麻、丰源麻纺等13户企业；南充有“中国绸都”之称，形成了以依格尔、富安娜、长荣纺织为代表的丝纺服装产业，仪陇更是着力打造“川东北鞋都”，积极承接成渝和沿海等地的产业转移，解决了失地农民就近就业的问题。

（5）装备制造。达州已形成以金恒机械、海天机械、新达泵业、悦安重工、昊领机械等企业为代表的汽车机械产业；四川巴中经济开发区形成了以重庆东野为龙头的汽车制造产业链，并有平昌星光工业园总投资15亿元的40万辆摩托车和60万台发动机项目；广元吸引投资成立电动汽车公司，研制开发大中型纯电动城市系列商务车；绵阳有江油四川汇通能源装备、东泰机械制造、胜峰汽配、华盛电力线缆制造为代表的装备制造产业；南充已形成以东风汽车、嘉运车桥为代表的汽车汽配产业，代表企业有日上车轮、人本轴承、兴城液压和康达汽配等。秦巴山脉四川片区装备制造产业粗具规模。

（6）战略性新兴产业。秦巴山脉四川片区的战略性新兴产业发展呈现一片生机盎然的景象。达州战略性新兴产业发展迅猛，其中医药制造业在传统老企业基础上加快引进联合和新产品研发，较2013年增加值达3.13亿元，增长25.8%。巴中新兴产业主要集中在医药、环保材料和清洁能源等方面，现有同凯能源、普瑞制药等14户企业；2015年1月至5月实现产值13.5亿元，同比增长57.2%。广元重点发展的新一代信息技术产业、中药（天然药）、新材料和新能源（新能源汽车）等4个领域的战略性新兴产业撑起后发优势一片天，拳头产品有全球最大泡沫铝、电子设备和思达客车等。绵阳重点发展推进信息安全及下一代互联网、新能源汽车、节能环保、航空与燃机、北斗卫星导航、新一代显示技术、3D打印及机器人等7个战略性新兴产业，截至2015年底已收集项目223个，计划总投资662亿元，全部建成投产后将新增销售收入1 700多亿元。南充的战略性新兴产业除作为目前全球仅有的掌握了最先进制陶技术的几家企业之一的三环电子外，被列入国家高新技术产品目录的嘉美印染“芳纶1414”项目已投产，晟达新材料产业园、鑫达新材料产业园、吉利新能源商用车项目等正加速推进，到2017年，全市企业销售收入已达700亿元。

（四）产业化发展初步实现园区化承载

虽然秦巴山脉四川片区个别县（市、区）的工业园区正在建设中，但所有县（市、区）都规划设有工业园区。工业园区作为“要素集中、产业集聚、企业集群、创新示范、政策引导”的特殊区域，正在发挥着“要素优化配置、效率效益双高、配套成本低洼、科技创新引领”的优势，增强战略支撑和综合带动功能，形成了形态多样、功能互补、竞相发展的园区化承载格局，成为区域经济发展的新亮点。目前，秦巴山脉四川片区已有的4个国家级工业园区和12个省级工业园区，是秦巴山脉四川片区工业发展最主要的基地。从四川广元经济技术开发区来看，它是国家级开发区，规划建设面积约为103.65平方千米，其围绕“产业新高地、城市新组团、开放新格局、统筹新样板、和谐新家园”

的发展定位，规划了十大产业园区（下西现代服务产业园、王家营工业园、塔山湾军民结合产业园、袁家坝工业园、空港物流园、医药工业园、石龙工业园、石盘工业园、先锋工业园及摆宴文化产业园）和五大城市新区（下西城市新区、塔山湾城市新区、空港城市新区、石盘城市新区及石龙城市新区），重点推进铝产业振兴、食品饮料提质、电子机械升级和医药产业集聚等四大计划，全面推进“十园五区”建设，初步形成以有色金属、电子机械、食品饮料为主导和以生物医药、纺织服装、新型材料、能源化工、现代服务等为重点的“3+5”产业体系，主导产业链初步构建，产业集群初具雏形。2015年，该园区共有规模以上企业187家，2014年工业总产值为372亿元，较2013年增长8%，占全市工业总产值的54.23%；固定资产投资为130亿元，较2013年增长5%；利税19亿元，增长21%，占全市利税总额的40%；从业人员4万余人。此外，绵阳国家“城市矿产”示范基地、四川达州经济开发区是国家新型工业化产业示范基地、国家循环化改造示范试点园区和国家低碳工业试点园区。

（五）工业企业发展较快

企业是创造社会财富的主体。无论大、中型企业还是中小微企业，它们都是实体经济的重要基础，在增加社会就业、推动科技创新、保持经济平衡较快发展与保障社会和谐稳定等方面具有不可替代的作用，对国民经济和社会发展具有重要的战略意义。支持发展企业是秦巴区域振兴的关键。改革开放以来，秦巴山脉四川片区十分重视发展企业，特别是工业企业。目前，秦巴山脉四川片区已形成一批在全国乃至国外具有重大影响的知名企业。例如，四川绵阳的四川长虹集团、九洲集团，广元的中石化元坝气田采输和净化厂、元泰达集团、兴能新材料，阆中的保宁制药、张飞牛肉，巴中的海螺水泥、巴食巴适、通江银耳、万马汽车等国内外闻名企业，它们已成为秦巴山脉四川片区地方经济发展的引领带动者。

（六）绿色循环发展理念得到重视

各县（市、区）大部分已充分认识到走绿色、低碳、循环发展道路对区域可持续发展的重要性，坚定不移地走环保优先、生态至上的发展之路，以提高经济发展质量效益为中心，以转方式、调结构为重点，强力推进节能减排，加强能源消费、重点污染物排放的管理。围绕高耗能产业和区域特色优势产业，打造循环经济产业链，构建生态工业格局，初步形成规模化的贵金属和有色金属采选加工、非金属采选加工、能源化工、生物医药、农副产品加工、林果加工等产业体系的循环链。

典型案例如下：四川达州经济开发区已形成了天然气+炉气–甲醇–二甲醚，

硫磺-磷酸-磷铵、精细化工，天然气-合成氨-尿素-三聚氰胺，天然气-液化天然气新能源，天然气发电五大产品链，并形成了循环经济的发展态势。一是企业内循环经济成果显著。瓮福达州基地利用达州的硫磺和贵州瓮福集团的磷矿石的湿法生产磷酸工艺在世界领先。利用精制过程中产生的萃余酸和硫酸、合成氨生产磷酸一铵与磷酸二铵，根据市场情况选择生产复合肥；利用酸性废水生产饲钙（磷酸氢钙），基本实现原材料“榨干吃尽”。二是园区内循环经济基本完善。玖源化工向瓮福达州磷硫化工基地提供氨、尿素，实现企业间合理循环。针对达兴能源甲醇生产存在的氢多碳少状况，玖源将副产的二氧化碳管道输送至达兴能源，用于甲醇生产补碳；励志化工利用瓮福副产的氟硅酸生产冰晶石、氟化铝、4A沸石等，实现了二氧化碳的减排和资源回收利用。三是跨园区循环经济开始起步。普光净化厂生产的液硫直接进入瓮福达州基地，既减少了造粒环节又避免了二次融化。通过铁路货运专列，实现贵州瓮福基地生产的磷精矿与达州生产的硫磺双向对调，形成了物料的跨园区循环，实现了均衡运输。园区的建设有效利用了本地及周边的技术人才、科技研发、机械制造维修等条件，同时园区的产品、副产品也对周边部分产业（如水泥、建材、选矿）起到了进一步加强支撑的作用。

二、发展存在问题及原因分析

秦巴山脉四川片区远离省会城市，受大山阻隔，自然灾害易发多发，工业开发建设难度很大，投资成本很高；发展非国家重点布局，缺少大企业集团引领和大项目支撑，技术改造和技术进步跟不上，产品更新换代滞后，后天发育不良；企业缺乏自主创新人才和能力，也缺少创新机制和投入，工业创新驱动和创新发展心有余而力不足；交通条件、产业配套、生活环境和医疗卫生条件差，教育设施落后，师资力量不足，基本公共服务设施不完善，这使人力资源和人才聚集力很弱；加上受助引资窘迫，能得到中央和省（市）扶持的项目极其有限，且拿不出相应的配套资金，先天性“自我造血”功能差使申请银行贷款和招商引资难度加大。总体来看，受自然条件、经济发展水平及市场导向等多方面因素的影响，秦巴山脉四川片区丰富的资源及优势并没有被充分利用和发挥，也未形成良性的工业发展道路。

（一）工业化发展存在的问题

（1）产业定位不明，产业结构不合理。进入21世纪，秦巴山脉四川片区工业没能跟随国际、国内工业转型升级步伐，产业结构性矛盾日益突出，高技术含量、高产品附加值的工业极少，大部分工业偏重于资源开发和初加工，涉及采掘业、制造业、电力煤气及水的生产和供应等产业。这些产业关联性不强，资源难以共享，并未形成明确的优势产业。同时，该地区大型企业较少，小型企业较多，并没有真正的支柱产业和龙头企业。

（2）工业化程度不高，企业市场竞争力较弱。结合就业结构、人均地区生产总值、城镇化率等指标测算，秦巴山脉四川片区仍处于工业化初期，工业化程度不高，产品层次偏低，同时面临企业竞争力不强等问题。例如，水泥、有色金属等部分重污染产业属于国家“两高一剩”行业，面临较高的市场和政策风险。目前并未找到绿色化发展的道路。工业与信息化的落后，不仅导致居民收入水平不高，间接制约了该地区消费能力，同时还导致产品竞争力下降，出口规模较小。

（3）区域规划不明确，空间配置缺乏协调，未能形成优势互补。秦巴山脉四川片区城市集聚和辐射功能不强，城市功能较弱；中心镇和小城镇缺乏产业支撑，吸纳人口和就业能力很弱；各个工业园区的主导产业同质化现象严重，达州、巴中、广元和南充都规划要大力发展天然气，大多数县（市、区）的工业园区也均以农副产品深加工为主导产业，并未很好地把握自身资源禀赋，以及打造具有特色和竞争力的产品产业链。

（4）园区投入不足，发展参差不齐。规划体系建设严重滞后，个别县（市、区）尚未完成园区规划，园区主业不突出，园区间关联度不强。基础设施建设严重不足，管网、污水处理、集中供热等直接为企业生产服务的配套设施建设进展缓慢。从招商质量看，小项目多，大项目少；一般性企业多，高新企业少；高耗能、高排放、高污染企业多，低消耗、低排放、高效率企业少。从招商服务上看，存在“重签约，轻服务”“重建设，轻投产”“重项目引进，轻基础设施配套”等问题。从产业档次来看，产业关联度不高，互补性不强，产业链缺乏，严重影响了园区企业的生存和发展。

（5）创新能力弱，人才匮乏。战略性新兴产业及高新技术产业偏少，自主开发设计能力低，产品缺乏市场竞争力。受地域条件限制，不仅很难吸引各类人才到秦巴山脉四川片区创业、就业服务，而且当地现有人才流失严重。

（6）信息化建设滞后。信息化基础设施有了一定的发展；开展了信息化与工业化融合工作，信息技术已应用在大型企业生产、销售、采购、财务和质量管理等环节；电子商务规模逐渐扩大；信息技术服务社会能力增强，并在农业、工业和环保等领域得到了一定的应用。但是缺乏统一的信息化战略布局与合作机制，不同区域信息化发展不均衡，有些乡村存在信息化“盲区”；区域内未实现互联互通；受自然地理条件限制，信息化基础设施建设相对薄弱，服务能力不足；信息化与工业化融合程度不够，不能满足工业绿色、低碳、循环发展的需求。

（二）信息化发展存在的问题及形成原因

部分部门对信息化建设认识不足，这导致对信息化建设重视不够，缺少相应的人力、财力投入和管理措施的跟进。信息化技术对传统管理模式产生巨大影响，一些问题不及时加以解决，制约了信息化建设步伐。

1. 信息化发展存在的问题

（1）资金投入明显不足。在信息化建设过程中，除了需要大量的前期硬件投入和软件投入，还必须保证相应的运行成本和维护成本。一些单位只注重信息化建设初期一次性软、硬件投入，而忽略了后期的运行维护与系统的更新升级。应转变传统管理模式，充分意识到信息化建设对工业发展的重要性，加大对信息化建设的投入，加快推进和完善信息化建设。

（2）规范和标准不统一。部分单位未结合自身情况与工作需要，制定信息化建设的规范和标准，而是盲目采购软件。在使用过程中，部分功能模块因无法操作而停止启用，从而造成信息化建设的目标不能完全实现。管理层要不断更新信息化建设的理念，并在此基础上做出正确的规划和抉择。在信息化建设中，要采取统一接口、统一编码和统一规范的措施。政府相关部门也要对信息化建设实施有效的指导和协调，制定统一的标准，进而规范信息化建设的功能，逐步完成信息化建设的需要。

（3）缺乏管理的专业人才。多数部门未配备专业的信息化建设管理人员，而是由相关人员兼任，他们往往不具备计算机知识和信息化建设相对应的知识与管理才能，对信息化建设中出现的新情况缺乏深入分析及解决问题的能力[92]。引进社会要求的专业人才是大力推进信息化建设的重要保障；应重视信息化建设和专业人才配备的重要性，积极拓宽和健全信息技术人才引进渠道，为深化信息化改革奠定基础。

（4）对数据的安全性重视不够。多数部门只注重信息化建设的可操作性和前台查询功能，而忽略了后台数据库数据的安全性，进而导致以前年度部分数据信息丢失，信息不完整。在信息化实施过程中，要高度重视数据的安全性。数据安全是确保信息系统安全的核心部分，要时时对数据进行备份，以免由恶意破坏、病毒入侵和硬盘损坏等造成重要数据丢失，确保系统的正常运行。同时，也为相关部门监督检查提供可靠的依据。

2. 信息化发展问题形成的原因

（1）发展条件受限。虽然秦巴山脉四川片区位于祖国的地理中心，但所辖区域远离省会城市，而且受大山阻隔，相对封闭。区域内山大沟深，地形复杂，自然条件恶劣，洪涝、干旱、山体滑坡等自然灾害易发多发，是国内六大泥石流高发区之一。巴中、广元等大多数区域属于“多山少水一分田”。受发展条件的限制，工业开发建设难度很大，投资成本很高，发展极为受阻。

（2）起点低、发展慢。秦巴山脉四川片区地方工业既非国家重点布局，也没有大企业、大集团引领，更缺少大项目支撑。在工业化进程中，多数地区工业起步晚、底子薄、基础差。不少项目上马建设还存在“市场不预测、生产总值冲动和建设程序草率”等问题，产业起点低、投入小、定位不明确，形成先天不足；投产后必要的技术改造和技术进步跟不上，产品更新换代滞后，后天发育不良，导致工业发展创新能力差，市场竞争力不强。

（3）缺乏创新基础。秦巴山脉四川片区地方工业总体处于现代产业链的中低端，技术含量低、资金消耗大、产品利润低，常常受制于人。企业员工文化程度普遍较低，技能和经营能力差，既缺乏自主创新人才和能力，也缺少创新机制和投入。虽然各地“兴工强县”的热情和积极性都很高，但工业创新驱动发展却心有余而力不足、困难重重、举步维艰。

（4）人力资源失衡。与城市和发达地区相比，秦巴山脉四川片区交通条件、产业配套和生活环境等方面都存在较大差距，加之区域内教育设施比较落后，师资力量明显不足，医疗卫生条件较差，基本公共服务设施不完善，所以人力资源和人才聚集力很弱。区域内多数县（市、区）都是人力资源输出地，原本就很有限的本地籍大学生毕业后回乡就业的极少，呈现严重的“入不敷出”。

（5）受助引资窘迫。秦巴山脉四川片区工业能得到国家扶持的项目较少，能够获得省（市）扶持的项目也极其有限。即使是得到被扶持的项目，还要所在地政府拿出相应的配套资金才可以，而不少财力匮乏的县（市、区）根本拿不出配套资金。不仅如此，同样的工业项目在秦巴山脉四川片区建设较之平原地区往往投资增高、收益降低、先天性“自我造血”功能差，这导致申请银行贷款和招商引资难度加大。

第二节　总体战略构想

一、战略思路

根据秦巴山脉四川片区工业与信息化现状特点与资源优势，打破目前条块分割、各自为政的局面，打破行政区划，实现区域内协同发展及区内外互联互通。依靠中心城市和重点城镇工业发展，带动秦巴山脉上游产业链的发展，打造医药、食品原料供应区和初级加工区；加强目前秦巴山脉工业园区的建设，涉及不能重点发展工业的地区，可建议以保护为主、以原料供应为重点发展；因地制宜、充分利用现有资源优势，打造区域品牌；做强做大现有的优势企业，培育骨干、龙头企业，带动中小企业的发展；规模化生产，可跨行政区域建立原料供应地，带动山区的发展、达到脱贫致富的目的；还可以依托旅游资源，打造相关产业。

紧密结合秦巴山脉四川片区的信息化建设现状，依托重点城镇逐步向山区延伸，达到片区全覆盖。培育发展电子商务，实施“以信息化带动工业化，以工业化推动信息化，发挥后发优势，实现社会生产力的跨越式发展”的发展战略，即互动跨越式发展战略。

二、基本原则

（一）坚持生态优先

秦巴山脉四川片区所在区域是长江上游重要的生态保护屏障，承担秦巴山脉生物多样性保护、南水北调中线工程水源保护等重大生态功能。森林覆盖率达到59%，是国家重要的生物多样性和水源涵养生态功能区。要始终坚持走绿色发展道路，妥善解决好保护生态与发展经济的矛盾，努力通过发展循环经济实现跨越式发展；要始终坚持因地制宜，充分彰显区域特色和比较优势，努力实现优势互补、绿色发展和可持续发展；要坚持生态环境保护优先，在发展中重保护，在保护中求发展，走生产发展、生活富裕、生态良好的文明发展道路。

（二）坚持绿色低碳

秦巴山脉四川片区的工业发展以矿产开发和农产品加工为主的资源加工占据主导地位，尚未从根本上摆脱高投入、高消耗和高排放的粗放模式，工业生产能效、时效与东部发达地区仍有很大差距。推进工业绿色低碳发展是建设生态文明的必然要求，也是转变工业发展方式的根本途径。统筹协调绿色与发展的关系，形成以绿色为核心的价值链，在绿色发展的引领下，走工业生态化、信息智能化的发展道路。坚持资源节约和环境友好的基本国策，坚持节约优先、保护优先、自然恢复为主的方针，着力推进绿色发展、循环发展和低碳发展，形成资源节约和环境友好的空间格局、产业结构、生产方式与生活方式。

（三）坚持两化融合

信息化和工业化深度融合是打造产业竞争新优势、抢占未来发展先机的有效途径。秦巴山脉四川片区属于国家生态保护区和限制开发区，秦巴山脉工业处于初期向中期的过渡阶段，以初级加工为主的资源开发型产业占比很大、信息化基础设施建设相对薄弱，区域内未实现互联互通，服务能力不足；信息化与工业化“两化”融合程度不够，尚不能满足工业绿色、循环、低碳的发展需求。工业的绿色低碳转型升级，不能按部就班地走传统“老路”，要建立工业化和信息化融合的绿色、循环、低碳的现代产业体系。以信息化带动工业化，以工业化促进信息化，同步推进工业化与信息化，建立“两化”融合的现代产业体系，促进“两化”融合发展，走工业绿色化、信息智能化的低碳发展道路。

（四）坚持协同创新

创新是工业与信息化绿色循环低碳发展的主要动力。要依靠龙头企业推动，以产业联盟为依托，以园区建设为核心，走集聚化战略协同之路。培育、壮大行业领军企业，发展创新型、具有成长力的中小科技型企业，进而强化创新节点、创新要素建设；在核心企业的引领和政府力量的推动下，技术或业务上相关或相似的企业在空间上集聚，形成创新群落；本着“缺链补链、短链拉链、弱链强链、同链错链”的思路，将秦巴山脉工业子模块统一起来，“黏合”形成一个多主体的聚集体，实现产业链的相互融合与无缝对接，以产业链为轴线加强创新链、科技链构建；不断融合创新节点，不断在空间上布局产业链、创新链和科技链，加快促进跨区域创新网络的形成。依托“点、群、链、网”的协同创新模式，不断增强秦巴山脉的核心竞争力和可持续发展能力，发展特色、高效、清洁的绿色循环低碳产业体系。

（五）坚持科技引领

要赢得秦巴山脉四川片区工业与信息化绿色循环低碳发展的主动权，最根本的是要靠科技的力量，要在科技创新上有所作为。人才是科技发展的根本和关键，是开展技术创新、产业提升的基本保障和重要基础。建立跨区域创新人才自由流动机制和灵活使用机制促使人才有序流动，着眼企业和产业技术创新，以高科技园区、产业集群为载体，鼓励跨区域产学研合作，共建区域产业共性技术平台，构建以市场为导向、以企业为主体、产学研良性互动的区域技术创新体系。将科技创新作为战略基点，把高新技术渗透到各行各业，形成产学研一体化，加快科技成果转化，为节能减排、绿色工业可持续发展提供动力，真正做到科技含量高、经济效益好、资源消耗低、环境污染少、人力资源优势得到充分发挥，推动产业结构调整和经济发展方式转变，支撑引领绿色发展。

三、战略定位

根据区域发展基础、比较优势和资源环境承载能力，立足秦巴山脉四川片区经济区在秦巴山脉、西部地区乃至全国的战略地位和主体功能分工，将秦巴山脉四川片区打造成川渝陕甘接合部的区域经济中心、国家重要的清洁能源化工基地，以及绿色产品生产基地。

（1）川渝陕甘接合部的区域经济中心。发挥区域比较优势和巨大潜力，全面加快工业化、城镇化进程，加强基础设施建设，大力培育特色优势产业，加快城市群建设，提高开放合作水平，增强要素集聚和扩散能力，建设连接西部与中部的重要经济走廊和融入丝绸之路经济带的重要门户，打造川渝陕甘接合部的区域经济中心。

（2）国家重要的清洁能源化工基地。充分发挥天然气资源优势，抓住建设国家天然气综合开发利用示范区机遇，积极探索天然气资源开发的体制机制，加快推进天然气资源勘探开发和综合利用，促进天然气资源就地加工转化，延长天然气化工产业链，做强石油化工产业链，建设国家重要的清洁能源化工基地。

（3）绿色产品生产基地。发挥自然条件和特色农产品资源优势，以生态、绿色、有机等为特色，以产业化经营为主攻方向，积极推进绿色产品生产基地建设，将资源优势转化为经济优势。发挥龙头企业在绿色食品基地建设中的主导带动作用，实施基地建设与龙头企业紧密对接，建立全程质量控制体系，保证加工产品原料质量，促进绿色食品产品认证；产销紧密结合，延长农业产业链条，强化企业与农户之间的利益联结机制，促进农民增收。

四、战略重点

（一）转变发展理念

绿色发展已成为中国走新型工业化道路、调整优化经济结构、转变经济发展方式的重要动力，成为推动中国走向富强的有力支撑。推进绿色发展、绿色富国，将促进发展模式从低成本要素投入、高生态环境代价的粗放模式向创新发展和绿色发展双轮驱动模式转变，能源资源利用从低效率、高排放向高效、绿色和安全转型，节能环保产业将实现快速发展，循环经济将进一步推进，产业集群绿色升级进程将进一步加快，绿色、智慧技术将加速扩散和应用，从而推动绿色制造业和绿色服务业兴起，实现“既要金山银山，也要绿水青山”。

（二）加快信息化步伐

随着互联网引擎作用不断提升，信息化加速发展，并日益成为新型经济生态系统的重要基础，新技术、新业态、新模式的重要支撑，以及优化政府服务、促进社会进步的重要保障。大力推进“三网融合”，积极实施“宽带中国”战略，加快实施“行政村通宽带”工程，将农村地区宽带纳入电信普遍服务范围，推动宽带信息网络演进升级。加快推动区域一体化信息服务平台建设，逐步建立区域性电子政务协同与信息交换平台、园区信息平台、综合物流信息服务平台和农产品信息服务平台。推进信息服务平台共建共享，统筹实施区域通信枢纽重大基础工程建设。积极发展物联网、大数据、云计算等新兴产业，加快“智慧城市”和“智能小区”建设。建立健全信息安全保障体系、应急通信体系，确保基础信息网络和重要信息系统安全。

（三）推进园区转型升级

工业园区是经济建设的主战场，是扩大开放、深化改革的主平台，是科技创新的聚集地，是一个地区加快发展的引擎和动力[93]。园区的发展，有利于集聚大批产业人才，并有利于培育本地经济技术人才。

坚持创新发展，实现园区由一般产业简单扩张向培育特色产业转型。产业转型升级是转变经济发展方式的核心内容，科技创新是产业转型升级的主要驱动力。秦巴山脉四川片区的园区，一方面，要加快产业结构、产品结构和企业组织机构调整，着力提升现有产业、产品和企业，突出承接发展新兴产业尤其是现代服务业，加快构建现代产业发展新体系；另一方面，要抓住机遇，整合园区创新要素，加强研发机构建设和孵化器发展，加快产学研用一体化，努力培育新兴产业，形成特色和品牌园区。

坚持集约发展，实现资源粗放利用向高效利用转型。资源节约集约利用，是园区转型升级的一个重要目标。一是在环境指标上，严格控制污染源，大力发展循环经济，加强水资源节约集约利用，加快淘汰落后产能，实现低碳、绿色发展。二是在建设用地上，重视利用市场的能力来提高使用效益。三是在扶持资金上，集中力量办大事，加强资金整合，发挥财政资金“四两拨千斤”的撬动带动作用，用好产业扶持资金，确保启动区、核心区的基础设施建一块、成一块、发挥作用一块。

坚持开放发展，实现由比拼优惠政策向比拼优质服务转型。秦巴山脉四川片区的发展离不开政策扶持，但仅有政策扶持远远不够。要通过深化改革、学习外地先进经验和增强服务意识来营造开发区的发展环境，实现投资、创业环境升级。

（四）着力推进中心城市辐射带动

秦巴山脉四川片区周边分布着重庆、成都和西安等大城市，这些大城市都是中西部地区的核心城市，科技、人才、资金、管理和经济实力都很强，各种资源都比较丰富。发展秦巴山脉四川片区工业与信息化应当充分利用这些有利条件，大力推动和吸引周边大城市，发挥辐射带动作用，以推进秦巴山脉四川片区的快速发展。应着力推动利用中心城区的要素实力、经济实力、技术实力、人才实力、管理实力和创新实力，向山区扩散、辐射、合作、带动，借以促进和引领整个秦巴山脉四川片区工业化与信息化，加快发展。秦巴山脉四川片区也应积极主动地融入周边大城市的发展，以引进利用中心城区的优秀人才、先进技术、现代管理和资本实力，与自身优势、资源环境相结合，为己所用、增己能力、助己发展。

第三节　对策措施建议

加快秦巴山脉四川片区绿色低碳循环发展，必须以推进资源深度转化和产业多元化为核心，以构筑优势产业链为重点，以产业园区为载体，以重大项目为抓手，着力构造以壮大能源资源产业为主导、传统产业改造升级为主体、发展战略性新兴产业为重点、提高农林加工产业为支撑，争取产业结构优化、产业布局合理、产业发展集聚、产业竞争高端，形成低能耗、低污染、低排放和高效益的高端绿色低碳现代产业体系。

一、发展对策

（一）调整优化工业布局，构建完善绿色低碳现代产业体系

秦巴山脉四川片区属于国家生态保护区和限制开发区，要坚持因地制宜，彰显区域特色和比较优势，调整优化工业布局，构建完善的绿色低碳现代产业体系。秦巴山脉四川片区要发展不影响主体功能定位的特色产业，以推动农业和旅游业的发展，并促进产业融合。依据国家产业结构调整目录，鼓励传统产业改造升级，大力发展战略性新兴产业和生产性服务业，限制和淘汰“三高三低”等浪费资源、污染环境的产业项目和落后产能。涉及不能重点发展工业的地区，可建议以保护为主、以原料供应为重点发展。

明确产业定位，优化产业结构。提高准入门槛，严把企业入口，建立以科技含量、投资强度、产出效益和生态环境等为主要指标的筛选评价机制，坚决制止高污染项目入驻。通过工业布局调整，促进产业结构优化，转变经济增长方式，提高工业发展质量和效益，增强经济发展后劲；推进节能降耗和资源综合利用，发展绿色、低碳、循环经济，走内涵式发展道路。依托秦巴山脉丰富的农副产品和天然气资源，大力优先发展绿色食品加工和天然气的绿色现代产业。在平武、阆中、剑阁、南江等以旅游为主导产业的地区，除新能源和农副产品加工工业外，原则上不发展其他工业，各地资源型工业集中区近期保留现有规模，远期将逐步关、停、并、转浪费资源和污染环境的产业项目，最大限度地减少给旅游业

发展带来负面影响的产业。注重区域协调，避免同质化竞争，形成具有特色、优势互补、错位竞争的工业发展格局，最大限度地减少工业发展给旅游带来的负面影响。

大力延伸产业产品链，增加产品附加值。秦巴山脉四川片区工矿企业少，工业污染小，具有生产绿色食品的环境条件。该区域有丰富的经济林资源，主要种类有核桃、板栗、竹、梨、杏、葡萄、油橄榄，特殊林业资源，如生漆、油桐、乌桕，其中，达州是富硒茶的主产区。同时，食用菌栽培也具有悠久的历史，其中，青川木耳、通江银耳都是享誉中外的名优产品。发挥自然条件和特色农产品资源优势，以生态、绿色、有机等为特色，打造绿色食品原料供应区和初级加工区，可实现生态和经济的协调发展，促进农村经济发展与生态环境保护的良性循环，从而继续发挥秦巴山脉对整个四川盆地和长江中下游地区的天然生态屏障作用。依靠城市工业园区的发展，带动秦巴山脉上游产业链的发展，打造绿色农产品生产加工基地。促进农产品精深加工以延长产业链，以猕猴桃为例，目前已研制出猕猴桃果汁、果粉、保健胶囊、化妆品等数十种水果深加工产品，由果农、院校、企业的通力合作，打通集种植、科研、加工、销售于一体的猕猴桃高收益产业链，1吨猕猴桃直接销售价值仅为1万元，若进行“全身深加工”其价值至少可升到8万元。

培育龙头企业，推广区域品牌[91]。区域品牌是一个区域的企业品牌集体行为的综合体现，代表一个地区产业品牌的主体和形象，对本区域的经济发展起到举足轻重的作用[94]。创建和发展区域品牌实质是一种商业经营行为，需要区域内的大批企业和产业品牌集体参与。企业是区域品牌创建和发展的主体，同时是区域品牌发展的最大受益者。企业自身的产品和品牌形象是区域品牌发展的基础。因此，秦巴山脉四川片区各企业要树立和强化品牌意识，不断提升产品和服务质量，加大科技创新力度，发掘产品品牌内涵，提高产品综合竞争力，促进产业升级；同时加强企业自主创新，打造企业自主品牌，以此推动区域品牌发展。力争秦巴山脉四川片区都有自己的特色品牌，如阆中张飞牛肉、通江银耳、青川木耳等。发挥龙头企业在区域品牌建设中的主体作用，促进秦巴山脉四川片区各中心城市的经济持续发展，以此带动山区经济发展。

（二）积极推动能源产业发展，打造国家级天然气综合开发利用示范区

秦巴山脉四川片区是我国天然气资源重要的富集地之一，也是我国天然气资源开发利用较为发达的地区[88]。位于四川省达州市宣汉县普光镇的普光气田是目前国内规模最大、丰度最高的特大型整装海相气田，现为我国第二大气田。近年来，随着天然气勘探开发力度加强，新发现了元坝、龙岗等大型气田[95]。随着探明储

量的迅速增加，年产量不断增长。实现秦巴山脉四川片区天然气产业又好又快发展，对该区经济上新台阶和促进我国新能源产业发展具有重要的现实意义与深远的历史意义。

秦巴山脉四川片区天然气资源丰富，但在天然气资源开发过程中存在许多问题[96,97]：一是地质特征复杂开发难度大，且天然气开发对生态平衡和环境保护的压力加大，进而影响到资源开发区的可持续发展[98]。二是天然气资源开发地方投入大，地方财政难负重荷。三是资源转化政策不协调，一方面要“扶持中西部地区优势产业项目，加快这些地区的资源优势向经济优势转变”、将“天然气下游化工产品生产和开发”列为四川鼓励类产业，而另一方面国家发展和改革委员会又出台规定对“天然气制油品、甲醇、二甲醚以及天然气发电”等项目的立项进行限制。四是天然气资源税费偏低，会造成新的矛盾。按照现行的税收政策资源开发区获得的资源税，难以补偿由开采造成的当地环境、土地等方面的损失，难以给当地群众带来实惠，造成了新的不和谐因素。五是工业增长较快，而可利用指标份额不足，工业用气无法完全满足，生产企业普遍开工不足，加之输气管网建设滞后，供需矛盾突出。

“十三五”期间及今后的一个长期发展时期，秦巴山脉四川片区的天然气产业集群将迎来发展的良好环境：沿海地区向秦巴山脉四川片区进行产业转移，有利于新的天然气利用产业集群的发展；节能减排政策将促进天然气大规模利用，扩大天然气利用产业集群的规模；经济结构与用气结构调整，有利于天然气利用产业集群的优化发展；气价的调整将影响天然气利用产业集群对天然气的利用规模。

为实现秦巴山脉四川片区经济社会跨越式发展的目标，就要遵循“因地制宜、成链发展、集聚发展、集约发展”四大原则，以“优先发展城镇燃气事业和天然气化工产业；适度发展天然气发电”为指导思想，实施将资源优势转化为经济优势，发展天然气支柱产业，进一步普及民用、车用压缩天然气，建设清洁能源基地的发展战略。首先，完善城市管网、配气站和加气站等基础设施；大力发展压缩天然气汽车，使其保有量和普及率继续走在全国前列。其次，在符合国家产业政策和坚持资源转化向产地集中的原则下，建设几个区域特色化、规模化的天然气化工产业群：①达州、巴中建立高效氮磷钾复合肥和天然气制烯烃基地；②南充建天然气制乙炔产业链；③广元发展天然气合成油产业链。最后，适度发展天然气发电项目，以改善四川省电源结构，减少环境污染。

为促使秦巴山脉四川片区天然气资源可持续发展，对达州、巴中、广元、南充等地的天然气协同开发利用做出以下建议[88]：①建议国家成立“天然气开发协调领导小组”，统筹协调秦巴山脉天然气勘探开发中的重大问题，避免不必要的（如重复建设等）问题产生。②国家应充分考虑秦巴山脉四川片区人民谋发展、盼富裕的强烈愿望，切实加大天然气资源的就地转化力度，对四川天然气能源化工产业政策、重大项目和用气指标等方面给予最大限度的支持。③在安全生产、环境保护、劳动保障、征地拆迁、社会稳定、医疗救护、消防抢险、环境监测、道路交通等基础设施和装备条件等方面，给予政策、项目和资金上的倾斜支持。④建议建立天然气资源产地的补偿机制，使天然气资源产地充分享受资源开发成果。一是提高天然气资源税率；二是建立天然气产地和消费地的税收分成制度；三是加大对天然气资源地相关产业发展的扶持力度。⑤将环境保护和社会责任纳入天然气生产企业的考核指标中，建立天然气生产企业的环境和社会责任硬约束机制，使天然气生产企业承担起必要的社会和环境责任，希望国家允许“老、少、边、穷”产气区地方政府开征“生态环境补偿费”和“排污费”。⑥国家应协调中央、地方、部门之间的利益，保持天然气价格稳定且处于较低水平，为秦巴山脉四川片区人民生活和革命老区经济发展创造更好的条件，使他们获得更多利益。⑦制定和完善与天然气开发利用相关的法律法规，建立安全产气、输气和用气的长效机制。

（三）积极打造优势产业集群，加快提升产业竞争力

产业集群是以市场需求为导向、以中小企业为主体、以产品集中生产为形式、以专业化配套为内容，围绕产业链实现专业化分工与合作的经济行为，并以此行为来促进区域经济发展的同类企业大量集聚现象即为产业集群或产业集聚[99]。产业集群在提高劳动生产率、促进科技创新、推动品牌建设等方面起着重要作用，培植、壮大现代产业集群已成为提高竞争力的共识。要积极打造中药产业优势产业集群，推进秦巴主导产业实现绿色跨越式发展[100]。

1. 发展生物医药产业集群，打造“秦巴药乡”

秦巴山脉位于川、渝、陕、甘、鄂、豫六省（市）交界处，是我国气候、植被、矿藏、物种的重要区界与交汇场所，药材资源非常丰富。秦巴山脉四川片区主辖的广元、巴中、达州等地区，素有“秦巴山地天然药库”“川东药库”之称。山区盛产杜仲、金银花、银杏、油橄榄、川明参、柴胡、乌梅、瓜蒌、栀子、厚朴、黄柏和枣皮等。通江银耳、南江细毡毛忍冬、达州乌梅、苍溪川明参、青川天麻、旺苍杜仲等获国家地理标志产品认证。该片区拥有188家中药材种养殖、生产加工、商贸物流医药企业，其中，四川新中方医药集团股份有限公司、成都地奥集团天府药业股份有限公司、南江县百草中药材有限公司、四川天源油橄榄有限公司等规模以上医药企业近40家，涉及中药饮片、中成药、植物提取物、中药保健品、兽药等产业。2014年行业产值超过60亿元。

秦巴山脉中药材资源丰富，地方政府十分重视，且发展环境良好。巴中市制

定并实施了“巴药发展行动计划”；广元市政府于2013年发布了《广元市人民政府关于扶持和促进中医药事业发展的实施意见》（广府发〔2013〕6号），拟重点发展杜仲、天麻、柴胡、川明参、银杏和山葵六大优势药材，打好“药材资源牌”，延伸现代中药产业链；2006年达州市人民政府颁布了《关于加快特色农业产业发展的意见》，将中药材产业纳入全市重点发展的七个产业之中，其他各县（市、区）也制定了相应的中药产业扶持计划。

秦巴山脉中药产业发展中存在规模化种植水平偏低、中药材产业链条尚未形成、龙头企业带动能力不强、创新不够、区域联动发展较差、品牌打造不够等问题：①中药资源本地材料不够清晰，区划研究不够，基础研究相对薄弱，规模化、规范化程度较低，至今还没有通过国家认证的《中药材生产质量管理规范》基地；②中药产业大多以种植和原材料加工为主，精深加工及综合开发利用能力薄弱，仅中方制药、蓉成制药、亿明制药和地奥天府等少数企业具有中药制剂的制备能力，且围绕中药材大宗品种，尚未形成中药种植、中药饮片、中药配方颗粒、中药提取物、中成药、中药相关产品等全产业链条发展格局；③虽然聚集了188家医药企业，但生产规模普遍小，装备相对落后，中药信息系统建设薄弱，企业带动能力不强；④在药材种植、成分提取、标准制定、成药制备和产品研发等方面的高级专业技术人才缺乏，科技创新能力偏低、企业与高等院校、科研院所、使用单位的协同创新不够，中药全产业链上下游之间的联动效应也没有形成；⑤中药品种的系统研究和全产业链开发不够，品牌药材、品牌产品、品牌企业不够。

因此，针对秦巴山脉四川片区中药产业发展现状及存在的问题，对秦巴山脉中药产业集群的发展提出以下几点建议。

（1）建立秦巴山脉四川片区中药资源库，科学发展及保护。首先，利用科研单位深入开展中药资源普查，建立秦巴山脉四川片区中药资源库，为合理、科学性开发保护资源提供科学依据。其次，建立健全秦巴山脉四川片区中药材种质资源保护体系，建成中药材大品种规范化种植的《中药材生产质量管理规范》基地，针对性实施就地保护。另外，建立中药材良种繁育规范化基地，加大野生驯化培育，加强濒危药材的保护和选育，确保中药材种植生产源头的合法性与优质性。

（2）开发系列产品，打造中药全产业链。充分发挥秦巴山脉中药材资源优势，加大对中药企业的帮扶力度，支持鼓励企业创新，引进先进的中药材深加工生产线，研究和生产附加值更高的中药产品。

（3）增强中药材科技创新能力，提高生产水平。科技创新是中药材产业发展的生命线。秦巴山脉四川片区中药产业必须紧紧围绕中药材生产、加工中的薄弱环节进行科技创新。首先，加强中药材产业相关技术人才的引进和培养，引进高层次人才充实科研队伍。其次，发挥好大专院校、科研单位及中药材企业的技术人才优势，协同发展组建秦巴山脉四川片区中药材产业技术创新联盟和搭建公共技术服务平台，联合开展秦巴山脉四川片区中药材产业相关的关键技术攻关。推广中药材种植和加大人才培训力度，并充分发挥好专家的技术帮扶作用。

（4）注重品牌效应，打造秦巴山脉四川片区特色品牌。结合秦巴山脉四川片区龙头企业建设，以杜仲、银耳、乌梅、川明参等获国家地理标志产品认证的品种为重点，进一步加强规范化、规模化种植，加大宣传推广，提升产品质量，打造秦巴山脉中药材品牌。

（5）延伸中药产业链，助推中药产业健康发展。首先，以当地中医医院为龙头，推进城乡医疗一体化发展，进一步提升中医医疗服务能力。其次，加强医药园区建设，打造中医医药文化及产业街区。最后，利用中药材种植基地打造集旅游、休闲和保健为一体的生态农业示范基地。

2. 建设秦巴山脉四川片区绿色食品产业大园区，打造经济跨越发展新引擎

农产品加工业大多是低能耗产业，对能源的依赖程度相对较低，对生态环境破坏较小，农产品再生速度快，是可持续发展产业，建设绿色食品产业大园区具有重大意义[101]。首先，建设秦巴山脉四川片区绿色食品产业大园区，提供绿色安全放心食品，是秦巴山脉四川片区的重要使命。秦巴山脉四川片区临近我国南北分界线，南北气候和种植传统差异很大，很多农产品为北方地区和东部同纬度地区所不具有，农产品市场和广大的北方市场乃至东部市场具有较强的互补性。其次，建设绿色食品产业大园区，为社会提供更多无公害、无污染的绿色优质食品，为消费者提供更多的安全放心产品，保障人们的饮食安全，提高人民的健康水平。最后，发展绿色食品经济就是要以发展优质、生态、高产、高效的农业为基础，以资源节约型、低碳环保型、科技支撑型和产业拉动型工业项目为推动，以绿色、低碳、安全为方向，促进传统的粗放生产方式向标准化生产方式转变，从高能耗经营方式向现代化绿色经营方式转变。

（1）紧跟世界潮流，发展秦巴绿色食品产业。发展绿色食品产业已经成为当今世界的一种潮流。第一，绿色低碳经济的发展态势为绿色食品产业更新发展提供了机遇。当前，我国正处于经济发展方式转型期以及经济结构调整关键期，瞄准“绿色、低碳、安全”的发展方向，遵循可持续发展的原则，大力发展具有广阔市场前景的绿色食品产业，使绿色食品产业发展成为地方经济的“朝阳产业”、财政增收的“支柱产业”、跨越发展的“特色产业”。第二，食品安全的严峻形势为绿色食品产业更快发展提供了机遇。吃上安全放心的食品，已成为百姓饮食健康最为迫切的需求，发展绿色食品产业成为满足群众放心消费的重要保障。第三，随着经济的快速增长和人民生活生平的迅速提高，人们的食品消费观

念也在不断发生变化，人们追求绿色安全的消费趋势，为绿色食品产业更好发展提供了机遇。

（2）发挥自身优势，建设秦巴山脉四川片区绿色食品产业大园区。秦巴山脉四川片区资源丰富，生态环境优越，是国家重要的商品粮生产基地、农畜产品供给基地，加之工业企业少，土壤无污染，为建设绿色食品产业大园区提供了充足、安全的原料保障；秦巴山脉四川片区处于重庆、成都、西安、武汉、兰州和郑州等中西部核心城市经济辐射的叠加区域，能够最直接、近距离接受两大城市的辐射与带动；秦巴山脉四川片区各县（市、区）的工业园区都规划有农副产品深加工产业，已有粮食精深加工、畜产品精深加工、乳品饮品、果蔬精深加工和配套服务等产业。但是专业化产业布局还没有形成强劲之势，如何形成后发优势是严峻的挑战；现有的产业还不发达，虽已形成产业雏形，但聚集效应还较低，区域配套协作能力较弱，还没有形成完整的全产业链条；园区基础设施相对薄弱，致使园区承载能力还不强；产品自主品牌少，企业品牌意识还不强，引入品牌多，自主品牌少；企业自主研发能力还较弱，企业研发重视不够，投入不足，科技基础人才匮乏，多数企业还没有真正建立起自己的研发机构和科研技术中心。

按照“站位要高、眼界要宽”的原则，建设世界水平、全国一流的秦巴山脉四川片区绿色食品产业大园区，吸引国内外著名的食品企业在园区落户，要参与世界范围内的绿色食品产业竞争，要为人类的食品安全做贡献；要提供“绿色、低碳、安全”食品，努力把园区建设成百姓的“绿色菜篮子”、“有机米袋子”、“安全肉案子”和“放心奶瓶子”；要形成“一园一特色、一县一品牌”总体格局，鼓励差异化发展，避免同质化竞争，以“点—线—面”体系化思路，推动绿色农业为基础、绿色食品加工制造业为核心、绿色食品物流销售为动力、绿色食品相关支持机构配套发展的特色产业集群的发展：一是主导产品（点）—深加工产品链（线）—绿色食品产业群（面）；二是农业企业的原料产品生产（点）—农产品产业带（线）—绿色生态农业（面）；三是企业（点）—行业（线）—集群（面）。

（3）立足秦巴山脉四川片区绿色食品产业大园区发展，准确把握园区建设“三阶段”。第一阶段要加强载体建设、龙头建设和项目建设，以打牢园区基础，促进园区快速成长。第二阶段要做精优质粮食基地，加大产品宣传力度，提升群众对绿色食品的认知度，引导绿色食品消费，以强壮产业链条，积蓄可持续的发展后劲。并与京东、天猫、1号店等国内知名电子商务平台建立良好的合作关系，以“互联网+农业”为模式打造绿色食品完整产业链。第三阶段要加大绿色食品品牌创建、培育力度，提升品牌层次；要增强企业技术创新、自主研发能力，增强企业核心竞争能力，提高企业的发展层次，提升园区的建设层次和整体形象，迈向高端产业园区。最终建设以“加大源头保障、开发高附加值产品、改变国民传统饮食观念、引导国民建立绿色健康的饮食文化理念”为主导的绿色生态、循环经济产业基地。

（四）建设云计算和大数据产业中心，提高信息化建设水平

依托绵阳云计算中心，以大数据及云计算开发应用为核心，以构建完整的云计算产业链为目标，引进、整合一批国内外知名的云计算和大数据企业，建设一批领先水平的应用示范，突破与实施一批主导产业的核心技术，打造一批引领发展的云计算服务平台，构建自主、可控、安全的“中国云”，形成立足绵阳、服务秦巴山脉、辐射全国的云计算数据中心和国家级云计算产业基地。通过云计算和大数据的融合，将大体量的计算资源充分应用于城市智慧化、机器智能化，重塑科技和商业生态，开启政务服务新思维，并强化云计算和大数据在安防、医疗、交通、金融、工控与电商等行业信息化应用的引领作用，建设更广泛的智慧经济应用系统。

（1）着力建设云计算数据中心，打造云计算产业基地。联合重庆、西安、绵阳，在秦巴山脉四川片区建设云计算数据中心，为绵阳乃至环秦巴山脉四川片区城市群提供云计算服务，满足相关政府部门数据处理、容灾备份、互联网客户业务支撑、物联网公共服务平台、移动电子商务、基础数据库平台等业务需求。使其成为西部地区的云计算引擎，对提高秦巴山脉信息化建设水平，推进各地的智慧城市建设将发挥重要的战略作用。

（2）着力延伸云计算产业链，加快云计算行业应用落地。以数据中心建设和行业应用拓展为重点，推进云计算与大数据产业链向上下游延伸。重点发展与云计算、大数据、物联网和移动互联网等相关的配套产业。重点推进云计算在电子政务、电子商务、工业服务、医疗卫生、食品安全、旅游和教育等各行业的应用示范，推进基于云计算、“互联网+”的智慧城市建设，创新云计算服务发展，加快云计算行业应用落地。

（3）着力发展大数据产业，拓展大数据应用服务。积极探索公共信息资源的开放共享，鼓励政府部门和公共企事业单位以云计算为平台集中开放数据资源，吸引大数据应用企业开展数据资源应用开发，提升公共服务水平，让大数据服务经济社会发展，服务百姓，惠及民生。充分发挥优势条件，吸引云计算产业链企业及国家部委的数据中心和国家层面各领域的数据资源，着力提升基础网络，支撑云计算和大数据产业发展。加强网络建设改造和统筹规划，全力推进云计算基础资源建设，使秦巴城市群成为全国重要的云计算产业聚集地和国家云计算产业的重要承载节点。同时，辅以具体措施，包括继续强化组织领导，全面统筹协调；完善政策配套，加大扶持力度；设立专项资金，加大投入力度；引进培

养并举，聚集高端专才；强化服务监管，优化发展环境；加强交流与合作，借势借力整合资源。通过多措并举，促进秦巴山脉云计算产业快速发展。

（五）积极推进“互联网+”，提高信息化服务水平

紧密结合现状，依托重点城镇逐步向山区延伸，达到片区全覆盖。提出构建跨领域、跨地域、低成本、柔性联结中心城市的信息网络的设想和实现区域内外互连互通、信息共享的战略重点[102]。培育发展电子商务，以“互联网+”带动传统产业转型升级，实现秦巴山脉四川片区的跨越式发展。

（1）“互联网+农业”。当前秦巴山脉四川片区农业产业链系统效率低下，农业现代化程度很低，产业链面临“内忧外患”。整个农业产业链系统包括农资供应、农业金融、农业生产，以及农产品的流通加工消费等环节，物质流、资金流及信息流贯穿其中[103]。

“互联网+”重塑农业产业链的各个环节。第一，“互联网+”切入农资市场，将从农资生产、流通、营销、服务各方面影响农业生产中的农资供应，进而变革农资生产商和农户之间的关系。第二，“互联网+”将大幅度推动智慧农业的进程；互联网将通过精确农业、农业物联网、互联网云服务、大数据分析等来解决农业生产技术问题、农业规模化难以推进问题、农产品质量安全问题及产品价值实现等问题。第三，农业互联网时代将从“空间、时间、成本、安全、个性化”五个角度全面改变农产品消费市场，增强农产品消费者的客户体验和客户黏性。第四，农业龙头企业有全产业链中最丰富的信息，借助互联网，可以建立起以农业龙头企业为核心的农业互联网金融平台，为全产业上下游提供金融的投融资、网上支付等服务；农业互联网金融将贯穿于农资销售和购买、农业生产全过程、农产品销售过程的每个过程。

农业互联网生态圈：一张大网畅通各方。“互联网+”对农业的重构就是通过信息流打通各个环节形成一个完善的农业互联网生态圈，这里的信息极度开放和对称。此时，农业互联网平台成为产业链的核心，融通了整个产业链的物质、资金和信息流，使整个产业链共生、共赢、互利。

“互联网+农业”为产品销售搭建新平台，大数据定位消费者的需求，按照消费者的需求组织农产品的生产和销售，让农产品不再难卖。

（2）“互联网+工业”。“互联网+工业”的内涵即传统制造业企业采用互联网、移动互联网、云计算、大数据、物联网等信息通信技术，优化研发与设计、生产与制造、营销与服务各个环节，“互联网+”将从研发、生产、销售等方面彻底改造传统工业。

在山区建立物联网，通过互联网技术，以网络协同模式开展工业生产，制造企业从顾客需求开始，到接受订单、寻求生产合作、采购原材料、共同进行产品

设计、制定生产计划及付诸生产，整个环节都通过网络联结在一起，彼此相互沟通，而信息会沿着原材料传递，指示必要的生产步骤，从而确保最终产品满足客户的特定需求。

（3）“互联网+旅游”。旅游业是国民经济的综合性产业，是拉动经济增长的重要动力。以互联网为代表的全球新一轮科技革命正在深刻改变世界经济发展和人们的生产生活，为旅游业发展带来全新变革，旅游与互联网的深度融合发展已经成为不可阻挡的时代潮流。

秦巴山脉四川片区自然资源禀赋充足，历史底蕴深厚，旅游资源富集，准确把握秦巴山脉旅游业的发展规律和发展趋势，推进旅游区域互联网基础设施建设，推动旅游相关信息互动终端建设，支持在线旅游创业创新，大力发展在线旅游新业态，推动“互联网+旅游”投融资创新，开展智慧旅游景区建设，推动智慧旅游乡村建设，完善智慧旅游公共服务体系，创新旅游网络营销模式。充分发挥互联网的规模优势和应用优势，提高旅游与互联网融合发展的广度和深度，提高旅游创新能力和创新优势，挖掘旅游发展潜力和活力，培育新业态，发展新模式，构筑新动能，加速提升秦巴山脉旅游业的发展水平。

（六）以创新为驱动，加强人才基地建设，服务秦巴山脉四川片区工业与信息化绿色发展

创新是发展的动力和进步的源泉，秦巴山脉四川片区的工业与信息化发展离不开科技创新。但秦巴山脉四川片区创新发展面临诸多问题：人才匮乏，自主创新缺乏后劲；开展合作障碍较多，科技成果转化难以实现；科技创新环境不优，农业科研经费不足；工业经济的发展与发达地区相差甚远。其主要缘由是现有人员年龄与知识结构老化，对新兴特色产业、现代科技知识了解和掌握较少，难以满足新时期产业发展与农民需求；引进人才困难，留住人才更难，农业技术研究与推广后继乏人；山区地理位置偏僻，距离省城科研单位、大专院校较远，而且交通不便，专家对企业或相关部门提供指导服务发挥作用有限，加上资金和实力缺乏导致科技成果转让难以实现；龙头企业少、实力弱，对产业的凝聚力和拉动能力还不够强，产业链条还没有真正形成，产品的科技含量比较低，没有真正有影响的企业、有竞争力的产品和叫得响的品牌。

因此，基于秦巴山脉四川片区工业与信息化绿色循环发展要做好以下几个方面的工作。

（1）抓好大宗农作物新品种、新技术示范推广，有效提高粮油产量，保障粮食安全供给。秦巴山脉四川片区地处崇山峻岭之中，受地理条件限制，耕地面积小、分布散、质量差，而且自然灾害多，主要依靠人畜力耕种管理，所以产量不稳，产品市场竞争力差，种植效益偏低，农民种植积极性不高。为有效提

高粮油产量，保障粮食安全供给，结合山区实际，坚持依靠科技，在提高单产、改善品质、省工节本上下功夫。一是抓好大宗农作物优良品种的引进、示范与推广工作。二是抓好新技术研究和重大实用技术示范推广。三是将农艺与农机技术结合，逐步扩大机耕、机插、机防、机收示范面积，减轻劳动强度，提高劳动效率，降低生产成本，提高种植效益。四是依靠科技、立足抗灾减灾，做好重大自然灾害、重大病虫害的防控。通过以上措施，保证秦巴山脉四川片区粮油生产在“劣势”情况下，面积基本稳定，产量稳步提高，总产不断提升。

（2）立足资源优势，发展特色产业，促进资源优势与科技优势相结合。第一，培植“科技型”企业。支持帮助企业积极与科研院所、大专院校联系，聘请科技专家、引进科技人才、建设科技队伍。第二，建设“科技型”基地。坚持将先进技术运用到基地建设上，依托科技项目、组织技术力量，对基地建设的关键环节、突出问题开展技术攻关，同时搞好技术服务，提升基地建设的科技含量与水平。第三，培养“科技型”人才。发展特色产业离不开科技人才队伍，针对山区工业与信息化发展特色产业人才匮乏问题，要加强秦巴山脉人才基地建设，提高全民素质。一方面“引进新人”，聘请行业知名专家赴秦巴山脉指导，引进相关专业优秀人才充实技术力量；另一方面“盘活存量”，派遣年轻技术骨干赴外深造，组织县乡企业技术人员赴大专院校进行知识更新培训，形成一个产业聘请一名知名专家、组建一个核心团队、配备一支科技队伍、培训一批实用人才的格局，为产业发展提供强有力的科技支撑，促进科技成果的引进、研发和推广运用。

（3）以创新发展为驱动，逐步提高产业化水平。坚持以市场为导向，以效益为中心，对主导产业实行区域化布局、专业化生产、一体化经营、社会化服务、企业化管理，走产业化发展道路。在抓好技术创新的同时，坚持与时俱进，创新工业与信息化发展方式。明确主导产业、科学规划布局、全力支持龙头企业壮大发展。

（4）推进信息化和工业化深度融合，发展秦巴绿色循环工业。按照“政府引导、企业主体、市场化运作”的原则，以需求为导向、增效为目标、创新为动力、产业结构优化升级为主线，重点围绕秦巴山脉四川片区的工业支柱产业、龙头企业、重点示范项目、工业园区和公共服务平台建设，推动“两化”融合取得重大突破性进展，在提升创新能力、转变发展方式、推动节能减排、提高产品质量和培育新兴产业等方面发挥重要作用，成为加速秦巴山脉四川片区工业转型升级、构建现代产业体系和绿色低碳循环发展的重要支撑。重点从企业、行业、区域三个层次全面推进，以点带面，逐步深入，推动各行业、各领域、各园区加快“两化”深度融合。

二、措施建议

推进秦巴山脉四川片区工业与信息化绿色低碳循环发展，是一项复杂的系统工程，是一个战略性、创新性的变革过程。必须按照党和国家的部署要求，坚持保护优先，在发展中保护，在保护中发展，努力走一条绿色低碳现代产业体系完备、“两化”深度融合、科技创新驱动、环境污染少、经济效益高的“五化”同步发展的具有区域特色和新兴工业化的路子。为此提出如下对策建议。

（1）建立完善以生态红线为依据的工业发展环境保护制度。建议秦巴山脉四川片区各县（市、区）联合制定“四川秦巴生态红线规划”，进一步明确秦巴山脉四川片区林地与森林、湿地、流域治理、耕地、水源地、水资源保护、河湖保护、物种保护等红线范围。实行红线区域分级分类管理：一级管辖区，禁止一切形式的开发建设活动；二级管控区，严禁影响其主体功能的开发建设活动。在红线区外，适宜开发建设的，也要进行绿色低碳循环发展，同时要动员社会力量，对推进绿色低碳循环发展的工业给予支持，并进行监督，为加快秦巴山脉四川片区工业发展和生态文明建设贡献智慧、力量。

（2）促进完善矿业资源绿色开发与有偿使用制度。在秦巴山脉四川片区全面推进矿产资源绿色开发和有偿使用制度。坚持在一般情况下，能不开发的尽量不开发，能少开发的尽量少开发，必要开发的必须确保绿色开发，尽量减少生态环境破坏。坚持实行“谁使用资源谁付费”“谁污染谁治理，谁破坏谁赔偿”的原则，并严格检查监督。

（3）建立产地补偿机制。建立天然气资源产地的补偿机制，使天然气资源产地充分享受资源开发成果：一是提高天然气资源税率；二是建立天然气产地和消费地的税收分成制度；三是加大对天然气资源地相关产业发展的扶持力度。在安全生产、环境保护、劳动保障、征地拆迁、社会稳定、医疗救护、消防抢险、环境监测与道路交通等基础设施和装备条件方面，给予政策、项目和资金上的倾斜支持。

（4）确立天然气资源协同开发关系。天然气是重要的战略资源，天然气资源的开发利用涉及多个部门和企业，利益关系较为复杂，影响面广。为了便于协调，避免不必要（如重复建设等）问题的产生，建议成立由地方政府和国有企业共同参与的“天然气开发协调领导小组”，统筹协调秦巴山脉天然气勘探开发中的重大问题。国家应充分考虑秦巴山脉四川片区人民谋发展、盼富裕的强烈愿望，切实加大天然气资源的就地转化力度，对四川天然气能源化工产业政策、重大项目和用气指标等方面给予最大限度的支持。希望国家将四川省天然气化工重大项目列入相应专项规划，并协调中石油、中石化等企业在四川合作发展天然气化工，保证四川天然气化工产业发展的用气量。

（5）强化产业集群培育发展。产业集群是工业发展集群中重要的经济形态。加快产业集群培育发展，是加速资源整合、提高专业化水平，增强企业核心竞争力的有效途径。一是注重培育一批知名度高、市场前景好、后续爆发力强、具有裂变扩张力的优势产业集群，引导社会资源向其集聚，不断提高市场竞争力；二是延伸产业链条，提高企业集群配套和成套化水平，大力发展集研发、制造、销售、物流及生产性服务为一体的产业链体系，有效提高产业协作配套能力；加快产业集群品牌建设，扎实推进品牌发展战略，着力在秦巴山脉四川片区打造一批产业名市、名县、名企和名品，共创区域品牌。

（6）实施重点帮扶措施。为加快秦巴山脉四川片区脱贫致富和工业发展，一是建议四川组织省内经济实力较强的市、县和大企业、大集团，对口帮扶，重点通过帮助发展绿色循环工业，提高“自我造血”能力，加快脱贫致富，建设美好秦巴。二是建议国家组织东部经济实力强的省市对口帮扶秦巴山脉四川片区各县（市、区），就如同国家组织力量重点帮扶新疆、西藏加快发展一样，通过重点帮扶，投入一批重点资金，帮助培训一批急需人才，促使秦巴山脉四川片区逐步增强自身发展能力，加快脱贫致富，成为名副其实的生态安全屏障。

（7）完善信息化发展的体制政策环境。把发挥政府作用与发展市场作用相结合，促进信息化更好更快发展。加快信息化管理体制改革，营造公平有序的市场环境；加大企业改革力度，有效增强企业的竞争活力；抓紧制定秦巴山脉四川片区信息化规范和标准，建立信息化法律法规体系；加大对信息产业科研资金的投入，充分发挥市场配置资源的基础作用；建立人才激励机制，加快人才的开发、培养与培训；加强网络与信息安全保障体系建设。

第八章　农林畜牧发展

本章以秦巴山脉四川片区的农业为研究对象，研究内容包括传统意义的种植业、林业、畜牧业等，但又不局限于传统的农业范畴，而是贯穿了第一、第二、第三产业的大农业，包括第二产业的农产品加工，第三产业的观光农业，以及三者之间协调发展。

以促进秦巴山脉四川片区农林畜牧产业绿色循环发展为目标，结合秦巴山脉四川片区自然地理和社会条件状况，通过对状况及绩效的调研分析，梳理当地农林畜牧行业的发展特色及发展瓶颈，结合研究团队已有的研究与实践应用成果，提出促进秦巴山脉四川片区与区域农林畜牧统筹协调发展的策略和实施途径，并在绿色发展导向下，重点就秦巴山脉四川片区农林畜牧产业与第二、第三产业之间的联动策略、复合产业结构优化方法、产业空间布局方案及保障机制等方面内容展开研究，形成秦巴山脉农林畜牧绿色循环发展战略。

研究主要包含以下主要内容：第一，秦巴山脉四川片区农林畜牧绿色循环发展战略研究。结合秦巴山脉四川片区自然地理和社会条件研究农业绿色循环的发展战略，包括农业产业结构优化方法、农业绿色循环技术研究创新、种植业和生态畜牧业的现代化转型模式与技术研究，积极促进秦巴山脉四川片区农业发展的规模化、标准化、品牌化和产业化，最终实现当地的经济发展和生态环境改善。第二，秦巴山脉四川片区农业与第二、第三产业之间的联动策略研究。研究秦巴山脉四川片区农林畜牧产业与第二产业（生态农副产品加工）、第三产业（旅游业）之间的联动策略，顺应需求引导消费，旨在增加生态农业附加值，满足城市居民“一站式”旅游度假需求，以及打造城镇“一刻钟便民服务圈”。第三，秦巴山脉四川片区农林畜牧产业空间布局方案研究。积极与国家城镇化战略接轨，结合农业产业类型和地理空间特征，研究与农村人居环境结构体系相适应的农林产业空间布局方案。第四，秦巴山脉四川片区农林畜牧复合产业结构的优化方法研究。运用生态学、经济学和系统工程学，多领域综合集成、实地调研和比较研究等方法，集成系统建模、系统优化等研究手段，研究秦巴山脉四川片区农林复合经营的主要模式、综合效益评价体系及产业结构优化方法，保障退耕还林和天然林保护等生态环境建设工程的顺利进行。第五，保障机制研究。探讨秦巴山脉四川片区农林畜牧新形势下的绿色循环发展保障机制。

第一节　农林业发展状况

一、秦巴山脉四川片区生物种质资源丰富，开发利用潜力极大

该区域除产水稻、玉米、冬麦、红薯、油菜籽、蔬菜和蚕桑等一般粮经作物外，还拥有适宜香菇、竹荪、木耳、核桃、板栗、梨、桃、柑橘、猕猴桃、天麻、杜仲、金银花和黄姜等特色农产品生长的生长区[104]。对现有规划资料进行统计分析发现，秦巴山脉四川片区各县（市、区）农林业规划用地的生物资源种类丰富，且各类生物资源规划用地面积十分可观，各县（市、区）均规划有其特色农产品用地面积。

二、特色农业产业发展迅速、基地园区建设步入正轨

秦巴山脉四川片区工矿企业少，工业污染小，具有绿色食品生产的环境条件。该区同时是油橄榄的生态适宜区，广元、达州市的部分地区现在仍保存有上万株油橄榄大树，并有一定的经济产量。经过多年发展，秦巴山脉四川片区内各县（市、区）基地园区建设已逐渐步入正轨，资料显示达州市各县（市、区）现已建立种类多样的特色农产品生产基地，具体建设情况如表8-1所示。

表8-1　达州市农产品生产基地统计表

地区	农产品生产基地		
	名称	新增面积/万亩	涉及乡（镇）
通川区	重石村花卉基地	3	双龙镇
	磐石中药材种植基地	2	磐石乡
	骑龙花卉苗圃基地	2	双龙镇
	犀牛山野猪人工养殖基地	2	北外镇
	新村生猪饲养场	2	新村乡
	蒲家奶牛基地	2	蒲家镇
	蒲家实用菌生产基地	1	蒲家镇
达川区	油橄榄加工	0.40	达川区

续表

地区	农产品生产基地		
	名称	新增面积/万亩	涉及乡（镇）
宣汉县	优质商品猪战略保障基地	—	—
	优质生猪深加工	—	—
	油菜籽加工	—	—
	宣汉农产品综合批发市场	—	—
	特色畜禽生产基地	—	—
	蔬菜物流加工厂	1.76	双河
	奶源基地建设	6.18	胡家、花池
开江县	稻谷综合加工专业化	—	任市
	葛根淀粉生产线	—	普安
	油橄榄加工及产品开发	—	新宁
	竹笋两用开发项目	—	回龙
	酵素菌产业化项目	—	新宁
	银杏系列产品开发	—	普安
	葡萄糖粉用地安排	—	
万源市	年产20吨中药材提取	—	白沙镇
	万源市山野食品有限公司	—	茶垭乡李家沟村
	万源市特色农副产品循环项目建设工程	—	茶垭乡石马河村烧箕湾组
	年加工500万只旧院黑鸡深加工生产线建设	—	旧院镇
	年加工10万头板角山羊生产加工线建设	—	大竹镇
	年加工20万吨香菇、木耳等特色农产品加工厂	—	竹峪、永宁等
	方欣实业有限公司广山茶厂年产5 000吨高香绿茶技改扩能生产线	—	青花镇油房坝村
	光友薯业开发项目	—	白沙镇
	大巴山黑色风味食品加工	—	八台乡
	年物流量为2 500万吨的物流中心	—	石塘乡
	金桥魔芋生产线	—	白沙镇

资料来源：《达州市通秦巴山脉四川片区土地利用总体规划（2006—2020年）》

三、秦巴山脉四川片区部分生态、特色农业已初具品牌

秦巴山脉四川片区特色农产品种类丰富，各县（市、区）着力打造特色农产

品优质品牌，如通江“罗村茶”、南江“大叶茶”等。秦巴山脉四川片区落叶栎类资源丰富，因而食用菌栽培具有悠久的历史。此外，截至2015年巴中“三品一标”农产品认证已达到183个。

四、秦巴山脉四川片区农业产业化发展具有一定基础

目前，秦巴山脉四川片区着力开展农业产业化发展，区域内已建立数十个粗具规模的产业基地。此外，该区域特色农产品龙头企业粗具规模，这些龙头企业为该区绿色发展起到很好的辐射带动作用；同时为食品产业链的形成、产业化发展奠定了良好的基础。

第二节 畜牧业发展状况

秦巴山脉四川片区畜牧业经济占农业的比重较大，区域内五市及全区域2011~2014年各类畜产品呈现稳步增长之势[105]。牛、羊等草食家畜及禽类养殖产业正在日益壮大。从养殖品种上来看，秦巴山脉四川片区与我国其他地区类似，均以猪、肉鸡、蛋鸡、牛、羊等传统畜禽为主，兼顾发展獭兔、蜂业、梅花鹿等特色养殖业，目前已具有的特色品种包括南江黄羊、空山黄牛、巴山土鸡、剑门关土鸡等。从养殖数量及畜产品产量上来看，各类养殖品种中禽类与生猪养殖量所占比例较大；牛、羊饲养的绝对数量虽然小于禽类和生猪，但与我国其他地区相比则占有较大比重，其中牛饲养数量占四川省近1/4，已成为四川重要的肉牛产业基地。从畜牧业产业结构上来看，规模化、标准化养殖比例逐年上升。区域内五市及全区域2011~2014年畜牧产品生产情况分别如表8-2~表8-7所示。

表8-2 2011~2014年绵阳市畜牧产品产量

产品	2011年	2012年	2013年	2014年
肉类/万吨	62.3	63.5	40.4	41.8
禽蛋/万吨	15.3	16	11.9	12.1
生猪/万头	576	590	379.8	387.1
牛奶/万吨	2.4	2.4	2.5	2.5
水产品/万吨	9.8	10.4	10.6	10

资料来源：国民经济和社会发展统计公报

表8-3　2011~2014年南充市畜牧产品产量

产品	单位	2011年	2012年	2013年	2014年
肉类	万吨	—	82.7	58.1	59.4
生猪	万头	766	784.7	619.9	631.4
牛	万头	20.5	20.6	12.5	13.1
羊	万只	268.3	269	173.2	178.5

资料来源：国民经济和社会发展统计公报

表8-4　2011~2014年达州市畜牧产品生产情况

产品	单位	2011年		2012年		2013年		2014年	
		产量	比上年	产量	比上年	产量	比上年	产量	比上年
肉类	万吨	74.4	3.5%	77.2	3.7%	49	1.8%	50.1	2.2%
生猪	万头	49.3	3.4%	51.1	3.6%	34.5	1.6%	35.1	2%
牛	万头	6.7	1.4%	6.8	1.9%	3.8	0.1%	4	5.1%
羊	万只	2.8	6%	2.8	0.7%	1.6	5.2%	1.6	3.1%
牛奶	万吨	1.9	21.8%	2.2	17.2%	1.8	6.1%	1.9	8%
水产品	万吨	7.8	5%	8.2	4%	8.5	4%	8.9	4.5%

资料来源：国民经济和社会发展统计公报

表8-5　2011~2014年巴中市畜牧产品生产情况

产品	单位	2011年		2012年		2013年		2014年	
		产量	比上年	产量	比上年	产量	比上年	产量	比上年
肉类	万吨	45.4	−2.4%	46.4	2.2%	31.3	1.8%	32	2.2%
禽蛋	万吨	7.4	3.7%	7.7	3.5%	6.3	0.8%	6.3	0.7%
生猪	万头	521	−3.1%	533.8	2.5%	371.4	2%	378.7	2%

资料来源：国民经济和社会发展统计公报

表8-6　2011~2014年广元市畜牧产品产量

产品	单位	2011年	2012年	2013年	2014年
肉类	万吨	33.14	34.5	28.91	29.66
禽蛋	万吨	3.92	—	—	—
生猪	万头	383.95	399.8	366.99	374.15
牛	万头	—	10.4	6.26	6.6
羊	万只	44.7	—	—	—
家禽	万吨	2 590.9	—	—	—

资料来源：国民经济和社会发展统计公报

表8-7 2011~2014年秦巴山脉四川片区畜牧产品生产情况汇总

产品	单位	2011年	2012年	2013年	2014年
肉类	万吨	260.8	351.0	242.7	247.2
禽蛋	万吨	34.7	36.2	24.9	25.2
出栏生猪	万头	2 821.1	2 898.6	2 190	2 232.9
出栏牛	万头	34.6	45.3	27.1	28.4
出栏羊	万只	370.3	102.9	209.4	215.8
出栏小家禽	万只	7 265.4	7 473.9	2 831	2 887.5
牛奶	吨	45 829	48 852	45 822	46 843
水产品	万吨	23.9	25	25.1	25

资料来源：国民经济和社会发展统计公报

第三节 典型发展模式

秦巴山脉四川片区以粮食生产为主，经济作物种类繁多。粮食作物中稻谷、玉米、薯类三大作物占有突出地位。经济作物多种多样，包括茶叶、中药材、水果、菌类等[106]。此外，猪牛羊肉类畜牧业、蚕丝等农产品，以及加工品也是农业的主导产业[107]。根据上述功能区的定位，近年来，区域内循环经济发展模式加快推行，农村能源开发初见成效。在实地调查研究及资料收集的基础上，目前秦巴山脉四川片区农林畜牧产业发展绿色循环经济的主要发展模式有以下几种：①突出特色农业，适当发展生态旅游，促进农旅融合农业发展的农业循环经济模式。②以高效优质绿色食品生产和养殖、清洁能源相结合的农业循环经济模式。③以节能环保、生态安全为重点的初级农村生态生产大循环系统[108]。秦巴山脉四川片区农林畜牧产业绿色循环发展模式有待进一步发展、完善和推广。针对该区域的自然条件和经济发展特点，除了上述发展模式，该地区农业循环经济的发展中还应纳入以下主要模式。

一、“果菌套作”和“稻菇连作”模式

利用秦巴山脉四川片区柑橘、脐橙、丰水梨、猕猴桃等果园空闲地多、土壤阴蔽等特点，推行“果菌套作”，发展灵芝、杨树菇等食用菌生产，实现果园立体开发和综合利用。利用水稻收割后冬闲地和稻草发展“稻菇连作”，消除稻草

焚烧带来的大气污染，实现稻草还田。

二、“粮—工—猪—鱼”、“种—养—加”或“种—工—旅”模式

针对秦巴山脉四川片区丰富的农产品资源，围绕种植业、养殖业和农副产品加工业的生态化，对高粱、稻谷、大豆、小麦和红苕等农产品进行深加工，生产白酒、陈醋和豆腐乳等食品，形成各种资源循环经济产业链条。还可建立“玉米—液糖—淀粉、蛋白粉、玉米油、玉米色拉油”生产链，使玉米的有效利用率高达95%。加工产生的副产物进一步用作畜禽饲料，发展畜牧业。还可进一步发展肉制品加工与畜禽皮毛加工相耦合的生产链，畜禽粪便再次发酵用作鱼饲料，促进水产业发展，从而延长产业链条，使经济效益大大提高。“种—工—旅”模式是指在种植业发展的基础上开展工业深加工，同时兼顾生态旅游发展。

三、“草—牧—桑蚕—粮（果、蔬）”模式

结合退耕还林、退耕还草工程，合理开发与利用资源，在退耕还林区套种桑蚕等经济林，利用低矮的丘陵岗地大力发展羊、牛、兔、鸡和鸭等动物养殖，以山地规模散养为主，收集牲畜粪便发酵后与秸秆混合发展食用菌生产，采收食用菌后余下废料用作有机肥还田还土，生产无公害优质粮油、水果、蔬菜。结合丘陵山区桑树多、养蚕户多的特点利用沼渣、沼液喷施桑树，产出优质的桑叶用于喂养蚕，结出优质蚕茧，利用蚕茧发展蚕丝系列产业链条，同时进一步扩大生丝生产规模，建设高档精梳蚕丝被生产线。

四、二元产业经营模式

秦巴山脉的二元产业经营模式主要有“林—菌”、“林—药”、“林—牧”、“林—农”和“粮—经”等五种模式。“林—菌”模式，即在疏林下，利用木材加工物，培养木耳、香菇、天麻等。“林—药”间作模式可充分利用林内湿润、直射光少等有利条件，种植药材，不必人工搭棚遮荫，减少了成本，提高了经济效益。“林—牧”型，在同一经营单元上林和牧的结合，是促进生产和增加收入的一个主要途径，起到以林促牧，以牧促农的作用。该模式在土壤贫瘠的地方栽植用材林，利用片林中的天然鲜草及落叶为饲料，适当引入草食性动物，动物粪便归还林地促进林木生长。“林—农”复合型是根据林木与间作物生物学特性的差异，实行林农间作（幼林中间作与成林中间作）。“林—农”复合经营，可以分为林—粮间作型、林—油料作物间作型、林—蔬菜间作型。深入探索“粮—菜”、“粮—菜—菜”和“粮—菜—饲”等多种“粮—经”复合模式，

大幅度提高耕地的复种指数，实现农业高效益。

五、建立废弃物利用体系模式

一是建立加工废弃物集中利用模式。在农产品加工废弃物较为集中的区域，建设规模较大、技术水平较高的企业，专业从事农产品加工废弃物的综合利用。二是建立加工废弃物就地利用模式。对易腐败或附加值较低的农产品固体废弃物、液体废弃物，采用就地利用的循环模式。

第四节　存在的问题

一、对绿色循环发展的认识不足

（一）经济发展与生态环境保护矛盾突出

秦巴山脉四川片区贫困人口相对集中，是革命老区、边远山区和汶川特大地震灾区，经济发展任务艰巨。但是该区域地质灾害多发易发，生态脆弱，环境污染治理压力大，生态建设任务繁重[109]。社会公众对秦巴山脉四川片区农林畜牧产业绿色循环发展的重要性和紧迫性认识还不透彻，一些地方领导对绿色循环发展的重视度还不够[110]。绿色循环发展意识的缺乏造成目前绿色循环发展点少面窄，不能形成规模和示范效应，缺乏影响和带动力。

（二）区域内产业发展模式粗放

农户采用的化学农业方法无法解决农药、化肥、塑料、激素和农业废弃物等问题，而且这些问题带来了严重的大气、水、土壤等突出生态环境污染问题和食品安全问题，导致农业增产并不增效。目前，养殖畜禽粪便等排泄物对环境的污染是区域内农村面源污染之一[111]，主要表现在部分规模养殖场和农户粪污处理利用不彻底，周围环境卫生差，环境污染比较严重。同时，部分工业企业不断向农村转移，污染由城镇向农村蔓延并呈加快趋势[112]。由于追逐眼前经济利益，森林被大量砍伐，药用植物蕴藏量急速下降，加之人们对保护野生资源的重要性认识不够，开发利用不尽合理，保护不力，致使该区域不少野生药材资源日趋减少。对矿产资源不合理的开发利用造成环境污染和生态破坏较严重，矿山生态环境恶化面积逐年增加，废石（渣）、尾矿积存量日益增大，引起的地质灾害时有发生。废气、废水、固体废弃物无序排放，造成严重的水、大气污染和矿山植被、土地等生态被破坏。资源开发与生态环境保护之间的矛盾日益突出，绿色循环发展任务艰巨。

二、农业科技体系不完善

秦巴山脉四川片区农业综合生产能力不强。区域内农业劳动力科技文化素质偏低，加之山区地形的双重制约，造成实用先进农业技术推广慢，对生产资源的利用效率低。核桃、林木、药材占用的土地资源多，在其幼苗生长期间的土地空间资源没有得到充分利用。在规模化、集约化程度高的山地养殖区，其环境污染主要表现为动物排泄物固液处理不当造成的臭气，以及以粪便为载体的人畜共患病等，其产品公害主要表现为动物产品中有害物质的残留问题。由于市场观念的缺乏，该区域农林畜牧产品资源开发利用相对滞后，农副产品附加值较低。

绿色循环农业科技创新创造能力不强。技术是循环农业提升资源综合利用效率和提高产品质量的动力源泉。目前，秦巴山脉四川片区产业链上下游技术还没有环环相扣，绿色循环发展的科技支撑基础不牢固，创新驱动动力不足。缺乏科学技术支持动力机制，导致农业科技成果转化应用动力不足，加之农业生产有关部门和相关单位指导、服务、协调、支持、配合不够，技术规范难以到位，导致秦巴山脉在绿色循环发展工作中，基层地区缺乏必要系统的专业知识，在指导绿色循环发展的工作中缺乏力度和方向。

农户为主导的绿色循环规模小而分散。在“减量化、再利用、再循环”环节的科技有效供给不足，农林畜牧各产业单项技术多、综合配套技术少，常规技术多、先进技术少，一般品种多、突破性品种少。农技推广队伍建设滞后，人员数量总体上仍显不足，知识结构和年龄结构不能满足绿色循环发展需要。以小农户为主体的半封闭式简单循环技术含量不高、资源综合利用不足、废弃物资源化水平较低，同时，农村劳动力持续转移使这种简单循环模式面临劳动力匮乏的困境。同时，秦巴山脉四川片区的新村建设、土地整理、灾后重建、重大工程移民等项目使农民集中居住，形成生产与生活功能分离的新型居住模式，该模式对集中居住区的能源使用、环境等均有一定要求，这使原有的单家独户的内部循环模式（如“猪+沼”）存在较强的不适应性。

三、绿色循环农业产业化水平低

农业产业化组织水平低。家庭农场、农民专业合作社、龙头企业等新型农业经营主体发展滞后，产业组织化程度低、组织效率差，制约了农民的市场参与水平和竞争能力[113]。例如，秦巴山脉四川片区肉（奶）牛生产基本上保持传统的养殖观念和方式，以分散、小规模的小农经济方式生产，饲养周期长、饲养方式落后，养殖效益低。畜牧业产业园区的比重低，与现代畜牧的要求相差甚远，产业园区建设的滞后制约了畜牧产业的工业化发展与管理。虽然秦巴山脉四川片区土特产的种类繁多，但至今仍无一种农特产品形成大规模、大气候。由于产业规模小，生产水平低，生产经营分散，加之山岭阻隔交通不便，秦巴山脉四川片区之间长期缺少市场经济联系，而且各地区内部联系也很差，产业的规模效益远未形成。

传统产业占主导地位，产业结构不够合理。秦巴山脉四川片区目前尚处于以传统农业为主的低水平生产时期，仍以传统生产方式为主，粮油面积比重较大，效益较高的经济作物、林果面积比重小，经济效益低。种植业的规模在提高，畜牧业的规模在下降，种养比例的不协调容易造成种养循环脱节。受交通、信息、生产技术水平等因素的制约，第二、第三产业比例严重失调。产业发展粗放结构单一效益低下，产业层次少、底层产品比重大，企业规模较小，原料基地及产业链尚未真正形成。优质农产品少，整体农业装备水平较低。农产品精深加工水平低，市场风险承担能力弱，农业产业化投入低、配套资金少。

绿色循环发展内生动力不足。与传统农业经营模式相比，绿色循环农业设施投入大，管护成本高，投资回报不确定，风险大，这些制约了投资主体开展循环农业项目的积极性。秦巴山脉区域绿色循环农业项目主要依靠国家财政支持，产业的投融资渠道不畅通。秦巴山脉四川片区的农产品公共品牌尚未建立，农产品注册商标虽多，但产品规模小，市场分散，不利于市场宣传，难以形成品牌合力，绿色农产品的规模效益、品牌效益难以显现。在现行体制下，较高的认证费用直接制约了投资者申请无公害（绿色）认证的积极性，而消费市场由于产品信息不对称，市场认同度较低，循环模式下的农产品价值优势难以转变为价格优势。

四、绿色循环发展的配套机制不健全

制约农业和农村经济发展的体制性障碍仍然比较突出，农村产权不明，资产经营不灵活。农村社会化服务机制、土地经营机制、融资机制、农业多元化投入机制不健全，农业对外开放合作力度不够，农产品流通体系建设薄弱，农村综合配套改革仍需深化。财政支持投入机制不健全[114]。农业绿色循环经济模式是由种植业、养殖业、农村能源和生态建设等多个产出项目统筹协作形成的产业网络。当前财政支农资金的部门分割投入方式难以适应种养循环农业的链式结构，重复投入与投入空白并存。目前，财政投入机制、投资重点、扶持主体等方面还没建立长效机制。

生态文明建设制度还不够健全，缺乏环境考核机制。虽然国家对绿色发展的号召很充分，但是基层自我发展能力弱，经济发展水平低，执行缺少政策及资金保障，发展绿色循环经济的积极性不高。加之缺乏强有力的统一环保监管机制，环境保护综合协调能力不强。现有的环境保护法律、法规缺乏有力的行政强制措施，对环境违法行为的处罚力度偏低，有法不依、执法不严的情况仍不同程度地存在。环境监测、环境监察、环境统计和环境信息系统建设等管理手段落后的问题比较突出，环境监测、调查取证、污染事故预警和应急反应等手段尚不能达到依法行政的要求。企业环境行为信息公开和公众参与机制尚未健全，公众参与渠道不畅、能力不强。

种养循环链上多主体之间的利益和风险分担机制不完善。在技术进步、土地规模集中、政策激励等因素影响下，绿色循环农业循环链上的利益主体和产业项目向多元化转变，然而秦巴山脉四川片区的农业产业化、规模化、组织化尚处于较低水平，利益主体之间的利益联结机制尚不健全，较高的交易费用导致种养循环链面临不可持续发展的风险。目前，以规模经济和园区经济为主体的自主经营、自主受益的封闭式循环具有综合利用资源、提高经济效益、规避生产风险的先天优势，将成为投资业主的重要选择，然而小农户在循环链中均处于较低层级，除生产生活条件得到有限改善外，难以分享循环农业中产品高级化所带来的附加收益。这无疑会进一步将小农户挤出循环农业的产业链条，压缩小农户分享绿色循环农业发展的受益空间。在政府、农户、企业、中介组织等产业链环节上的各利益主体之间还没有形成有机、有效、无缝联结的利益联结机制，不能充分有效地激发各利益主体的积极性和主动性。

五、基础设施建设落后，自我发展能力弱

基础设施瓶颈制约突出。该区域的铁路网密度远远低于四川省平均水平，机场建设和航空运输严重滞后，国省干线公路等级低，农村公路通达深度不够，偏远山区行路难问题突出。水利设施薄弱，工程性缺水问题突出，山区人畜饮水普遍困难，饮水安全问题未得到有效解决。农村供电保障能力不足，仍有不少行政村未完成农网升级改造。城镇规模小、功能不完善，金融、物流、信息等现代服务业发展明显滞后。

经济发展水平低且缺乏发展动力。地方财力薄弱，财政支出主要依靠上级转移支付。截至2015年，秦巴山脉四川片区有11个国家扶贫开发工作重点县，贫困面广，贫困程度深，区域性贫困问题突出。特色优势产业规模小、链条短，科技创新能力不足，资源优势未能转化为经济优势。要素集聚能力弱，对外开放水平低，城乡基本公共服务水平差距大，教育设施滞后，师资力量不足，农村劳动力文盲、半文盲率较高。农村实用技术人才短缺，农技推广能力不足，农业科技应用水平低，现代农业发展缓慢。科技对经济增长贡献率较低，支撑经济社会发展作用不明显。

第五节　对策建议

一、指导思想和发展目标

（一）指导思想

贯彻落实党的十九大精神，扎实推进生态文明建设，以绿色、低碳、循环发展理念为指导，坚持国际化视野、现代化水平和市场化运作，以经济发展和生态环境改善为中心，以农林畜牧资源开发利用为主引擎，以“大循环”勾连“小循环”为发展思路，按照“农林畜牧产业绿色循环发展”的战略定位，有效对接“一带一路”建设和秦巴山脉开发扶贫，科学构建农林畜牧复合产业结构，合理布局区域产业空间，扎实推进地域特色农林畜牧产业规模化、标准化和品牌化，有效维护区域农业生产和生态安全，实现秦巴山脉四川片区农村和农业的转型突破发展、城乡统筹协调发展和生态安全可持续发展。

（二）发展目标

根据党的十九大对生态文明建设和绿色发展的决策部署，紧扣全面建成小康社会战略机遇，以绿色低碳循环发展为导向，致力提升秦巴山脉的世界名山地位，高度维护生态资源可持续发展，积极探索具有中国特色的山区发展策略，加快促进中西部崛起及秦巴绿色协同城市圈发展，有效解决秦巴山脉扶贫攻坚难题，确保秦巴山脉与全国人民共同步入小康社会。

1. 经济发展提质增效

秦巴山脉区域绿色循环农业发展有助于农民创收，可促进区域经济快速提升，有效突破区域贫困瓶颈。例如，到2020年，秦巴山脉四川片区特色农林畜牧产业增加值将达到 1 500 亿元，年均增幅达4%，山区农民人均纯收入达到全国平均水平；区内贫困县个数减少到15个，占到地区县（市、区）总量的18.75%；全面消除现行贫困线标准以下贫困人口，贫困发生率控制在5%以内，低于全国平均贫困发生率。其他指标还包括三次产业比例、就业比重、特色优势产业占地区生产总值的比重和先导型服务业的增长率等。

2. 农业发展模式拓展创新

在巩固、创新符合区域特色的经典绿色循环发展模式的基础上，借鉴国内外先进经验，结合资源特色，制定相应的转型战略，实现山区农业的生态转型和绿色发展。到2020年，建成国家级生态农业示范县增加5个，“粮—猪—沼—果”沼气工程链接型循环农业模式、山区种草饲养草食家畜家禽模式、林下复合产业模式等绿色循环型农业模式占总产值60%以上。另外，尝试旅游资源与农业模式综合开发，发展高科技生态农业园、精品型生态农业公园、生态观光村和生态农庄等观光生态农业模式，实现农民就业，促进农民创收。

3. 基础建设卓有成效

绿色循环农业及其产业链的发展需要大量完备的基础设施加以支撑，到2020年，区域发展不平衡和先天地理区位条件所导致的基础设施较落后、交通通信闭塞的困顿局面将极大改善，区域性的高速公路、干线公路及相配套的乡镇公路和通村公路等交通网络基本覆盖；农田水利设施对农业生产和饮用水供给的保障能力不断提升，农田有效灌溉面积比重达90%，安全饮用水供给率达100%；宽带网络基本覆盖全区农村，“互联网+农业”的发展模式将极大地促进绿色农业发展。

4. 农业科技贡献明显增加

绿色循环农业发展需要农业科技创新的大力支撑，农业科技创新有助于解放农业生产力，提高区域内各类资源的开发效率，大幅度提升农副产品附加值，增强第一产业与第二、第三产业之间的联动能力。到2020年，区域内农业科技进步贡献率将达到62%，种植业良种覆盖率达到90%，种植业农业机械化作业率提高到50%。

5. 生态建设稳中有进

生态建设与经济发展同步推进，生态环境资源与开发之初相比有了较大提升。到2020年，国家级生态县增加3个，基本建立农村生活垃圾和污水收集处置系统，农村居民的生产生活环境得到显著改善；经济发展对自然资源的占用和对生态环境的污染逐步减少，生态环境容量稳步提升，森林覆盖率提高至50%，全年空气质量指数达到优良天数比例达到95%，天然气等清洁能源的使用比例达到75%。

二、空间布局

任何区域总是在更大尺度的区域内存在与发展，并通过一定的经济联系、参与一定的分工和承担一定的职能来获得相应的地位，秦巴山脉四川片区覆盖川东北五市，通过调整、重组五市的农林畜牧产业布局，可最大限度地发挥区域经济系统各自的优势，实现区域经济的统筹协调，错位发展，产生整体大于部分之和的经济效应与社会效应。

（一）区情特点

秦巴山脉四川片区地处川陕甘渝接合部，是连接我国西南与西北、沟通西部和中部的重要桥梁，是连接长江经济带和丝绸之路经济带的重要通道，同时川东北地区位于西安、兰州和成都西部三大城市经济圈构成的三角地带的中心位置，距三大中心城市的空间距离均在600千米以内，是三大城市圈向外辐射扩散、向内吸纳的重要区域，其涵盖巴中、广元、达州、南充和绵阳5市的25个县（市、区）。秦巴山脉四川片区地貌类型以山地丘陵为主，气候暖热湿润，倚傍嘉陵江得天独厚的自然条件，不仅产业特色鲜明，是我国重要的特色农产品生产加工基地，茶叶、蚕桑、干果等特色农产品和当地中药材在我国也占有重要地位，而且极具生态地位，该区域是长江上游重要的生态保护屏障，承担秦巴山脉生物多样性保护、南水北调中线工程水源保护等重大生态功能，森林覆盖率达到59%，是国家重要生物多样性和水源涵养生态功能区[115]。

（二）空间布局与产业选择

在充分尊重秦巴山脉四川片区传统文化的基础上，考量各地地理区位和资源特色，对全域农林畜牧产业进行统筹布局，合理安排，多规划交叉错位，多方位同步实施，形成“一中心一环线四基地五产区”的空间结构。

一中心——以南充为中心，南充在地理区位上与绵阳、广元、达州、广安、遂宁等五市均紧密连接，且与成都、重庆形成三角之势，依托其优越的地理区位和便捷的交通网络体系，可对秦巴山脉四川片区产生中心辐射，形成联动效应。

一环线——结合秦巴山脉四川片区丰富的生态旅游资源和红色旅游资源，充分开发旅游产业，设计合理的旅游线路，全面覆盖南充阆中古城5A景区、嘉陵江传统农耕文化、达州巴人故里、巴中光雾山绿色生态、广元苍溪乡村农业观光旅游、剑门关景点和绵阳北川羌城旅游区、北川药王谷风景区等景点，形成秦巴山环线旅游。

四基地——秦巴山脉四川片区农林畜牧产业需点面结合，通过基地试点形成示范效应：一是生态水源保护示范基地，以广元朝天为起点直至南充仪陇，开展嘉陵江上游生态水源保护，以缓解广元、南充水资源紧张局势，构筑水资源安全网络；二是中药材研发基地，以绵阳北川及平武、广元青川和巴中南江为中药材供给基点，进行中药材的研发创新，以提高中药材附加值，促进药业产业发展；三是农牧产品精深加工基地，以南充营山、仪陇，达州万源，巴中平昌、南江和广元苍溪为农牧产品供给基点，进行农牧产品的精深加工，以延长农业产业链，提高产品附加值，促进农民增收；四是绿色循环农业及清洁能源示范基地，以南充营山、达州宣汉、巴中通江和广元旺苍为示范区，相互交流借鉴，推广猪—沼—果等循环农业产业链和先进的沼气及废弃物再利用技术，以促进生产、流通、消费过程的减量化、再利用和资源化。

五产区——依托各自资源特色，通过特色农林畜牧项目划分相应产业功能区块，一是以绵阳为中心的高新技术研发和物流中转区，依托绵阳科技城和五个国家级开发区，进行农畜产品及中药材的研发工作，促进农业产业链延伸；二是以南充为中心的有机特种畜牧区，发展壮大以仪陇、营山为代表的特色畜牧产业和生态农业，辅以农产品精深加工企业，形成特色畜牧产业；三是以广元为中心的果蔬药材生产研发区，利用青川特殊的地理条件，联合南江、北川、平武壮大做强中药材种养殖及后期加工研发产业，继续巩固以苍溪为代表的猕猴桃等水果产业；四是以达州为中心的清洁能源和红色生态旅游区，依托中国气都的名片，大力推广清洁能源产业，借助川陕接合部、巴人故里等优势条件，有机融合农业与旅游观光产业，促进三产联动发展；五是以巴中为中心的绿色生态循环农业区，以南江的中药果蔬及茶叶等经济作物、平昌的猪—沼—粮、猪—沼—果、猪—沼—菜等产业链为基础，结合通江国家生态文明示范县的优势地位，大力发展以果蔬和经济作物为主的绿色循环农业，促进经济发展和农民增收。

三、优化农林畜牧结构和绿色循环发展的对策

新型城镇化下推动秦巴山脉四川片区实现传统农业向现代生态农业的顺利转型，有助于保障国家生态安全格局和社会民生稳定，有助于体现“五位一体”建设理念，有助于统筹秦巴山脉四川片区农村和农业的转型突破发展。

（一）配合国家目标，统筹发展模式

秦巴山脉四川片区发展农林畜牧产业不仅对区域内的生产、生活产生了重大影响，也极大地影响了地方政府选择经济发展模式的政策决定，区域经济的发展模式应服从国家开发秦巴山脉的战略布局，地方利益应服从全局利益，眼前利益应服从长远利益，使国家与地方政府对秦巴山脉四川片区的开发建设形成齐抓共管，共同参与的合力，产生综合统筹的效应，有效防止“政策打架，利益相争”

现象的发生，彻底扭转过去“同质竞争，两败俱伤”的被动局面。

（二）结合资源特色，调整产业布局

由于各地区环境经济条件和基础不同，不论是国家层面还是各地方政府在确立发展路径时，都会结合自身的情况制定出有别于其他地区的发展战略，针对秦巴山脉四川片区的区域资源特性，选择合理有效的发展路径，划定产业发展功能区块，形成区域协作、错位发展的产业布局，同时加快现有产业结构调整，使之形成多方向、多层次、多功能的成熟产业链条，促使各区块协同发展，交叉互补，同步发展。

（三）尊重文化特性，制定合理方案

由于区域发展不平衡和先天闭塞的地理区位条件，秦巴山脉四川片区具有独特的资源环境和人文习俗，不少偏远山区农业处于亚自然经济状态，在推动传统农业向现代农业转化的过程中，应充分意识到现代农业发展模式与地区传统文化习俗的冲突，充分尊重地区人文习俗，制定合理的绿色循环发展模式，实现山区农业的生态转型。

（四）重视绿色产业，加强政府扶持

区域产业发展离不开政府的引导扶持，各级政府应充分认识到绿色循环农业是实现秦巴山脉四川片区经济振兴和生态资源可持续的最佳选择，要通过提升基础设施建设改善投资环境、量身定制相关配套措施、引导建立森林绿色食品的产业化体系规范、加大科研投入和财政政策补贴等手段，切实做到政策支持与企业（个人）出资相结合、科研院所科技支撑与企业科技相结合、分类服务与重点服务相结合，以及引进来与走出去相结合，以鼓励推广绿色循环农业产业发展。

（五）融合网络金融，拓展经营创新

随着科技的发展，互联网经济给传统绿色循环农业插上了腾飞的翅膀，对其升级改造产生了不可估量的影响。无论政府还是企业个人，都要充分意识到网络对经济发展格局的变革影响，将互联网农业当作现代农业的一个重要特征，政府及行业协会要明确各自的定位和目标，积极开展互联网农业的研究，促进绿色循环农业与互联网有机融合，产业各部门应充分运用网络以获取最新的生产技术，并实现线上线下的销售相结合，助力绿色循环农业大发展。

第九章　文旅产业发展

随着世界旅游业进入一个高增长时期，我国旅游业的发展也进入了一个快速增长时期。我国旅游资源十分丰富，是世界旅游资源大国之一。进入21世纪后，我国旅游业得到长足的发展，各项数据增长明显：旅游业总收入从2001年的4 995亿元增长到2014年的3.03万亿元，旅游总人数从2001年的8.73亿人次增长到2014年的37.38亿人次，年复合增长率分别达到14.87%和11.84%（图9-1）。

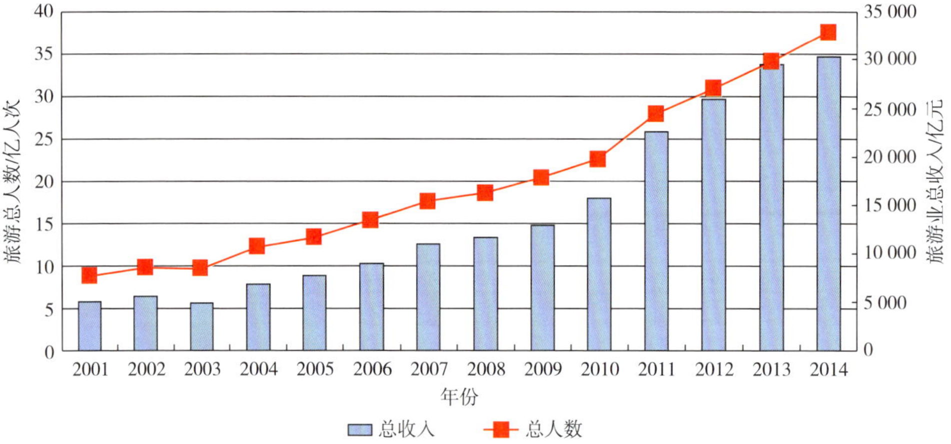

图9-1　2001~2014年我国旅游业总收入和旅游总人数变化趋势

秦巴山脉四川片区有与其特殊地质地貌背景相关的数量众多、分布较广、品位较高的国家级自然保护区、国家重点风景名胜区、国家级森林公园，构成其重要特色。据统计，截至2015年，秦巴山脉四川片区共有6处国家级自然保护区、5处国家级森林公园、3处国家级风景区、2处国家级地质公园。

近年来，随着我国旅游业的整体快速发展，以及以生态旅游、森林旅游、乡村旅游为主的休闲度假旅游成为趋势，秦巴山脉四川片区旅游业发展也表现出了增速快、态势好、对国民经济贡献不断增大的特征。据统计，2011年秦巴山脉四川片区旅游人数达5 773.77万人次，占四川省旅游总人数的16.42%，旅游总收入为341.91亿元，相当于当地生产总值的10.42%。

着眼于秦巴山脉四川片区绿色循环发展的总体目标，从战略高度将发展旅游文化产业作为提高城乡收入水平、促进城镇化发展特别是扶贫攻坚的重要着力点，针对当前旅游业发展面临的突出问题，从总体发展定位与目标、战略与路径等多方面深入开展该地区旅游与文化产业发展战略研究，对进一步促进当地旅游，实现秦巴山脉四川片区社会经济可持续发展具有重大的现实意义。

第一节 文化旅游资源评价

一、世界三大山脉对比研究

（一）阿尔卑斯山脉

1. 概况

阿尔卑斯山脉位于欧洲中南部，呈弧形贯穿意大利北部边界、法国东南部、瑞士、列支敦士登、奥地利、德国南部及斯洛文尼亚，绵延1 200千米。其山势高峻，平均海拔约 3 000 米，总面积约为 22 万平方千米，主峰勃朗峰海拔为4 810.45米，是欧洲第一高峰，位于法国和意大利的交界处，其常年的冰雪、夏季的草原、冬季的天然滑雪场每年都吸引了大量游客，为欧洲的旅游业带来了巨大的经济效益。

2. 旅游资源

（1）自然风光。阿尔卑斯山脉整体呈弧形延伸在欧洲南部，山势雄伟、风景幽美。其晶莹的雪峰、浓密的树林和清澈的山间流水共同组成了阿尔卑斯山脉迷人的风光。

（2）常年冰峰。阿尔卑斯山脉是欧洲最大的山地冰川中心，山区覆盖厚达1千米的冰盖，拥有各种类型的冰川地貌。其中，冰蚀地貌尤为典型，有在侵蚀作用下形成的冰蚀崖、角峰、冰斗、悬谷和冰蚀湖等，还有在冰川堆积作用下呈现出冰碛地貌。冰山是阿尔卑斯最有名的攀岩胜地，每年吸引大量的攀岩爱好者。

（3）温泉。阿尔卑斯山脉地区有从罗马时代开始发展起来的温泉城市——洛伊克巴德，其是阿尔卑斯山脉最著名的温泉休养胜地。洛伊克巴德温泉拥有

22个露天、室内温泉池，还遗留着歌德、莫泊桑、威姆佩尔等历史名人造访的踪迹。

（4）种类繁多的动植物。阿尔卑斯山脉的植被呈明显的垂直变化，可分为以下几种：亚热带常绿硬叶林带（山脉南坡800米以下）；森林带（800~1 800米），下部是混交林，上部是针叶林；森林带以上为高山草甸带；再上则多为裸露的岩石和终年积雪的山峰。阿尔卑斯山脉的植物带如下：在谷底和低矮山坡上生长着椴树、栎树、山毛榉、白杨、榆、栗、花楸、白桦和挪威枫等落叶树木；海拔较高的树林是云杉、落叶松等针叶树；在永久雪线以下和林木线以上的地带是冰川作用侵蚀过的地区，覆盖着与众不同的草地——高山盛夏牧场；在沿海和意大利地区的阿尔卑斯山脉南麓，主要是海岸松、棕榈、龙舌兰、仙人果等地中海植物[116]。

3. 现代旅游项目

（1）徒步旅行。春、夏季阿尔卑斯山最适合的旅游项目是徒步旅行。在许多山峰的峰顶有被冰川环抱供游客休息的驿站，是理想的高山徒步目的地。其中，最著名的徒步线路是勃朗峰环线。

（2）冰雪运动。阿尔卑斯山的冬季每年从11月持续到次年3月。优美紧张的花样滑冰、对抗激烈的冰球比赛、危险刺激的滑雪等旅游项目吸引着追求新鲜刺激的各类人群向阿尔卑斯山脉聚集，形成一场旷日持久的冰雪盛会。阿尔卑斯山脉是冬季奥运会的起源地。在冬奥会诞生以前，以冰雪运动为主打项目的北欧运动会就已经有了悠久的历史。如今，随着越来越多的欧洲人迷上这些危险刺激的运动，欧洲自由滑雪锦标赛应运而生，并定期在阿尔卑斯山脉沙莫尼山谷举行。

（3）登山运动。攀登阿尔卑斯诸山峰的记录至少可追溯到14世纪。因为登山运动起源于阿尔卑斯山，所以登山运动又被称作“阿尔卑斯运动”。

（二）落基山脉

1. 概况

落基山脉又译作洛矶山脉，是美洲科迪勒拉山系在北美的主干，由许多小山脉组成，被称为北美洲的“脊骨”，主要山脉从加拿大不列颠哥伦比亚省到美国西南部的新墨西哥州，南北纵贯 4 800 多千米，广袤而缺乏植被。其名称源自印第安部落名。巍峨的落基山脉绵延起伏，自北向南，有数千公里①之长。除圣劳伦斯河外，北美几乎所有大河都源于落基山脉，落基山脉是大陆的重要分水岭。

① 1公里=1千米。

2. 旅游资源

（1）公园资源。落基山脉国家公园群位于加拿大西南部的艾伯塔省和不列颠哥伦比亚省，面积为2.3万平方千米，包括贾斯珀、班夫、约霍、库特奈等国家公园，以及汉帕、罗布森、阿西尼伯因等省立公园，是世界上面积最大的国家公园。

（2）小镇资源。落基山的小镇依山傍水。班夫（Banff）镇、贾斯珀（Jasper）镇是落基山脉著名的两个小镇，每年有大量的游客。

（3）湖泊资源。露易丝湖是加拿大落基山的标志，长2.4千米，宽500米，最深处可达90米，是由冰川融水而形成。湖水色泽变化不一。玛琳湖是落基山最大的天然湖泊，湖长22.5千米，平均宽度为1.5千米，最深处达97米，湖水映着四周白雪皑皑的山峰，风景秀丽绝美。

3. 现代旅游项目

（1）滑雪。冬季落基山是滑雪圣地。露易丝湖滑雪场是加拿大最大的滑雪场之一，也是全世界滑雪者的最爱的场地之一。

（2）火车旅行体验。落基山登山者号列车穿越加拿大西部，沿路可到访各个世界级著名旅游胜地，欣赏加拿大众多未受破坏的天然景观及雄伟的落基山脉。落基山登山者号列车曾连续6年荣获世界旅游大奖颁发的“世界一流火车旅游体验”奖项。

（三）秦巴山脉

1. 概况

秦是指秦岭山脉，巴是指大巴山脉。秦巴山脉地区是指长江最大支流——汉江上游的秦岭大巴山及其毗邻地区，地跨甘肃、四川、陕西、重庆、河南和湖北六省（市）。

2. 旅游资源

（1）森林资源。秦巴山脉平均森林覆盖率为57.3%，神农架林区等保护区森林覆盖率达70%以上，是我国森林碳汇的中央汇聚地和植物释氧的核心供给区。

（2）文化资源。秦巴山脉是我国“生道、融佛、立儒”之地、中华文明核心价值观的诞生地，也是我国三秦文化、巴蜀文化、三国文化、中原文化、古道文化、民俗文化和移民文化等多元与多地域文化的集中交融地。

（3）生物资源。秦巴山脉生物资源具有世界价值，是我国最大的生物基因库。秦巴山脉是南北气候交汇区，具有生物多样性的客观环境。该区域分布有大熊猫、金丝猴、羚牛和朱鹮四大国宝，以及林麝、红豆杉、冷杉等多种珍稀动植物，是我国17个重要生物多样性生态功能区之一。动植物种类数量占我国75%，分布有120余种国家级保护动植物。

3. 现代旅游项目

（1）生态文化旅游。以世界文化遗产、国家风景名胜区、国家级森林公园、重要历史文化古迹等为依托，以武当山、大小三峡、古蜀道等为重点，大力发展绿色生态文化旅游。

（2）红色旅游。依托通江红四方面军总指挥部旧址纪念馆、通江川陕革命根据地红军烈士陵园、南江巴山游击队纪念馆、平昌刘伯坚烈士纪念馆、万源保卫战战史陈列馆、剑阁红军血战剑门关遗址、苍溪红军渡纪念地、仪陇朱德故居纪念馆等红色旅游经典景区开展秦巴山红色旅游。

（3）森林旅游。秦巴山脉植被丰富，森林覆盖率高，依托森林资源打造山地森林旅游是秦巴山脉的特色旅游项目[117]。

（四）小结

较之阿尔卑斯山脉、落基山脉地区特色的公园、湖泊和雪山资源，秦巴山脉地区是我国最重要的生态安全屏障和物种最为丰富的基因库，被誉为“中央国家公园”，拥有丰富而独特的旅游资源，山形地貌、水域风光、森林植被、珍稀动物和气候环境等举世闻名，民俗风情、宗教文化和历史文化丰厚深邃，自然与人文和谐共生、交相辉映，发展旅游业具有得天独厚的条件和优势。秦巴山脉地区的旅游发展，已经逐渐成为我国生态旅游的亮点，成为造福秦巴山脉百姓，促进秦巴山精准扶贫建设的重要支撑点之一。

发展秦巴山脉旅游有如下优势。

1. 自然环境优势

第一，秦巴山脉是我国地理五大要素（地质、气候、生物、水系、土壤）的重要分界线；第二，秦巴山脉是我国中部最重要的生态屏障，对调节我国南北气候和生态环境起着非常重要的作用；第三，秦巴山脉是地球上最重要的生物基因库之一，物种齐全、数量大、保护等级高；第四，秦巴山脉是国家级单项公园数量最多、密度最大、影响最广的生态功能保护区；第五，秦巴山脉是我国最重要的人畜用水水源地之一；第六，秦巴山脉是我国最大的温泉地带之一，泉水自然温度高，矿物质元素丰富；第七，秦巴山脉是周边城市乃至全国人民共享的大花园。秦巴山脉地区植被茂盛、山清水秀，负氧离子含量高，是天然氧吧，又有独特的自然景观、文化景观，具有得天独厚的发展休闲旅游的条件。

2. 社会人文优势

秦巴山脉文化的丰富性、多样性和独特性在全国和世界著名山系中堪称一流；多种文化的交织影响，造成了秦岭区内风俗文化的多样性和独特性，给秦岭山水增加了众多文化亮点和休闲魅力；秦巴山麓有众多宗教圣地，这是秦巴山中的一道文化景观；《大秦岭》的播出，让大家了解了秦巴山脉在文明传承中所起的重要作用，使人们对把秦巴山脉打造成中华民族的“父亲山”达成了初步共识，最终秦巴山脉地区旅游业发展可以起到良好的推动作用。

二、秦巴山脉四川片区与周边区域的竞合研究

陕西是与秦巴山脉四川片区相邻的主要省份，两省文化旅游资源同质化现象严重。目前，秦巴山脉区域旅游资源整合力度不强，区域内同类旅游项目重复建设和旅游产品的不良竞争问题突出。秦巴山脉四川片区与周边区域的文化旅游资源同质化现象严重[118]。对秦巴山脉四川片区与周边城市进行旅游区域竞合分析，分析结果如表9-1所示。

表9-1 秦巴山脉四川片区与周边城市旅游竞合分析

城市	城市定位	城市形象	发展现状	主要发展战略	区位竞争力	核心旅游资源
达州市	中国巴人文化发祥地、大巴山红色旅游与绿色旅游目的地	巴人故里红色达州	已推出“巴人故里，红色达州”的整体旅游形象品牌，围绕精品项目深度挖掘文化内涵，创新宣传营销方式，不断提升旅游产品竞争力和影响力	实施项目带动、形象拉动、行业推动战略，以建设秦巴地区文化旅游中心为目标，以精品旅游景区建设为龙头，以“一会三节”旅游品牌节会活动为载体，加快城市中心旅游区建设，积极推进南北两翼发展	地处川东北，川、渝鄂、陕四省（市）接合部，是巴人文化的发祥地，是四川的东大门和通江达海的东通道	巴人文化发祥地
南充市	川北最大的商品集散地，国家三峡经济区的重要组成部分，绿化生态市、中国优秀旅游城市	源远流长嘉陵江，千年绸都南充城	全国卫生先进城市，四川省八大中心城市之一，特色旅游文化大市	积极融入“嘉陵江旅游大格局”统一规划，精心打造反映南充丝绸文化、人文景观的新型旅游景区	西通蜀都、东向鄂楚、北引三秦、南联重庆，是四川内陆的交通、通信枢纽	中国绸都文化

续表

城市	城市定位	城市形象	发展现状	主要发展战略	区位竞争力	核心旅游资源
巴中市	川东北重要的交通枢纽和商品集散地	红色巴中生态家园	旅游经济新市，历史文化名城	积极构建川陕旅游金三角，从“五抓”实现“五个突破”，并按照“突破中心，挥动两翼”的思路，打造“山水、红军、三国、名人、巴人、宗教”六大旅游名片	地处川陕两省交界的大巴山系米仓山南麓。东邻达川，南接南充，西抵广元，北接陕西汉中	中国革命第二大苏区——川陕革命根据地的腹心地带

由此可知，秦巴山脉四川片区与周边城市合作潜力如下。

第一，地理空间上的近邻关系使秦巴山脉各省（市）在开展区域旅游合作上优势明显，区域内交通、通信通达度高，铁路、公路紧密相连，旅游交通便利。

第二，文化背景、社会生活等方面联系密切，既有某些共性特征又有鲜明的个性特征，使秦巴山脉四川片区与周边城市在自然景观、人文景观上均具有较强的整体吸引力，有利于旅游合作的开展。

第三，“秦巴山脉旅游产业扶贫规划”的实施，以及各省（市）优先发展旅游业的方针政策，使区域旅游合作政策环境良好，在旅游资源、旅游市场、旅游产品供给、旅游信息和旅游客源上优势互补，而且对旅游业整体利益和整体品牌的追求，可以解决重复开发、切分资源争夺市场、地方保护、条块分割等问题，带动联合体乃至其周边地区实现旅游业发展，并拉动当地经济。

三、秦巴山脉四川片区文化旅游资源评价

（一）秦巴山脉四川片区旅游资源定量等级评价

1. 划分标准

依据《旅游资源分类、调查与评价》（GB/T18972—2003），对秦巴山脉四川片区各城市旅游资源按照“旅游资源共有因子综合评价系统”赋分，并进行质量等级评价。评价系统设“评价项目”和“评价因子”两个档次。评价项目分为“资源要素价值”、“资源影响力”和“附加值”。其中，“资源要素价值”项目中包含“观赏游憩使用价值”、“历史文化科学艺术价值”、“珍稀或奇特程度”、“规模、丰度与概率”与“完整性”等五项评价因子。“资源影响力”项目中包含“知名度和影响力”和“适游期或使用范围”两项评价因子。“附加

值”包含“环境保护与环境安全”一项评价因子。

在“旅游资源共有因子综合评价系统”中，“资源要素价值”和“资源影响力”总分值为100分。其中，“资源要素价值”为85分，分配如下：“观赏游憩使用价值”30分、“历史文化科学艺术价值”25分、“珍稀或奇特程度”15分、“规模、丰度与概率”10分、“完整性”5分。“资源影响力”15分，其中，“知名度和影响力”10分、“适游期或使用范围”5分。“附加值”中“环境保护与环境安全”分为正分和负分。每个评价因子分为4个档次，其因子分值相应分为4档[119]。

2. 等级划分

依据旅游资源单体评价总分，共分为五级，从高级到低级分别如下：90分及以上为五级，75~89分为四级，60~74分为三级，45~59分为二级，30~44分为一级。此外，小于等于29分为未获等级旅游资源得分。其中，五级旅游资源称为“特品级旅游资源”；四级、三级旅游资源称为“优良级旅游资源”；二级、一级旅游资源称为“普通级旅游资源”。

3. 旅游资源定量等级评价

根据上述划分标准，对秦巴山脉四川片区内主要旅游资源质量评价和等级进行划分，见表9-2。

表9-2　秦巴山脉四川片区旅游资源评价表

城市	评价对象	总评分数	等级
南充市	嘉陵江	92	五级
	阆中古城	93	五级
	朱德故里	90	五级
	升钟湖风景名胜区	88	四级
	太蓬山景区	83	四级
	天宫院	80	四级
	琳琅山	74	三级
	锦屏山	74	三级
	禹迹山	72	三级
	西月湖公园	56	二级
	龙神垭乡村旅游景区	55	二级

续表

城市	评价对象	总评分数	等级
达州市	八台山—花萼山旅游区	91	五级
	宣汉巴人文化旅游区	90	五级
	州河沿岸旅游区	81	四级
	真佛山宗教旅游区	80	四级
	百里峡旅游区	70	三级
	云雾山旅游区	70	三级
	张爱萍故居旅游区	69	三级
	石桥列宁街旅游区	60	二级
	犀牛山生态园	58	二级
	鱼泉山旅游区	52	二级
	长洞湖旅游区	50	二级
	莲花湖旅游区	51	二级
	黄金槽旅游区	57	二级
广元市	古蜀水道嘉陵江	88	四级
	昭化古城	87	四级
	明月峡古栈道	84	四级
	千佛崖	86	四级
	皇泽寺	83	四级
	红军渡—西武当山	78	四级
	天曌山国家森林公园	73	三级
	南河国家湿地公园	68	三级
	苍阆湖	61	三级
	长阳寺	55	二级
	凤凰山公园	58	二级
	观音岩摩崖造像	56	二级
绵阳市	雪宝顶国家级自然保护区	92	五级
	唐家山地震遗址综合旅游区	92	五级
	窦圌山	93	五级
	王朗国家级自然保护区	88	四级
	江油市李白纪念馆	88	四级

续表

城市	评价对象	总评分数	等级
绵阳市	七曲山国家森林公园	80	四级
	报恩寺	76	四级
	小河沟自然保护区原始森林	74	三级
	涪江六峡	60	三级
	金光洞、佛爷洞、太白洞、灯笼洞、白龙洞、沉水溶洞、七仙洞	58	三级
	观雾山	58	二级
	二郎峡	52	二级
巴中市	光雾山—米仓山景区彩林景观区	92	五级
	峰丛区（香炉山、燕字岩）	92	五级
	诺水河溶洞区	92	五级
	光雾山—米仓山景区（除峰丛区、彩林景观区外）	89	四级
	诺水河—空山景区	88	四级
	红色旅游资源（含将帅碑林、刘伯坚烈士纪念馆、恩阳古镇、毛浴古镇等）	88	四级
	巴中摩崖造像	88	四级
	晏阳初名人文化公园	88	四级
	白衣—江口水乡	72	三级
	陈河—北极牧场	72	三级
	天马山	72	三级
	断渠、皇柏林	57	二级
	镇龙山	46	二级

（二）秦巴山脉四川片区文化旅游资源总体评价

1. 秦巴山脉四川片区旅游资源类型

（1）自然景观，主要包括水域景观、动植物景观和地质地貌景观等。
（2）人文景观，主要包括纪念地、名人故里、历史古迹和地震遗址遗迹等。
（3）社会景观，主要包括风土人情、土特工艺和民俗文化等。

2. 秦巴山脉四川片区文化资源类型

（1）宗教文化，主要包括道教文化、佛教文化等。
（2）民族文化，主要包括羌族文化、客家文化、三乡文化和川北民俗文化。

（3）历史文化，主要包括红色文化、三国文化、李白文化、巴国文化、禹里生态文化和红军文化等。

（4）地域文化，主要包括平昌文化等[120]。

3. 秦巴山脉四川片区文化旅游资源价值

（1）历史文化价值。人文景观资源不仅具有深厚的文化底蕴，而且具有较高的历史文化价值。

（2）民俗文化价值。民俗文化表现为数量较多、类型丰富的风土人情，展现了每个地区、每个民族所独有的传统风貌。

（3）游览审美价值。旅游资源均具有其固有的独特艺术价值，通过资源整合，可提高审美品位。

（4）教育科普价值。景点所蕴含的文化底蕴、科学内涵和知识涵养等方面，根据自身不同的性质表现出不同的意义。

4. 各城市文化旅游资源总体特征评价

秦巴山脉四川片区各城市文化旅游资源分布特征评价见表9-3。

表9-3　秦巴山脉四川片区各城市文化旅游资源分布特征评价表

城市	资源特征评价
南充市	（1）以嘉陵江为代表的山水观光旅游资源，阆中古城为代表的风水文化旅游资源，朱德故里为代表的红色文化旅游资源类型多样化且极具代表性 （2）以嘉陵江为主题，形成了丰富的人文资源与自然资源 （3）各景区景点以嘉陵江水系为轴，沿水系、交通干线分布为主，结构紧凑，有利于旅游活动的开展 （4）合理开发嘉陵江旅游，用旅游促生态，以生态促旅游，提高对环境污染治理和改善生态环境的支付能力，实现嘉陵江旅游业和生态环境保护的协调发展
达州市	（1）旅游资源特色鲜明，具有绿色、红色、古色等多彩旅游产品。自然与人文化旅游资源交错分布，古今旅游资源相互补充，区域旅游资源有机组合 （2）具备发展旅游商品的良好生产基础条件和技术力量，已初步形成了土特产品、民间手工艺品等旅游商品系列，开发前景广阔 （3）区域内部分旅游资源在空间上以竞争关系为主，替代性强
广元市	（1）以剑门关为核心的蜀道与以嘉陵江为核心的水道在空间上和谐共生，共同支撑广元蜀道旅游品牌 （2）旅游资源还具有形态多样、类型丰富的特征且品质出众 （3）以蜀道文化为核心，集三国文化、红色文化和民俗文化于一体，历史文化底蕴深厚 （4）将嘉陵江的文化产业与旅游业的发展相互融合发展，既保护嘉陵江蜀道文化的传承，又推动旅游业的繁荣发展
绵阳市	（1）生物景观、遗址遗迹资源及民俗文化资源极具代表性，为开发高品质的旅游产品奠定了资源基础 （2）“5·12”地震后出现以地震遗迹、抗灾精神为核心的高等级“黑色”旅游资源与“红色”旅游资源 （3）缺乏世界级的极品旅游资源以及多种类型旅游资源优势相当，使资源梯级分布不明显

续表

城市	资源特征评价
巴中市	（1）资源观赏价值与资源竞争力优势明显、人文观光资源种类多 （2）森林覆盖率高，空气和水质优异，湿度低，加上适宜的山地高度与海拔，形成适宜康体运动的山地度假条件 （3）片区单体资源及组合的优势不显著，跨区域组合优势明显 （4）区域内各地的资源相似性和产品开发的同质性、替代性显著

四、生态区划评价

（一）区划原则

根据生态功能区划的目的、区域生态系统服务功能与生态环境问题形成机制与区域分异规律，秦巴山脉四川片区各县（市、区）生态功能区划遵循以下原则：

（1）自然与经济并重的原则；

（2）可持续发展的原则；

（3）生态完整性原则；

（4）非均衡发展原则；

（5）城乡统筹协调原则；

（6）景观结构一致性原则。

（二）区划方案

生态功能分区重点在于明确生态服务功能，按照保护、管理和开发建设协调统一的指导思想划分生态功能区。在主要分区的背景上，根据各分区内部异质性划分为不同区域，构建层次分明的生态功能空间体系。

根据秦巴山脉四川片区各县（市、区）自然生态分布特点和社会经济发展状况，制订秦巴山脉四川片区各县（市、区）生态功能区划方案。依据生态区划原则可将其划分为以下三类生态分区。

（1）生态保育区是市域内主要河流的发源地和上游区，是市域的国家生态建设所要求的退耕还林、退耕还草的重点治理区域，是市域内生态保护区、珍稀生物保护区、风景名胜区分布集中的区域，也是市域内主要矿产资源分布区。

（2）生态缓冲区是市域内人口密集区和农业产业化发展的主要区域。

（3）生态重建区是市域内城镇发展密集区和城乡一体化发展区域。

（三）秦巴山脉四川片区各城市生态分区

根据生态区划原则、区划方案及各城市土地利用分类表可知，秦巴山脉四川片区各城市生态分区如表9-4所示。

表9-4　秦巴山脉四川片区各城市生态分区表

生态分区	绵阳市	南充市	达州市	广元市	巴中市
生态保育区	平武县、北川县	阆中市	万源市、宣汉县北部	剑阁县、苍溪县	通江县、南江县
生态缓冲区	梓潼县	仪陇县、南部县	开江县、宣汉县南部	青川县、利州区、旺苍县	巴州区、恩阳区
生态重建区	江油市	营山县	达川区、通川区	朝天区、昭化区	平昌县

（四）各生态分区文化旅游资源开发原则

（1）生态保育区：①强化区域开发建设中生态优先原则；②通过制定地方性法规，限制污染水体的工业在本区域发展；③严格执行国家退耕还林、退耕还草的规定和标准，防止农业过度开发对山体自然生态和水土保持能力的破坏；④对区域旅游开发应进行生态环境容量评估，防止过度开发对区域多样性生物生境的破坏；⑤制定地方法规规范以约束开采行为，对影响工程地质环境和生态环境的开采活动，要求必须进行环境保护的补救措施。

（2）生态缓冲区：①把保护耕地、保护农业生态环境作为区域发展的前提。②重点防止化肥、农药对区域环境的污染；在进行资源开发时，注重发展生态农业和循环经济。③维护丘陵山体的植被，进一步提高森林覆盖率。④限制高切坡的文化旅游建设项目，防止滑坡、崩塌等灾害。

（3）生态重建区：①限制污染工业在本区域布局；②在开发文化旅游资源时，应注重区域环境保护设施的共享共建和生态环境保护的一体化。

第二节　产业战略分析

一、文化旅游产业绿色发展中的重大问题

近年来，随着我国旅游业的整体快速发展，以生态旅游、森林旅游和乡村旅游为主的休闲度假旅游成为趋势，秦巴山脉四川片区旅游业发展也表现出增速快、态势好，以及对国民经济贡献不断增大的特征。

但从总体来看，受自然条件、经济发展水平及市场导向等多方面因素的影响，秦巴山脉四川片区丰富的旅游资源并没有完全转化为旅游经济优势，旅游扶贫作用仍显微弱。目前，发展中存在的问题主要表现在以下几方面。

第一，旅游基础设施和公共服务体系薄弱制约秦巴山脉四川片区文化旅游产业的快速发展。由于秦巴山脉四川片区山高坡陡谷深，受地形条件制约，旅游业发展基础薄弱，特别是干道与旅游区间交通条件联系不畅，以及旅游信息咨询、交通标识和安全救援等旅游公共服务保障滞后，已严重制约了秦巴山脉四川片区文化旅游产业的快速发展。

第二，旅游文化资源特色优势发挥不足，区内与区外旅游市场同质化竞争日趋激烈。由于地域面积广阔，旅游文化资源分布分散，且受地理行政区划等因素的影响，秦巴山脉四川片区整体存在旅游及文化资源整合力度不强，区域协作度弱，区域内同类旅游项目重复建设和旅游产品不良竞争，所以区域内旅游文化资源价值贬损，影响市场可持续发展。

第三，文化品牌认知度低，产业规模小，产业结构及空间布局仍不合理。虽然秦巴山脉四川片区文化资源富集，但在全国文化品牌认知度总体较低，文化产业发展规模与文化资源的数量不成正比，整体上存在经营分散、方式粗放，市场竞争力弱，以及缺乏龙头企业和优势产业项目支撑等问题。

由于该区域存在众多的自然保护区，又是国家重要的生物多样性和水源涵养生态功能区，所以，加强绿色循环视角下的秦巴山脉四川片区旅游与文化产业发展研究，探讨适宜秦巴山脉四川片区资源环境特征的旅游文化产品开发模式，对协调旅游文化资源开发与生态环境保护矛盾具有重要的现实意义[121]。

二、文化旅游产业的战略发展定位和目标

秦巴山脉四川片区地理位置优越，气候独特，茂密森林成为其区别于其他三大山脉的重要旅游资源。将其定位为“中国心脏——森林旅游极”，推进其绿色循环发展，有利于形成新兴生态极，构建四川省竞相绿色循环跨越发展新格局。

通过对秦巴山脉旅游资源的定性定量分析，结合秦巴山脉四川片区与周边区域的竞合关系，可从战略高度提出适合省秦巴山脉四川片区文化旅游产业发展的战略。

第一，共建共享，在国内外客源市场力推“秦巴——中国巴人故里”旅游品牌。品牌共建、共推是构建秦巴区域旅游的共同愿望。共同开辟精品区域旅游线路，共同构建区域营销网络服务平台，共同打造区域旅游品牌，共享秦巴区域旅游品牌在国际、国内市场的知名度，在共建共享中理顺机制，提高活力，取长补短，树立形象；坚持“三力合一”，充分发挥政府在宣传促销城市整体旅游形象方面的主导作用，企业在产品开发、市场开拓方面的主体作用，以及市场在推进旅游经营市场化等方面的配置作用。实现政府主导力、企业主体力和市场配置力“三力合一”。

第二，全面推进“旅游西进”战略。秦巴山脉四川片区应把“旅游西进”战略列为区域经济和社会发展的战略之一，推动结构调整、产业升级、增长方式转

变和区域统筹协调发展。坚持规划共绘、交通共建、市场共拓与产业共兴，整合和优化配置各类旅游资源，构筑区域内大交通圈、大旅游圈和大经济圈，最终形成“大秦巴、大旅游、大发展”格局。

第三，权责对等，永葆秦巴区域发展的生命力。由于区域合作组织是一个松散型组织，具有相当的管理难度，所以需要精诚合作、密切配合，才能使区域发展永葆青春，更具活力。各县（市、区）应有光荣感、责任感和使命感，不仅要共享合作和发展的成果，也要承担相应的责任和义务，这正是合作组织发展壮大的重要基础和有力保证[122]。

此外，基于SWOT分析法，本小节提出了开发秦巴山脉四川片区旅游的四种策略，即SO策略、WO策略、ST策略和WT策略（表9-5）。

表9-5 秦巴山脉四川片区旅游SWOT矩阵分析示意

	内部优势（S）	内部劣势（W）
	旅游资源种类多、品位高； 受周边诸多大城市的包围，区位优势明显； 受周边著名旅游景区的带动，有较强的链条效应； 旅游经济发展状况好	资源开发水平较低，缺乏全局性开发指导； 分割管制，联动困难； 基础设施差，交通条件差； 开发受限，发展缓慢，缺乏人才
外部机会（O）	SO策略	WO策略
新增长极； 空间拓展； 城乡统筹； 创新驱动	（1）利用资源优势，争取政府投资，加大旅游投入； （2）抓住红色旅游成为时尚的时机，发挥红色旅游资源丰富的特点，优先开发红色资源； （3）开拓客源市场，宣传自身优势，展开营销战略； （4）西部投资量加大，增加旅游产业的投资比重； （5）抓住机遇开拓客源市场	（1）争取国家投入，加强基础设施建设； （2）优先修建红色旅游区的交通线路； （3）修建机场、铁路，吸引不同消费层次的消费者； （4）争取国家投资，加大旅游业的投入； （5）积极宣传，形成旅游业大发展的氛围； （6）开展历史研究，发掘红色文化； （7）借鉴旅游业发展经验，学习先进技术； （8）增加投入，大力发展城市基础设施
外部威胁（T）	ST策略	WT策略
景区资源替代性较强，旅游客源市场竞争日益激烈； 区域资源整合不到位，同类产品面临强烈挑战； 西部开发建设，使西部旅游市场竞争增强	（1）把自然景观和人文景观有效结合起来，形成特色； （2）做出自己的品牌，形成特色旅游产品； （3）立足自然景观，同时创立有文化内涵的品牌景区； （4）发挥政府职能，统一规划，有效管理； （5）做大做强旅游企业，形成核心竞争力	（1）搞好市场、资源调查； （2）做好规划工作，转化劣势，规避威胁

区域旅游产业的开发与建设，特别是较大区域的开发与建设，既涉及多部门、多层次、多方面的工作，也有开发技术、开发顺序和开发利用程度等问题，同时还存在资金使用与效益问题。可以说，大区域生态旅游开发是一项系统性很强的建设工程。因此，秦巴山脉四川片区旅游开发不应分散作业，更不应低效益运营，而应在统一规划、合理布局的基础上，以开发精品为核心，以建设多元化旅游功能网络为前提，整体发挥资金使用效益，在加强基础设施建设、创造良好社会环境的基础上，切实实现特色鲜明、相互促进与协调发展的旅游开发建设目标。

秦巴山脉四川片区的阶段性发展目标如下：将达州协同巴中，打造成为秦巴山脉四川片区的旅游核心区，形成特色旅游片；依托并整合区域自然资源和文化资源，串联各大城市，以开发精品为核心，以建设多元化旅游功能网络为前提，打造精品旅游带；加强基础设施建设，构建秦巴山脉四川片区黄金旅游圈；以“秦巴森林游”为主题，整合和优化配置各类旅游资源，最终形成“大秦巴、大旅游、大发展”的格局。

三、文化旅游产业的战略布局

（一）战略布局指导思想

秦巴山脉四川片区文化旅游产业的发展以可持续发展理论为指导，以秦巴山脉四川片区区域社会经济、文化旅游产业现状为基础，将秦巴山脉四川片区作为一个完整的旅游产品对区内旅游资源进行优化配置，统一协调旅游市场，综合治理旅游环境，走大旅游、大市场、大产业的发展道路，挖掘和深度开发秦巴山脉四川片区的历史文化内涵，创建秦巴山脉四川片区旅游品牌，培育“森林旅游极”，将旅游业作为秦巴山脉四川片区经济振兴和扶贫开发的支柱产业。

（二）战略布局原则

（1）可持续发展原则。秦巴山脉四川片区文化旅游资源的开发和文化旅游产业布局必须以保护山区生态环境为条件，将开发与保护、开发与扶贫结合起来，创造一个环境优美、市场规范、品位高雅、生态文明的旅游度假胜地。根据秦巴山脉四川片区的发展现状，要切实做好山区森林保护、珍稀动植物资源的保护和文物古迹资源的保护，以实现秦巴山脉四川片区社会、经济、生态与环境等各方面的协调共生和永续发展。

（2）市场发展导向原则。现代旅游市场发展要求社会提供多元化的旅游产品，以满足不同消费层次游客的需要。秦巴山脉四川片区文化旅游产业的持续发展取决于其旅游产品的品质和市场竞争力。在供过于求的市场竞争条件下，结构单一且个性化特色不鲜明的旅游产品不会有生命力。因此，秦巴山脉四川片区旅游发展应以文化旅游资源深度开发为基础，以未来旅游市场需求为导向，突出特色、开发适销对路的精品名牌产品，以保持其对游客的持续吸引力。

（3）统一规划与分段实施的原则。秦巴山脉四川片区旅游产品的完整性要求有统一的开发规划和战略考虑，全面发展秦巴山脉四川片区文化旅游产业应打破南充、达州、巴中、广元和绵阳的行政区划界限，将整个秦巴山脉四川片区统筹规划，合理配置文化旅游产业的生产要素，同时协同整个秦巴山脉文化特色与生物多样性，在统一规划的指导下，分地区分部门分步骤实施。秦巴山脉四川片区各县（市、区）应根据旅游发展总体思路突出重点，紧扣秦巴山脉四川片区文化旅游产业总体特色进行分区开发。

（三）战略布局模式和思路

1. 布局模式

秦巴山脉四川片区文化旅游景观资源空间跨度大，长期以来分属南充、达州、巴中、广元和绵阳五市。由于各地区存在景观资源丰度和品位的差异、经济发展水平的差异及开发力度的差异，所以各地区文化旅游产业发展基础不同，客源状况和市场结构差别较大，出现秦巴山脉四川片区文化旅游产业同质化发展态势。因此，旅游产品开发和产业结构的调整与配置应实施“一轴一区”的战略布局模式，即以嘉陵江流域沿线各旅游景点和城市连接成增长轴线，并借助嘉陵江流域在川东北地区和川渝陕甘接合部的区域优势实施秦巴山脉四川片区文化旅游产业整体发展。

2. 布局思路

为合理开发和综合利用秦巴山脉四川片区文化旅游资源，培育完整的秦巴山脉四川片区旅游产品，防止秦巴山脉四川片区内各区域旅游开发主题的重复和旅游投资项目布局的雷同，根据秦巴山脉四川片区区域文化旅游资源的特色及分布、旅游业开发基础和客源市场前景，其总体布局思路可概括为“一环三带两片区”。

（1）“一环”。构建“成都—绵阳—广元—汉中—巴中—达州—广安—南充—成都”区域旅游大环线。这是秦巴山脉四川片区的主干旅游环线，集自然山水、名胜古迹、历史文化、红色文化和民俗风情于一体。这条区域旅游大环线沿线拥有高品质、世界级的旅游资源和深厚的文化底蕴，具有旅游观光、生态休闲、养生度假、文化体验、科学考察和探险等多种旅游功能。这条线路对我国旅游业的发展尤其是促进中西部地区旅游业的联动开发具有极其重要的导向和拉动作用，其市场前景和潜在的旅游价值难以估量。

（2）“三带”。第一，大巴山南麓生态乡村旅游带。2014年，乡村旅游人数已占到我国游客总量的1/3。近几年，我国城市居民周末休闲和节假日出游，有70%以上的人选择周边的乡村旅游点，我国主要城市周边的乡村旅游接待人数年均增长高于20%。乡村旅游已经逐步成为我国主要的旅游形态之一。在四川，根据四川乡村旅游发展规划，在川东北地区打造红色、生态乡村旅游带，为秦巴山脉四川片区旅游发展指明方向。目前，在大巴山已经形成了“大巴山森林人家”乡村旅游品牌，主要是以现有农家乐为基础，利用乡村独特的自然环境、田园风光、生产经营形态、民俗风情、农耕文化和乡村院落等资源，为旅游者提供观光、休闲、度假、体验和娱乐等活动。这为大巴山南麓生态乡村旅游带可持续开发提供了丰富的资源基础。

该旅游带以生态旅游和乡村旅游为特色，主要景观有光雾山—诺水河国家级旅游度假区、中国大巴山红色文化旅游区、大巴山世界地质公园，具有生态、休闲和文化体验等功能。这条旅游带对打造秦巴经济走廊、秦巴绿色生态走廊、红色文化走廊和旅游扶贫示范带具有重要作用，是秦巴山脉四川片区东北向的发展源泉。

第二，嘉陵江流域文化旅游产业带。作为嘉陵江源头的天水，大地湾遗址距今六七千年，当地先民开创的文明在远古时代已与嘉陵江流域有关；而位于嘉陵江中游流域的四川宣汉罗家坝遗址、四川通江擂鼓寨遗址，可承续大地湾遗址年代之后，表明生活在秦岭大巴山中古老的巴人、巴文化，有距今三千年至五千多年的文明史。嘉陵江流域文化元素众多，旅游观赏和体验价值极高，从古至今都是民族迁徙的走廊，也是经济、交通、文化流通的走廊。因此，打造嘉陵江流域旅游产业带，将嘉陵江视为“具有代表性的汉历史文化走廊”，具有开拓性的眼光，有利于促进嘉陵江沿线城市的发展，促进秦巴山脉四川片区经济社会全面协调可持续发展和贫困农民脱贫致富。

第三，蜀道之旅文化体验带古蜀道。从广义上讲，古蜀道南起成都，过广汉、德阳、罗江、绵阳、梓潼，越大小剑山，经广元出川，直通八百里秦川，全长1 000余公里。从狭义上讲，古蜀道仅包括四川域内的路段，南起成都，北止于广元七盘关，全长约450公里。古蜀道历史悠久，至今已有三千多年历史，是保存至今人类最早的大型交通遗存之一。蜀道沿线奇险的栈道、悠久丰富的历史文化遗存、奇特珍贵的自然景观及珍稀野生动植物资源和沿途的古蜀、民俗文化独具特色，有重要的旅游文化价值，为蜀道旅游可持续开发提供了丰富的资源基础。古蜀道北接丝绸之路，南连茶马古道，是中原文化和巴蜀文化的重要联系，是南北文化交流的大通道。该文化体验带主要位于广元，延伸至绵阳，以蜀道文化为特色，整合三国文化、民俗文化和红色文化等多种文化；主要景观包括翠云廊、剑门关、皇泽寺、昭化古城、天曌山、明月峡、千佛崖、七曲山国家森林公园和窦圌山风景区等。这条文化体验带对追寻古蜀遗韵，探索蜀道文化具有重要意义，是四川秦巴山西北地区发展的延展动力[123]。

（3）“两片区”。第一，巴达旅游片区。通过巴中与达州相协同形成秦巴旅游区域合作中心“巴达旅游片区”。达州是秦巴山脉四川片区的核心城市，地处川、渝、鄂、陕四省（市）接合部和长江上游成渝经济带，是位于川渝鄂陕接合部区域的中心城市。巴中位于中国第二大苏区——川陕革命根据地的中心和首府，是秦巴山片区三大中心城市之一。以巴中与达州相协同所形成的巴达旅游片区东接长江上游的万州，西连世界遗产地九寨沟、黄龙，南邻邓小平故居广安，北至三国故道汉中和秦巴腹地安康，是川陕渝旅游合作区的中心，具有承接东西、沟通南北、连接西北和西南的旅游区位优势，也是中国巴人文化旅游和大巴山红色旅游及生态休闲度假旅游目的地。该片区可带动周边旅游发展。在秦巴山脉四川片区经济发展中起决定性作用，是秦巴山脉四川片区的客源集散中心和旅游综合服务基地[124]。

第二，大熊猫自然保护片区。通过结合秦巴山脉内特殊生态类型形成的区域协作片区，即大熊猫自然保护片区。该片区重点依托位于秦巴山脉四川片区的王朗国家级自然保护区与雪宝顶国家级自然保护区、陕西秦巴山脉内佛坪国家级自然保护区与宁陕自然保护区，以及位于甘肃秦巴山脉的白水江自然保护区、文县尖山自然保护区、武都裕河自然保护区和插岗梁自然保护区等众多大熊猫自然保护区。将秦巴山脉域内大熊猫栖息地进行有机整合，推动大熊猫种群与栖息地内各种野生动植物的保护。该区域对秦巴山脉四川片区珍稀动物及生物多样性的保护有重要作用，是秦巴山脉创建大熊猫国家公园的关键。

第三节　支撑发展对策

一、旅游发展绿色支撑体系研究

旅游发展绿色支撑体系是为了满足国内外游客的公共需求、实现文化旅游产业绿色发展，而提供的基础性、公益性的旅游服务与保障体系，主要包括绿色旅游交通、旅游信息咨询服务、旅游安全保障、旅游协调机制及行政服务保障等四方面。

（一）区域绿色旅游交通发展

（1）优先发展旅游交通。秦巴山脉四川片区地形多变，公路建设方面较为落后，在进行公路建设时，应与自驾游服务体系、汽车露营服务体系等相结合，在主要干道和车流量较大的路段设置汽车驿站，满足广大游客的需求。此外，应当加强秦巴山脉四川片区交通网的立体性，做到区域内各个旅游景区、公共游憩区与公共交通方式之间的无缝衔接。

（2）充分发挥旅游集散中心作用。增加旅游集散中心的数量，可将其分布在交通节点处或枢纽处，提高城市间旅游专线的数量；成立公益性旅游服务中心，在人流、车流密集的交通枢纽处建立散客服务系统，为游客提供一条龙式的服务。此外，要注重对旅游集散中心的管理和宣传，打造具有秦巴山脉四川片区特色和品牌的旅游集散中心。

（3）完善秦巴山脉四川片区旅游交通标识系统建设。建立四川省统一的旅游标识系统，由省级有关部门牵头，制定具有秦巴山脉特色的标识分别设置在主要交通节点、景区景点入口等。

（二）区域旅游信息咨询服务体系

（1）出台区域层面的秦巴山脉四川片区旅游公共信息服务标准，为旅游信息咨询服务体系建设提供统一标准和规范。

（2）加快建设旅游咨询中心。在秦巴山脉四川片区人口密度较大的片区建设旅游咨询服务中心，如火车站、机场、汽车站、商业区和高速公路服务区等。各级政府和旅游管理部门统一规划与管理旅游咨询服务中心。旅游咨询服务中心为公众提供的具体信息内容包括交通服务、信息服务、住宿预订、路线预订、门票预订和商品销售等，构建一站式“旅游超市”服务模式。

（3）充分利用信息技术，实现智慧旅游的发展。智能旅游是以云计算、物联网、移动通信技术、智能终端和信息资源共享等新信息技术为支撑，主动感知旅游者行为、旅游资源、旅游互动和旅游经济等方面的信息，对旅游信息资源采用更为科学的采集、开发整合、利用，以更加准确、及时、智能的方式，为旅游者、旅游经营者、旅游管理部门提供各种智能化应用和服务。智慧旅游的发展加快旅游公共服务的改革程度，将各地零散的旅游服务热线放在一起，建立同一个热线，主要为旅游提供各方面的咨询服务。积极利用传统媒体，开发新媒体的应用范围和广度，借助互联网加强旅游营销，以游客需要为中心，以市场为导向，实现“互联网+”与旅游信息咨询服务体系的融合。此外，加强区域内的电子政务建设，努力建立与国际水平接轨的数字化营销体系。

（三）区域旅游安全保障体系

（1）建立完善的秦巴山脉四川片区旅游安全保障机制。从根本上提高各级政府、有关部门和社会大众对旅游安全保障的认识，加强旅游安全的防范。从制度层面上，厘清旅游安全保障的各个责任主体，严格按照旅游安全条例执行。

（2）建立科学的、可操作性强的紧急预案机制。以具体旅游城市、旅游景区的具体实际情况为出发点，充分考虑气候、地质等因素的影响，制定可操作性强的紧急预案，创造安全稳定的大局。

（3）加大各相关部门的监管力度，提高部门间协调处理紧急事件的能力。建议出台“旅游监管条例”，厘清各部门的具体职责，并定期进行安全隐患排查。以科技应用和手段为突破，建立旅游气象示范区，不断提高气象为旅游安全服务的保障能力；建立旅游救援机制及救援组织等。

（4）加强旅游安全宣传教育与培训。以“安全是最大的责任、旅游安全重于经济效益”为理念，把旅游安全的法律法规与日常管理、监督结合，开展旅游安全宣传。加强旅游从业人员的旅游安全培训，建立完善的培训制度。

（四）区域旅游协调机制及行政服务保障体系

（1）建立秦巴山脉四川片区旅游发展利益分享机制。区域旅游协调本质上是利益的协调，以往的区域旅游规划只看重空间、产业、生态环境和设施的协调，而忽视了利益的协调。秦巴山脉四川片区利益分享机制的构建，可以从根本上协调该区域各地区的旅游发展问题，找到解决秦巴山脉四川片区旅游协调问题的突破口。

（2）建立秦巴山脉四川片区旅游发展协调机制。该区域统一的财政税收政策、市场政策应尽可能统一标准，创造公平竞争的市场环境。此外，为了更好地促进区域整合功能的形成，可在秦巴山脉四川片区内成立旅游协调发展委员会。该区域协调组织将使秦巴山脉旅游业发展真正做到统一规划、统一开发、统一营销和统一管理。

（3）建立秦巴山脉四川片区旅游发展整合机制。主要对以下两方面的资源进行整合：第一，旅游产品的整合。秦巴山脉四川片区各旅游景点利用自己的比较优势，根据旅游目的地之间资源同质性和异质性进行划分，采取“协议性”或者“互补性”产品整合的方式，开发专项旅游产品，使主题明确，发展专项旅游是旅游业成熟的标志，为旅游地带来更大的综合效益。第二，旅游线路的整合。旅游线路的设计兼顾旅游者的满意度和旅游地效益两方面因素。通过秦巴山脉四川片区的域内整合，合作后的旅游资源可以实现更大的经济效益。设计具有带动性的旅游线路，使各旅游地的热点、温点与冷点合理搭配起来，真正充当旅游热点的辐射点和分流点，打造秦巴山旅游合作组织的整体形象[125]。

二、文化旅游产业发展策略研究

（一）重点开展秦巴山脉四川片区智慧旅游建设

智慧旅游建设作为一个体系化的复杂工程，应该从结构层次上率先明确政府、企业和游客三个层级“自上而下”的推动关系。由政府发力、企业合力、游客动力的整体发展态势，实现由内整合向外拓展的逐步升级，即通过政府（智慧旅游建设引导者）将旅游资源进行整合、互联互通、信息融合共享，推动智慧景区、智慧酒店和智慧旅行社的建设，构成旅游产业经济群体的智慧化应用服务圈。通过智慧旅游建设，实现旅游产业的转型升级，同时实现对秦巴山脉四川片区民生的带动。最终，以“以人为本、产业为先”为着力点，了解秦巴山脉四川片区旅游业的游客需求和企业需求，梳理区域内旅游资源的独有特点、旅游产业的业态及构成的基础之上，推进秦巴山脉智慧旅游建设。

（二）重点推进秦巴山脉四川片区旅游基础设施和公共服务体系建设

加强秦巴山脉四川片区各县（市、区）对外通道建设，完善内部交通网络，实现多种运输方式有效衔接，改善区域发展条件，增强区位优势。积极规划和支持秦巴山脉四川片区高速公路网建设，加强干道与旅游区间交通条件联系，为打造秦巴山脉四川片区特色旅游交通网络提供必要的前提。加强秦巴山脉四川片区旅游安全保障、旅游信息咨询、旅游交通等旅游公共服务体系建设，合理设置旅游公共服务供给模式，积极有效地配置旅游公共服务资源，政府要有效执行其监管职责，为公众提供舒适安全的旅游公共服务。

（三）加强秦巴山脉四川片区旅游资源开发与整合

丰富的生态资源为发展生态经济、推进生态文明建设提供了保障；积极发掘秦巴山脉具有历史价值和特点的红色文化遗产，在有效保护革命历史文化遗产的基础上，合理开发利用，加强重点革命历史文化遗产的挖掘和整理。对各种旅游资源进行整合，实现“红”“绿”“古”的结合，即对绿色生态资源、红色历史文化及古色历史遗存进行整合。在凸显绿色循环发展的前提下，对三种资源进行科学的规划和有效的整合，丰富旅游产品，促进秦巴山脉四川片区特色旅游的发展。形成“红”“绿”“古”互动发展的旅游新格局，适应秦巴山脉四川片区旅游市场的多功能需求，实现文化旅游产业的可持续发展。

（四）重点扶持秦巴山脉四川片区发展特色旅游业

积极发展特色旅游业，以自然生态、红色文化和历史遗存等为核心旅游吸引物。结合民族特色，加快旅游资源深度开发，调整旅游产品结构，积极培育旅游市场。

第十章　绿色循环政策

秦巴山脉四川片区基础与瑞士发展初期较为类似，其可发展资源与瑞士相比甚至更胜一筹。瑞士的绿色经济发展路径对秦巴山脉整体区域发展有较强的可借鉴性。本章政策研究将通过区域现有政策梳理、瑞士发展模式研究、区域比较优势分析等科学理论探讨，形成一套针对区域实况、突出绿色循环、借鉴发展标杆，以及实现发展创新的政策体系。

本章主要从三个部分阐述绿色循环政策体系的研究结论。第一部分主要参照国家及四川近年来对秦巴山脉四川片区进行区域规划和部署的相关政策文件，从大方向上厘清政策思路及基本目标，并结合实际调研走访情况，对现有政策的落实基础进行评估，分析现存政策与绿色循环经济发展的呼应点及盲点。第二部分通过对瑞士绿色经济发展历程的重新构建和深入研究，从理论和实践角度剖析瑞士的成功经验，还原瑞士从发展先决条件恶劣、发展困难到锁定发展重点方向再到经济飞速发展实现绿色循环的全过程，分析政府政策导向及支持要点，总结可借鉴的绿色经济模式的实战经验。同时根据文献及调研资料，具体从宏观经济、地理特征、自然资源及人文资源、发展的物质基础及人力基础等方面进行客观全面的比较，详细分析概述秦巴山脉四川片区相较于瑞士的比较优势，同时对区域的发展劣势、限制和困难进行客观评估。为发展绿色循环经济政策的可行性提供依据和支持。第三部分根据秦巴山脉四川片区的区域实况，对现有政策规划进行系统分析，并找出改进建议，借鉴瑞士绿色循环经济发展经验，并结合现有政策在整个秦巴地区的战略地位，提出科学、高效、创新和可行的绿色循环政策建议及相关的政策实施要点与保障体系。本章提出从区域整体出发，统筹协调，因地制宜，避免县（市、区）发展同质化严重及资源浪费，且操作上切实可行的绿色循环发展政策。主要从发展绿色山地食品、山地旅游、促进挖掘水利和天然气资源的开发、实现四川省军工及高等院校转移、构建四川高等院校基地、促进区域金融业发展和创新、重振第一产业——山地农业的发展、保持第二和第三产业实现稳中有增、强化环境保护和资源维持、保障实现绿色循环等方向给出具体的政策建议。同时，结合各县（市、区）优势及特点，分析各区域的开发要点和最适用的发展政策，根据各区域发展基础及要点，给出科学合理的政策实施的时间节点建议，分阶段构建秦巴山脉四川片区绿色循环经济体系，并设立合理的阶段发展目标。

第一节　现有政策梳理

一、国家现有政策

基于地区发展状况，国家针对秦巴山脉扶贫规划旨在坚持加快区域发展与扶贫攻坚相结合、经济发展与生态环境保护相结合、统筹协调与突出重点相结合、国家支持与自力更生相结合、加快发展与改革创新相结合，统一规划，有针对性地扶贫，力图将秦巴山脉建设成为区域交通重要通道、循环经济创新发展区、科技扶贫示范区、知名生态文化旅游区，以及国家重要生态安全屏障。具体政策有以下几个特点。

（一）国家政策重点仍着眼于扶贫开发

秦巴山脉是国家新一轮扶贫开发攻坚战中的主战场，从国家政策整体来说，针对秦巴山脉的政策着力点仍在扶贫开发，核心仍在基础设施改善和建设，指导区域发展的总体战略。

（二）国家政策倾向于采用非常规扶贫手段

面对区域仍存在劳动力文化程度低，技能和经营能力不足，农户家底薄、生产积累少，抵御市场风险能力弱，以及贫困面广、程度深等问题，国家常规扶贫政策效果甚微，因此，随着秦巴山脉新十年（2011~2020年）扶贫规划的落实，中央财政扶贫资金和国家大型项目、重点工程将更多地向农村交通、水利、教育、卫生、文化、体育和种养业等基础设施，以及社会事业、产业发展与农户建设等各方面倾斜，立足地区贫困特点，针对贫困症结制定政策才能切实保证扶贫工作的效果，实现扶贫开发总体目标[126]。

（三）国家政策要点着力于循环经济开发

绿色环保可持续一直是发展中不可忽视的关键点。国家规划着力于经济发展与环境保护双管齐下，在整个开发过程中实现真正的可持续。2009年实施的《中华人民共和国循环经济促进法》[127]（2018年修正）已将“减量化、再利用、资源化”和“减量化优先”作为我国今后经济社会发展的一条重要原则，从管理、政策和技术等各方面为循环经济发展奠定法律基础，因此，循环经济开发是山区发展重要的着力点和大方向。

二、四川省现有政策梳理

基于秦巴山脉四川片区具有资源禀赋较为独特、交通体系较为完整、产业发展基础较好、人力资源较为丰富等特点，四川省针对秦巴山脉的扶贫开发政策也是倚靠优势，统一规划，整体推进，创新协调发展。从交通系统、水利工程、能源设施和信息网络等方面加强建设，大力发展天然气、石油化工、农副产品和生态旅游文化等特色产业，改造提升机械制造、轻纺服装、冶金建材和煤焦化工等传统产业，积极承接汽摩产业、医药产业、战略性新兴产业的产业转移，加快物流业、商贸业和金融业等现代服务业的发展。由此看来，四川省的政策具有一定的产业转型和创新发展趋势，但也是立足于区域整体的战略布局，对地区发展给予了方向指导和政策支持。

（一）区域整体扶贫开发战略

“十二五”期间，四川省政府相继审批并报国家备案了《秦巴山片区（四川部分）区域发展与扶贫攻坚实施规划（2011—2015年）》[128]（川扶贫移民发〔2013〕429号）和《秦巴山片区（四川部分）区域发展与扶贫攻坚实施规划2014年年度实施方案》（川扶贫移民发〔2014〕24号）。四川省政府对秦巴山脉四川片区的扶贫开发建设高度重视。为加大对秦巴山脉四川片区扶贫开发的政策支持，四川省政府持续出台扶贫年度规划。此外，四川省政府审批的《秦巴山片区、乌蒙山片区、藏区区域发展与扶贫攻坚实施规划（2011—2015年）》也从大方向上对区域整体扶贫开发战略做出政策支持。2015年，四川省针对秦巴山脉四川片区发展的专项扶持项目又相继出炉。在国家发展和改革委员会公布的计划中，四川省将扶贫开发单列章节列入“十三五”规划。

（二）区域整体经济发展规划

四川省政府于2014年印发的《川东北经济区发展规划（2014—2020年）》[129]对川东北包括秦巴山脉在内的5市34县进行了下一个五年的发展规划，并辅以相应的政策支持。该规划根据区域发展基础、比较优势和资源环境承载能力，立足川东北经济区在四川省、西部地区乃至全国的战略地位和主体功能分工，致力将川东北经济区打造成川渝陕甘接合部的区域经济中心，建设国家重要的清洁能源化工基地、特色农产品生产基地、生态文化旅游区和川陕苏区振兴发展示范区。依托川东北等地丰富的石化和天然气资源，区域规划重点开发石化和天然气产业链，实现区域循环经济发展。川东北工业产业形成了一定规模，建立了天然气化工产业集群、四川石化产业基地、盐磷化工生产基地和氯碱化工生产基地、硫磷钛化工生产基地和硅氯新材料生产基地等工业产业基地。由此可见，四川省针对秦巴山脉四川片区现有政策规划侧重于发展工业与服务业，而农业发展则逐渐萎缩，循环经济与服务产业异军突起，产业结构呈现“二三一”分布，存在一个明显的产业格局转型。

（三）区域资源开发与环境保护理念

四川省出台的各项政策及规划均强化了生态文明理念，加大生态建设和环境保护力度，促进产业结构优化调整，合理开发特色优势资源，大力发展绿色经济，构建资源节约、环境友好的产业体系，提升区域可持续发展能力。

三、秦巴山脉四川片区所辖县（市、区）现有政策梳理

秦巴山脉四川片区下辖5市，共25个县（市、区），各县（市、区）的政策规划多依赖于省级、市级的统筹方向。因此，本小节主要是针对五市发展政策规划进行分析研究。五市主要经济发展数据及规划方向如表10-1所示。

表10-1　秦巴山脉四川片区所辖五市经济发展数据及规划方向

地区	2014年经济发展数据	规划发展方向
巴中市	地区生产总值为456.66亿元，增长9%，全社会固定资产投资增长30.2%，城镇居民人均可支配收入增长10.3%	建成联结川陕渝的重要区域交通枢纽，秦巴地区区域性中心城市，川陕接合部商贸和物流中心，四川重要的生态农业、红色旅游、清洁能源化工产业基地和绿色经济示范区
达州市	地区生产总值为1 347.8亿元，增长8.4%，地方公共财政收入增长19.2%，全社会固定资产投资增长17.3%，城镇居民人均可支配收入增长10.7%	进一步优化城镇布局，加快建设全国次级综合交通枢纽、中国西部天然气能源化工基地、成渝经济区配套产业高地、秦巴地区生产性服务业中心和新农村综合体试验区、川渝鄂陕接合部职业教育基地和区域文化中心
广元市	地区生产总值为566.19亿元，增长9.2%，全社会固定资产投资增长3.8%，地方公共预算收入增长14.2%，城镇化率达到39.33%	建成川陕甘接合部经济文化生态强市，经济总量实现新突破，经济结构不断优化，经济发展更加协调可持续；文化核心竞争力不断增强，文化事业更加繁荣；生态体系不断完善，生态环境更加优良
南充市	地区生产总值为1 432亿元，增长7.2%；全社会固定资产投资为1 244.54亿元，增长12.8%；公共预算收入增长15.1%；全市城镇化率提高到42.4%；全市城镇居民人均可支配收入增长10.5%	经济总量持续增长，支柱产业基本形成，基础设施大为改善，工业化、城镇化水平显著提升，人民生活质量大幅提高，可持续发展能力明显增强，着力建设实力强、功能优、形象美、品位高和辐射广的川东北区域中心城市
绵阳市	地区生产总值为1579.89亿元，增长9.1%；全社会固定资产投资增长 7.9%；规模以上工业增加值增长 10.1%，实现第三产业增加值增长9.7%	着力打造政策支撑、创新创业、开放合作和产业承载的“四大平台”，增强市区创新创业活力，继续持续投入科技城建设，纵向推进改革开放，对外合作交流不断深化，实现人民生活持续改善，加快建设我国西部经济文化生态强市和国家科技城

秦巴山脉四川片区所辖五市的政策倾向各有侧重，但难免有所重合，发展的大致布局和战略以国家与四川省的规划为核心指导，结合县（市、区）自身资源情况略有差异。

（一）巴中市的大致规划及政策倾向

加强以交通、水利、能源和通信为主的基础设施建设；构建农业、生态红色旅游、清洁能源化工产业和绿色经济特色产业体系；推进新型城镇化、新农村建设，促进城乡统筹发展；完善创新扶贫开发机制；促进区域空间布局合理化、加快主体功能区建设，促进区域协调发展；全面发展社会事业，加大教育建设、加强人才科技建设，改善医疗体系；推进生态巴中建设，构建循环经济体。

（二）达州市的大致规划及政策倾向

构建科学合理的区域城镇体系，加强城镇建设，构筑提高城镇化的有效载体，加强社会主义新农村建设，促进产业人口转移，积极探索有利于城镇化发展的政策措施。

（三）广元市的大致规划及政策倾向

加强交通、能源、水利、信息等基础设施建设，优化区域布局，支撑城乡发展；加快推进新型工业化，做大做强优势产业，实施企业培育工程，加快工业园区建设，增强工业竞争力；强农惠农，提高农业综合生产能力，加快建设现代农业示范园区，推进山区林业综合开发及农业产业化经营，加快社会主义新农村建设；拓展服务业新领域，大力发展旅游业，加快发展商贸物流业，大力提升服务业水平；推动文化繁荣发展，建设文化强市；大力实施科教兴市和人才强市战略；加快推进新型城镇化，实现城乡协调发展；推进低碳广元建设，增强可持续发展能力。

（四）南充市的大致规划及政策倾向

加快综合交通、农业水利、工业园区、信息能源基础设施建设；促进战略性支柱产业、新兴产业、传统优势行业、现代服务业及生态农业的产业结构调整和优化升级；大力推进城镇化进程，构建科学城镇体系，增强中心城市辐射功能，加快发展中心城市；全面发展社会事业，优先发展教育事业，逐渐完善公共卫生体系，促进社会文体事业发展，大力推进科技创新；推进城乡一体化发展，建立统筹城乡发展的长效机制；优化投资环境，发展开放性经济，扩大开放合作；加强生态环境保护，构建绿色循环经济。

（五）绵阳市的大致规划及政策倾向

加快产业结构转型升级，牢固夯实发展基础，积极发展现代农业。促进工业提质增效。重点发展现代服务业；积极扩大有效需求，力促投资消费稳步增长，狠抓投资稳增长多措并举促消费；推进科技城创新发展，巩固提升战略地位，抓好科技城政策落地实施。另外，积极稳妥推进重点改革，着力深化对外开放；进一步推进新型城镇化，统筹协调城乡发展；加强生态文明建设，着力缓解资源环境制约；坚持保障和改善民生，促进社会和谐稳定。

从上文秦巴山脉四川片区所辖五市及县（市、区）现有规划、政策倾向及发展目标来看，现有规划主要有以下几个特点。

（1）各县（市、区）的发展重点仍在于基础建设，区域规划同质性突出。对第一、第二、第三产业的产业布局大致一致，其规划主要参考国家及四川省规划的大方向，规划内容的同质性特征存在，未能充分根据地区自身特点及资源情况进行区域发展战略部署。对资源及地区发展优势未能形成充分利用。

（2）各县（市、区）缺乏区域战略联盟，未能实现资源协调及协同发展。区域间合作规划的内容鲜有涉及，未能实现区域协同发展，未能形成区域战略联盟的发展布局，具体表现为秦巴山脉四川片区所辖省、市、县（市、区）的发展合作缺乏，难以开创合作、共享、双赢甚至多赢的局面。

（3）各区域发展思路仍较为保守和传统，缺乏创新，发展态势疲软。新型产业扶持力度低，部分区域扶贫力度弱，导致发展差距明显。对市区的发展及已有企业、传统行业的扶持力度大于对县域、新兴行业企业的扶持力度，扶贫力度还不够，一些地区的贫困状况仍未得到改善。

（4）可持续开发政策不完善，各地发展略不均衡。关于环境资源保护及生态文明建设的规划略显空泛，对环境制约现象没有较为有效的缓解方案。各地发展规划略显不均衡，扶持力度政策保障未能完全到位，部分地区的规划仍因财力有限而受限，而目标的最终实现也由于保障体系的失效而受到阻碍。

第二节　瑞士发展经验

一、瑞士绿色经济发展历程

瑞士地处欧洲内陆，地理位置与秦巴山脉非常类似，全国地势高耸，地形复杂，山地面积占国土面积的九成以上，平均海拔较高，宜居土地面积小，历史上是一个资源劣势明显、经济欠发达的农牧业国家。其工业化、现代化进程比英国、德国、法国晚80多年，当时的瑞士民众不得不以移民和对外充当雇佣军改善生活。然而，经过几十年的工业化发展，20 世纪初期它已经成为欧洲工业化程度较高的国家之一，第二次世界大战后的瑞士更是跻身富国之林，在世界经济论坛发布的《2009—2010年全球竞争力报告》[130]中，瑞士在全球最具竞争力国家中排名第一位。如今的瑞士更是今非昔比，而它的繁荣得益于其独特的“绿色山地经济发展模式”，绿色赶超让瑞士克服地理区位、资源禀赋等经济发展劣势，成为世界上环境最优美、生活最富裕的国家之一。总体来说，高效的循环经济模式、科学的发展方向指导、有力的政府政策支持、长远的发展目标推进等是瑞士成功经验的要点。瑞士发展经验总括见表10-2[131]。

表10-2 瑞士发展经验总括

发展方面	开发方式
瑞士产业发展	（1）农业发展：发展有机与生态农业，调整农业产业结构，重视农业职业教育，改善农村基础设施，注重农业科研； （2）工业发展：着力进行工业转型，重点扶持新兴工业，发展中小企业为主的产业集群，再将网络集群网络化，实现全球主导
瑞士水利水电开发	开创实行绿色水电认证制度，推进绿色水电和绿色电力标准，帮助促进环保技术的推广，开发式地完成水库移民安置，实现绿色持续开发
瑞士基础设施发展	区域自行计划开发、促进区域之间合作共赢，区域建立相应的发展机构，由专门机构统一指挥统筹
瑞士社会生活及生态环境	专项法律对山区居民进行专项援助，相关法律严格恪守环境保护成本
瑞士政府扶持方式	因地制宜，个性化定制山区区域发展，同时以多层次的政策体系予以保障，准确定位了产业政策，优化了产业结构，积极促进区域合作，鼓励区域合力发展，保障实现可持续发展

二、瑞士产业发展经验

就产业发展来说，瑞士“绿色山地产业经济模式”无疑是非常成功的，这主要基于其对主导产业的精确选择、积极构筑中小企业的产业集群、注重科技创新与人力资源开发、坚持生态环境与经济发展的综合平衡。经过对自身优劣的判断和分析，瑞士通过产业结构的重心转移化发展劣势为竞争优势，因地制宜，实施跨越式、差异化发展战略，选择最适宜发展的第二、第三产业，并在产业中准确定位；根据主导产业，在高度细分、规模相对较小的产业中竞争，发展以中小企业为主体的产业集群，再以产业集群的网络化效应反过来强化主导产业的竞争优势；通过发展教育培养优质人力资源，科技创新引领新兴技术产业发展；高度注重生态环境以保持山地农业及生态旅游优势，让绿色经济得以持续发展[132]。具体的产业发展经验如下。

（一）农业产业结构调整，逐步形成全球市场

就农业生产来说，瑞士地理条件恶劣，可耕地面积匮乏（全国可耕地面积只占总面积的28%）。这些先天不足导致了其农业发展成本高、价格优势弱、传统农业自给率低，以及农业发展萎靡的状况。瑞士政府对其农业状况进行认真探索后发现，发展有机农业和生态农业，有利于形成国家农业规模，在更大的区域范围内产生影响力。于是，政府出台政策合理调整农业产业结构，大力扶持优势产业，高度重视农业职业教育，大力改善农村基础设施，让整个农业行业改头换面。现今，瑞士农业除了供给国民必备饮食外，还为工业提供大量的原料，为农业科研提供必备的产品，有机生态农产品大量出口，品牌享誉全球，在国内旅游业发展中也产生了不可代替的作用[133]。

（二）避开产业发展短板，实现第二、第三产业成功转型

就第二、第三产业而言，由于瑞士是资源匮乏国，其矿藏、化石燃料及金属矿等工业原料资源都极度贫乏，很多发展工业的原料均需从周边进口，加之地形地况无法满足高效的物流交通运输，所以其资源密集型的重工业难以大规模发展，传统工业更难以与国外同行业竞争。面对自身发展的条件限制，瑞士政府的发展重心倾向于当时的新兴工业（食品加工、电子、医药化工和精密制造等）及第三产业。这样合理地避开了其发展的短板，逐渐摒弃了分散式、作坊式、竞争力弱并且难以形成工业集群的传统工业（如纺织印染业），通过发展技术含量高、附加值高、品牌效应明显的工业产业，重振第二产业，并致力重点投入第三产业中的银行业、保险业和旅游业，同时将农牧与旅游恰当结合，实现了第一产业与第三产业合作双赢的局面。这样的发展举措，使瑞士的精密加工和制造时至今日仍享誉全球，金融业发展蒸蒸日上令其一举成为全球最重要的资本市场之一，而旅游业亦成为国家支柱产业，年均旅游收入居于世界前20位[134]。

三、瑞士水利水电发展经验

瑞士的水资源比较丰富，是世界上水能资源开发利用程度最高的国家之一（高达91%），其水电在电力结构中的比重曾达到90%，瑞士的河湖面积达1 726平方千米，占瑞士国土面积的4.2%，年平均降水量为601亿立方米。得益于自身优越的地形和充沛的雨量，其水电开发条件得天独厚，是欧洲大陆三大河流发源地，水利发电量在欧洲名列第六，有“欧洲水塔”之称。2000年初，在瑞士约

4.2万平方千米的疆域内，约86.6%的技术可开发水能资源已经被开发利用。瑞士针对水资源的开发主要有可再生能源行动计划和绿色水电认证制度，并通过合理布局水利资源以实现最合理的开发。

（一）可再生能源行动计划

对于10兆瓦以上的水电站采用成本入网电价，以促进水电的再生利用。

（二）绿色水电认证制度

将电力标准分为两个部分：第一，每个水电站必须履行的基本要求；第二，水电站有义务对当地生态环境改善进行投资。因此，水电开发与环境保护得以双管齐下，在供应电力的同时，生态环境得到保护，从长远来看，发展得以持续。瑞士推进绿色水电和绿色电力标准，帮助促进环保技术的推广，开发式地完成水库移民安置，让企业和民众在更高层面认识水电这一优质电力资源，从而做到生态保护[135]。

（三）合理布局水利资源，优化水电整体布局

瑞士政府因地制宜，没有盲目地投入新能源，而是合理配置能源比例。同时，瑞士政府非常重视规划协调小水电与大水电的数量，通过建立大水电替代小水电缩减了近千个电站，保障资源得到更合理经济的规划使用。由此可见，瑞士对资源的配置优化有很强的自主意识，同时，任何发展都离不开“绿色、经济、持续、循环”的概念，所以从长远来看瑞士的模式是行之有效的，真正做到了利在千秋[136]。

四、瑞士基础设施发展经验

瑞士山地丘陵较多，山区的基础设施发展是其他产业发展的基础和必要条件。瑞士政府在这一方面的做法是要求区域自行计划开发、促进区域之间合作共赢。

（一）建立区域发展机构，政策助力自主发展

《山区投资援助法》要求联邦政府建立一个贷款系统，提供低于市场利率或免息的贷款，贷款提供机构需要对工程的重要性和借款者还贷筹资能力进行判断与评级。同时，每个区域建有相应的发展机构，对区域基础设施的建设发展进行详细周全的计划，获得联邦资金资助的工程必须有助于促进区域工业的竞争，改善生活条件并提高区域的经济发展潜力。这增强了区域建设的自主性，能够

根据自身需求进行合理有效的规划建设，促使瑞士发展速度和效率得到了很大的提高。

（二）促进区域跨越合作，形成连片合力开发

瑞士联邦政府鼓励国内外区域间的跨越式合作，尤其是对欧盟区域合作提案中要求瑞士参与区域发展的国际合作给予了很大支持，其中，阿尔卑斯山地区拥有与意大利、法国和德国的合作项目，以及瑞士和意大利之间的合作项目。这些项目对瑞士在通信、交通（公路和铁路）、电力、邮政服务等基础设施方面发生根本性变化起推动作用。除了上述联邦政府的资助及与境外国家合作以外，各州在工程项目资助方面也发挥了很大作用。根据《山区投资援助法》，伯尔尼州投资援助基金就是用于共同资助工程项目。弗里堡州和纳沙泰尔州也资助了这些贷款的50%；共同援建加强了区域之间的联系，让经济、社会、文化和生活等方面的交融性大大增强，促进整个国家的连片发展。

五、瑞士社会生活及生态环境发展经验

（一）颁布专项津贴补贴，改善居民社会生活

为改善山区居民的生活条件，保障其政治生活的平等性、社会生活的多样性和文化生活的丰富性，瑞士联邦颁布了《山区投资援助法》，对山区居民进行专项援助。同时，瑞士政府积极鼓励区域、机构甚至个人参与山区基础设施援建工程项目，以从根本上改善山区相对恶劣的生存居住条件。同时，还为山区发展提供家庭和住房两种专项补贴。其中，农业部门的家庭津贴力图给有偿农业劳动者及孩子和家人以津贴补助，在山区的相关人员将获得更高的补偿。这是通过改善农业劳动者的生活进而促进农业发展的较好措施。另外一项补贴针对山区家庭的改善。1970年瑞士政府就山区居住条件改善修订了相应的法案。这一法案为山区人民的住房建造和修缮提供了支持和补助，通过改善山区人民的生活环境，提高其生活质量水平，促使山区整体发展区域稳定，同时促进了产业和社会发展。

（二）立法强制保护环境，力求实现绿色可持续

瑞士政府在保护环境上也绝不含糊，对很多法律进行了修订。例如，联邦山区住房改进法案规定，山区任何居住条件的改善必须与空间计划相一致，保护山区的自然资源和风景。同样，山区援助和开发也必须充分考虑当地环境的承载和适应能力，绝不能为了效益盲目地增加环境的负荷。除了专项的法律条款，

由国家作为执行机构的森林法、水法、土壤法都列示了较多的山区环境和自然资源保护的措施条例。法律举措也使得瑞士人对资源环境有较强的持续发展和保护意识，约有95%的农户通过参加“生态工程”获得政府的补贴，这种补贴通过生态补偿奖励来规范农户的环境行为，加强农户的环保意识，从而促使环境与可持续发展成为一种流行和习惯，久而久之，瑞士人能自觉地维护绿色家园。除此之外，瑞士在各行各业各种经济活动中都植入了生态保护政策，这使国家经济的发展建立在长远可持续的基础之上，真正做到了功在当下、利在千秋，完成了美丽瑞士的建设。

六、瑞士政府政策扶持经验

无论哪一方面，瑞士的发展都离不开政府的政策导向和支持。其行之有效的方法主要有四点。

（一）个性化定制山区区域发展，同时以多层次的政策体系予以保障

从联邦政府到州政府再到任何一个独立的部门，从经济政策、生态政策和社会政策来看，无论横向还是纵向，其政策都具有一定的多层次特点，更能综合地、全方位地考虑到山区边缘性、脆弱性等一系列特点。能满足不同区域的发展需求，使发展和补偿方式更加灵活，也更容易实现。

（二）准确定位产业政策，优化产业结构

瑞士通过设立专项基金和资金支持，建立了一系列惩罚和激励措施，调整产业结构，进行产业转型等经济手段，扬长避短，将绿色、经济和可持续作为发展前提，最终形成了强有力的发展突破。

（三）积极促进区域合作，鼓励区域合力发展

每个区域的自由资源、发展张力都是有限的，区域自身的优势可以通过合理的结合形成协同效应。从国家层面上看，瑞士的发展不是仅仅依靠政府自己的孤军奋战，而是与欧盟组织、周边国家（意大利、法国等）、民间组织等共同协作，多层次、多梯度合作。从区域个体来看，通过区域合作、资源共享，实现区域共赢，避免了区域发展的同质化问题，促使发展更高效、更多元。

（四）综合性法律体系，保障发展可持续

瑞士的《山区投资援助法》是一项综合性很强的山区政策，既资助公共基础设施，又支持经济创新，同时还有对人民生活的专项扶持等内容。较为综合、全

面，而且对瑞士山区地区经济的发展起了很大的作用。这种部门之间的融合将有利于更有效率、更彻底地解决山区发展中出现的问题，同时避免了修订各种涉及山区有关政策的烦琐，最终有助于实现山区的可持续发展。

七、秦巴山脉四川片区

瑞士“绿色赶超”的发展模式对秦巴山脉有较大的借鉴意义和深刻的启示。将秦巴山脉四川片区建设成为瑞士模式是发展规划的一个重要目标。相较于瑞士山地地形复杂、宜居土地面积小、各类资源极度匮乏等自然地理条件劣势，以及农林人力少、农业产品成本高、竞争优势低等产业发展限制，秦巴山脉四川片区在地势地形、自然资源及人力成本及数量方面具有更加明显的比较优势，具体如下。

（一）自身山地优势明显，有利于形成有机农产品、林木、中药材加工供应基地

在山地方面，秦巴山脉四川片区山地资源丰富，属北亚热带气候，降水量较丰富，土壤类型众多，主要有黄褐土、黄棕壤、棕壤、暗棕壤和高山草甸土等。该区域还分布有冲积土、紫色土、石灰土等非地带性土壤，这些都为山区动植物生长带来天然的沃土。该区域山地有经济林数十万公顷，且具有先天生产绿色食品的山地立体生态环境资源优势。该区域有以核桃、板栗、竹等为主的经济林，同时核桃、板栗、竹笋干、木耳、银耳、山野菜等的产量在四川省占有相当大的比例，森林及农副绿色产品资源十分丰富，其中，青川县、南江县、通江县和万源市是省内核桃、板栗的主产区，同时该区也是油橄榄的生态适宜区，油橄榄大树已形成一定的经济规模，相较于瑞士，秦巴山脉四川片区对发展有机农牧产品有较大的优势。该区域山林还分布有丰富的野生动植物资源，其中有几千种珍稀植物资源，并且有千余种可作为中药药材，有全国重点药物近百种，这样的山林资源为农林医药产业的发展提供了优质的基础。

（二）资源种类丰富多样，整体开发潜能巨大

森林资源丰富，大部分区域森林覆盖率达到 50% 以上；水系发达，包含嘉陵江、涪江、渠江三大水系和众多支干流，径流资源丰富，水库数量众多，是重要的水源涵养生态功能区；矿产资源富集，蕴藏丰富的天然气、煤、石油和石灰石等矿产资源，已探明可开发利用矿产200余种，是四川省大型清洁能源基地；社会文化旅游资源富集，三国历史文化景观、巴人文化遗址、红色文化遗迹和自然生态景观等旅游资源、景区众多；人力资源较为丰富，2014年初常住人口为

2 091.6万人，占四川省的25.8%，人口密度为327人/千米^2，为四川省平均水平的1.96倍，也是四川省重要的人力资源富集区。常年劳务输出数百万人，具有发展劳动密集型产业的良好条件。大量农村人口转移，也为加快推进城镇化进程奠定了基础。

（三）资源优势明显，但当下发展瓶颈及限制仍然存在

首先，山地资源丰富，但山地交通并未完全开发，一些地方难以涉足，对资源的充分利用造成了阻碍。其次，山地自然灾害频发，由于处于丰雨带且地理区位独特，时常会发生山洪、泥石流等地质和自然灾害。此外，尽管整个区域水资源丰富，但分布极不均匀，地处秦巴山脉南麓的达州市素有“川东明珠，巴蜀秀壤”之美誉，但其水资源却相对贫乏，人均占有水资源量不足1 600立方米，低于四川省平均水平。随着经济社会的快速发展，尤其是天然气开采、化工园区建设及特大城市的推进，水资源、水环境、水安全方面的问题日益显现，安全饮水问题尤为突出。最后，由上文分析的区情来看，经济结构不够合理、矛盾突出，第一产业的发展缺乏动力，工业支撑体系尚不健全，生产性服务业发展严重滞后，特色优势和规模效益不明显，产业竞争力不强等问题，对秦巴山脉四川片区的持续健康发展造成了一定的阻碍。

第三节 政策实施规划

一、当前政策存在的问题

（一）国家政策对地域的指导性不强

由现有的政策和规划来看，国家对秦巴山脉的政策主要是扶贫开发，四川省及所辖五市各区域也更倾向于经济发展和区域扶贫，相关政策和规划参照国家政策的痕迹较重。然而，政策的制定主体是国家，由于我国贫困山区范围广阔，不同地区的差异悬殊，仅仅依靠国家层面补偿性的政策不可能满足不同山区的发展需求，尤其现阶段我国山区政策正逐渐从单一补偿向综合发展过渡，更需要加强下一层级（即区域或省级）的政策制定主体的作用，这一级政策主体不论是在对山区状况信息的获取、政策制定的针对性，还是政策实施的有效度方面，都比国家层面更容易实现而且有更多的灵活性。

（二）各县（市、区）政策制定同质现象明显，未能实现区域合作协同开发

目前，区域内多数县（市、区）规划的同质性现象较为明显，许多规划出现雷同，未能做到因地制宜，合理开发。同时，我国山区发展在区域合作方面存在很大不足，各区域局限于自身布局开发，未能在整体上有一个统筹协调，区域间的合作意识也不强，导致开发的效率较低。

（三）政策保障体系不够完善，政策落实存在问题

由于国家、省及区域的政策保障体系尚不完善，尽管政策规划均涉及环境问题，但无法从根本上落到实处，惩罚措施不够到位，激励机制欠缺吸引力，这就导致一些发展中的问题逐渐显现，尤其是环境遭到破坏、资源过度使用、土地规划不当等。

二、绿色循环经济发展基本路径

（一）基本思路

从区域自身特点出发，改善区域开发同质问题，促进区域间的协同合作，改变传统发展思路，进行扶贫开发创新，增强政策保障体系效用。

（二）基本路径

以绿色循环经济开发为总的方向指导，借鉴瑞士发展经验，主要从发展绿色山地食品——山地旅游产业链、促进挖掘水利和天然气资源的开发、实现四川省军工及高等院校转移、构建四川高校基地、促进区域金融业发展和创新、重振第一产业——山地农业的发展、保持第二和第三产业实现稳中有增等方向给出具体的政策建议，辅以环境资源保护政策支持，结合各县（市、区）优势及特点，形成山区整体开发体系。

三、绿色开发政策

根据秦巴山脉四川片区的区域实况和现有政策规划分析，借鉴瑞士绿色循环经济发展经验，提出科学、高效、创新、可行的政策建议及相关的政策实施要点和保障体系。本章提出从区域整体出发，统筹协调，因地制宜，避免县（市、区）发展同质化严重及资源浪费，且操作上切实可行的绿色循环发展政策。结合

各县（市、区）优势及特点，分析各区域的开发要点和最适用的发展政策。根据各区域发展基础及要点，给出科学合理的政策实施的时间节点建议。分阶段构建秦巴山脉四川片区绿色循环经济体系，并设立合理的阶段发展目标。

（一）设置统一开发机构，统筹区域战略协同

从瑞士的管理经验来看，对秦巴山脉扶贫开发的管理应设置统一的机构。例如，设立“秦巴山脉四川片区扶贫开发办公室”专门供职于区域扶贫开发政策拟定及区域规划计划检视工作。各区域内也应有对应的部门与上级进行对接，完成对区域发展项目的计划评估、资金拨付、监督考核、惩奖问责等。单独部门的设立能促使扶贫开发效率更高、针对性更强。同时，能根据自下而上反映的问题，以及提供的区域概况及发展方向，进行资金的合理划拨、大区的统筹协调，并促成区域合作。

（二）夯实基础设施建设，合理高效利用资源

秦巴山脉四川片区仍处在基础设施难以满足发展需求的阶段，道路交通、水利水电，以及第一、第二、第三产业基础设施等仍未完全满足发展的需要。同时，基础设施建设有利于民生改善。因此，夯实基础仍是发展政策的重点。由于区域内各县（市、区）发展程度不一，这一部分应当因地制宜，根据发展状况制定发展计划和策略，从政策上给基础建设以扶持和保障。同时，需要根据各区域的发展规划进行基础设施的合理配置，区域联盟要求的配套基础设施需要更加合理和高效地进行战略规划。

（三）绿色开发山地产业，农业、旅游业相结合

借鉴瑞士山地农业形成的食品安全、旅游景观和生态平衡相结合的典型范例，秦巴山脉四川片区也可以利用其山地优势发展绿色山地食品、山地旅游产业链。有效利用现有山地资源，借鉴雀巢公司在中国的绿色山地农业模式，农民负责生产和生态维护，企业提供资金和技术支持，发展绿色食品的环境和技术条件，构建相关产品的加工、流通体系，并回收农民的农产品。实施绿色食品产业化发展，实现山地的可持续经营，有效协调经济发展、环境保护和食物安全、人体健康之间的关系。同时，开展山地绿色农业，实现绿色食品的产业化，使该区域的退耕还草工程实现“退得下、能致富、不反弹”，实现生态、经济的协调发展，促进农村经济发展与生态环境保护的良性循环。从而继续发挥秦巴山脉四川片区对整个四川盆地和长江中下游地区的天然生态屏障作用。此外，发挥自然条件和特色农产品资源优势，以生态、绿色、有机等为特色，以产业化经营为主攻方向，积极推进特色农业基地建设，提高农业现代化发展水平，促进农产品精深

加工，全面提高区域农业和农产品加工业的竞争力。发展绿色山地生态农业，依托于农业职业人才的培养和农业基础设施与服务体系的构建。可以借鉴瑞士经验，开展高度发达和健全的农业职业教育，通过龙头企业带动和市场带动方式形成稳定的工业链条和销售渠道，增强山区基础发展，提升生态农业产业化水平。通过区域联盟进行有规模的连锁带动、区域农业产品博览会等推广活动帮助农业产品走出山区，保障秦巴山脉山地农业经济能产生规模效应，在大区域内实现较快发展。山地生态农业发展同时为山地旅游业带来契机，通过合理开发山地旅游资源，实现山地食品基地参观、游览和体验，促进产业链条的联络互动和协同发展。

（四）绿色开发水利水电，连片治理山区流域

秦巴山脉四川片区的资源优势能促进挖掘水利和天然气资源的开发潜力。嘉陵江流域水电资源开发仍具有较大的潜力，可充分利用水利资源，在防止用水污染、减少洪水灾害的基础上，适度开发水电工程。借鉴瑞士绿色水电制度，设置水利水电开发基本要求和开发单位环保义务，对开发区域进行破坏防治和可持续建设，为水电开发设置双重保护屏障。同时，合理规划水电站的区域分布和大小，实现区域连片共同开发，流域共同管制，环境共建，资源共享，以最高效、合理、绿色的方式完成区域水利开发和建设。

（五）绿色开发矿产资源，整合资源产业链条

支持石油、天然气、煤层气和页岩气等资源的勘探与开采。仔细分析资源分布情况、资源利用成本及价值，尤其要重点考虑环境成本，从而确定是否要开发新能源，以及如何开发，开发多少。不能一味地盲目跟风开发新能源，比对传统能源与新能源对当地生态、生活、发展等诸多方面的影响之后，再确定是否开发。另外，开发过程中必须有完善的法律法规来戒规开发生产中的安全、环保等重要问题，保障安全开发、绿色开发。在开发过后，可以参照瑞士对开发效果、利用效率和环境影响进行绿色评定，并制定一套标准对结果进行奖惩，以保证开发是合理、高效、有用和环保的。合理利用山区天然气得天独厚的产业优势，加强建设居民用天然气系统，不断完善压缩天然气、液化天然气加气站网络，满足居民用气及天然气汽车发展需要。同时，积极增加建材、石化、冶金和电子等工业燃料用气，支持天然气调峰发电项目建设。根据国家产业政策、发展基础和市场需求，充分考虑资源价格因素，通过规模化经营、循环经济发展和资源综合利用，提高天然气就地加工转化水平。加大技术创新力度，支持现有天然气化工企业向精细化方向发展，重点构建天然气制烯烃产业链、天然气制芳烃产业链，大力发展化工新材料。突出错位发展，进一步优

化天然气产业布局，打造具有较强市场竞争力的天然气化工产业集群，建成全国重要的集勘探开发、综合利用、精深加工于一体的天然气综合开发利用示范区。在石油化工产业方面，按照四川省石化产业发展规划定位和目标，积极承接培育发展石化下游产业，构建以南充市为主体的石油化工产业。加快石化工业园区建设，推动产业集聚发展。以苯、甲苯、二甲苯等石化产品为基础，加快形成以化纤和工程塑料为重点的石化新材料产业链，进一步促进纺织、汽车零部件、电子和机械制造等行业的调整升级。

（六）高效开发人力资源，实现军工高等院校转移

秦巴山脉四川片区人力资源数量及成本优势为四川省军工及高等院校转移创造了有利条件，能帮助区域实现军工企业及教育业的发展。具体来说，四川省有超过30家的军工企业，同时，高等院校云集。企业和高等院校均能带动地区的经济发展与基础设施建设，实现军工和高等院校的转移，必将带来优质的人力资源、科技技术，以及一系列其他产业与经济体的发展。目前，绵阳市的发展侧重于军事与科技，许多知名军工企业扎根于此，这是绵阳地区的优势资源及重要的经济支撑，其在“十三五”规划中也强调了军转民的发展策略，由此可见，军工企业迁移到秦巴山脉四川片区是有理可循的，绵阳市的模式借鉴也可以带动区域协同发展。而秦巴山脉四川片区恰好也具有足够的能力承接高等院校和军工企业的转移，主要是由于当地人力资源成本较低但人力资源数量多，能保证人力雇佣且为企业及高等院校降低经营管理成本，土地资源的未完全开发有利于土地资源支持区域建设；同时，秦巴山脉四川片区有充足的水源和电力保障，能实现大规模的供给，偏远山区的地理位置有利于企业的机密保密，为技术保护提供了优质环境。而教育事业的发展有利于持续提供优质人才和技术支持，能够帮助秦巴山脉四川片区实现良性循环发展。与此同时，这种迁移能为当地带来无限的商机，促进其他配套设施的发展和完善。

（七）大力扶持新兴产业，区域异化产业发展

除了重振第一产业——山地农业发展，持续投入并加快第二产业发展，利用工资优势实现军工及高等院校转移之外，秦巴山脉的第三产业发展也必不可少。应当主要依靠市场机制来进行资源的配置，根据市场需求主导发展才能够提高行业的效率和效益。此外，还需就不同资源禀赋和各地的实际情况进行类型划分，区别对待，有针对性地为不同消费层次提供多样化的产业服务内容，从而带动区域总需求的整体上升和协调发展。大力发展服务业可以创造更多的就业和创业机会。政策扶持可促进发展，政府应当根据地区的产业和民生需求对第三产业进行适度扶持，并通过合理的资源配置优化产业行业格局。秦巴山脉四川片区拥有丰

富的旅游资源，因此旅游业的优势地位不可动摇，山水林木等自然资源及丰富的人文资源可以更加合理地被利用和开发。通过塑造区域旅游品牌、合理开发旅游资源，帮助区域实现旅游强区的战略，实现区域经济发展和文化传播，缔造口口相传的旅游神话。目前区域旅游还存在重人文轻自然的现象。然而，从当下的旅游趋势来看，自然风光游览更有吸引力。作为拥有较多自然旅游资源的秦巴山脉四川片区，更应做到积极开发，同时，应有相应的政策保护，以长远持久地进行开发。另外，通过大力发展金融业，不断创新金融业务和品种，推进多元化、多层次的现代金融服务体系建设，完善信用体系建设，从而增强川东北金融业的集聚和辐射能力，构建川渝陕甘接合部金融中心。发行扶贫彩票，刺激当地消费；发展互联网金融，通过便捷的金融工具改变秦巴山脉四川片区人们的消费行为、金融借贷方式，可以促进关联行业发展刺激创业，从而丰富区域产业类型；此外，发展网上土地和水权交易所、能源金融交易，通过多品种、多层次、多元化的金融产品和服务，完善并丰富区域金融体系。总之，应在不断调整传统服务业的基础上，积极发展新型服务业，实现服务业的产业结构优化和完善，同时实现快速发展。

四、绿色保护政策

秦巴山脉四川片区整体开发要在真正意义上实现绿色循环可持续，需要辅以健全的环境资源保护政策制度来规范开发过程，做到从源头控制污染、全程监督保护、后期不断测评，以强有力的制度实现开发的绿色、高效、循环和可持续。

（一）自然资源保护

探索建立自然资源资产产权和用途管制制度，探索编制自然资源资产负债表，从管控角度规范自然资源的开发和利用。实行资源有偿使用制度，健全能源、水、土地资源集约节约利用制度，建立资源环境承载能力监测预警机制，建立培育发展生态文化的机制体制。

水资源方面，合理开发利用水资源，且对区域内流域进行监管和保护。探索开展最严格的水资源管理制度，以及入河污染物总量控制指标分解及考核制度，建立水资源产权制度和用途管制制度，在区域内试点推行水权交易制度。完善嘉陵江综合治理体制机制体系及河湖管理与保护制度，建立源头区域承接产业转移的负面清单制度和动态退出机制。完善区域河湖岸线等自然资源管理制度。

林区资源方面，林木资源的开发要适度且节制，不得过度开垦、毁坏林区生态系统，森林防火保护需加强。林区旅游业开发需因地制宜，不得盲目跟风，过度开发，造成人为破坏，可以通过探索建立国家公园体制、健全国有林区经营管理体制，来实现林区资源的合理开发。

农业资源及农村土地资源方面，健全现代生态农业发展中的能源、水、土地集约节约使用制度，探索深化落实主体功能区制度。同时，健全农村土地资源的资产产权制度、管理体制和监管体制。对农业开发中的化肥农药使用进行规范和控制，通过对资源的合理规范实现绿色天然可持续的农业产品品牌建设。

矿产资源方面，全面制定各类矿产资源最低开采规模制度和准入条件，关闭污染环境、浪费资源、不具备安全生产条件的矿山企业。严格控制矿产资源规模，停止开发不属于国民经济发展急需的或列入国家战略储备的矿产资源。可开发资源应需适度开发，站在可持续的角度解决发展问题。

（二）生态环境保护

生态环境保护是发展的重中之重，对破坏和有损环境的行为应做到零容忍、不姑息，才能保障发展的绿色循环。具体政策建议如下：将绿色概念渗透到生产、生活、发展的方方面面，做大宣传和知识普及；对循环可持续项目进行财税优惠或物质奖励，鼓励支持科学环保高新企业的开办设立，完善污染物排放许可制和企事业单位污染物排放总量控制制度；发展节能环保市场，推行排污权、碳排放权、水权等交易制度，以及环境污染第三方治理制度。评估资源环境承载能力并构建监测预警系统，探索建立生态补偿机制，划定生态保护红线，独立进行环境监管和行政执法。

（三）健全考核体系，加强社会监督

探索建立体现生态文明要求的领导干部评价考核体系，并建立领导干部自然资源资产离任审计制度；建立重大项目生态影响预评估制度，为项目设置评估体系，筛除不环保项目。建立生态环境损害责任终身追究制，坚决执行环境监管和行政执法。除了法律制度监管，还需要建立更完善和有效的社会监督，大力推行完善环境信息公开制度，通过生态补偿奖励来规范个人和企业的环境行为，提高全民的环保意识，从而促使环境与可持续发展成为一种流行和习惯，辅以法律支持探索环保法庭审判制度，建立公众参与监督整治的环保制度和氛围。

（四）通过区域合作，达成环保联盟

区域共治环境污染，区域共建环保系统，区域共享环境数据，形成强有力的环保合作体系。区域间共同探索建立创新区域联动机制、区域生态补偿机制，完善环保、公安联动机制及区域综合治理的政策机制，达成环境保护的同盟，促进整个山区的绿色循环发展。

五、政策时间规划

秦巴山脉四川片区发展规划的总体目标是实现区域循环绿色发展。发展绿色经济是根本基础，可利用林毅夫结构主义经济学寻找并持续挖掘山区比较优势，促进实现绿色山地农业发展、新清洁能源开发、军工高等院校产业转移，以及金融体系建设和丰富。通过研究山区发展特点和需求，设置恰当的优惠政策，从区域整体出发，统筹协调，因地制宜，避免县（市、区）发展同质化严重及资源浪费。通过高效有力的政策支持，将山区开发进程落到实处，从根本上实现真正的循环发展。秦巴山脉发展规划于2015年开始，预计持续10年，实现秦巴山脉区域绿色循环经济体系构建及山区生产总值的两倍增长，主要分为两个阶段，2015~2018年，侧重绿色经济体系构建及发展；2018~2025年，实现区域整体循环发展。具体时间节点如下：2015~2018 年，着重发展绿色山地农业及新清洁能源；2018~ 2021 年，进行军工企业及高等院校迁移；2018~2023 年，重点进行金融融资创新，发展金融行业及相关产业；2018~2025 年，区域统筹规划，协调整合资源，促进整个地区共同发展；2020~2025 年，根据实际发展情况及需求出台相关优惠政策，为秦巴山脉发展提供更好的支持。

六、政策保障体系

对秦巴山脉四川片区绿色循环经济发展政策从体制机制角度给出保障策略和建议。具体围绕引入惩罚与补偿机制、促进区域协调合作、进行法律法规引导等内容构建发展政策的科学保障体系。

（一）完善法律法规，保障政策执行有力

秦巴山脉四川片区的绿色循环经济开发涉及的范围广，内容综合，且着眼于绿色循环必然涉及环境资源方面的诸多问题，需要政策激励机制和法制保障体系双管齐下为开发保驾护航。因此，各级政府需要先拟定相应的质量高、针对性强的地方法规，尤其加快制定和完善防治大气污染、保护水源和森林等方面的地方性法规，同时规范各项目在开发过程中的一系列行为，建立保护和治理环境的法制化轨道，这是十分重要的，涉及发展的各行各业均需有强制的法律法规作为规范。国内外的实践证明，制定一定的法律、法规或条例，从法律上保障促进发展和实现是十分必要而有效的，尤其在环境资源方面，在现有立法的基础上，要切实加大执法力度，把资源环境工作纳入法制化轨道，严厉打击非法开采和破坏生态环境的行为，综合运用法律、经济和行政手段做好建设资源节约型、环境友好型社会的各项工作。

（二）建立综合评价体系，保障政策实施有效

应该构建开发过程评价指标体系，同时，完善工作考核机制。例如，生态文明建设评价指标体系、人民生活质量评价指标体系、开发项目资金投入回报程度的评价标准等。注重发展的质量、扶贫资金的使用效率、建设项目和有关规划对环境影响的评价等方面，有利于对绿色循环经济开发进行综合评价，防止产生新的污染和环境损害。相应的评价体系应有相应的惩罚和奖励机制，通过相应的经济手段，大幅度提高污染和破坏环境的成本，提高开发的整体效率，要坚持以科学发展观为指导，以可持续发展为目标，加快建立健全有利于加快建设资源节约型、环境友好型社会的政绩考核体系，突出资源节约和环境保护指标的比重，严格落实环境保护一票否决制，从考核制度上抑制浪费资源、污染环境的行为，促进发展观念的转变，促进经济增长方式的转变，全面加快建设资源节约型、环境友好型区域建设进程。

（三）引入奖惩补偿机制，保障政策运行有方

各级机关应用生态补偿措施规范和限制企业行为，同时对民众进行生态文明教育，建立绿色循环经济意识，从民众角度出发，鼓励举报损害环境行为，以及支持绿色循环经济发展的行为，让绿色循环成为一种概念、一种潮流、一种习惯。更重要的是，要对区域内特色产业、绿色循环产业进行重点扶持。依法关闭高消耗、高污染企业，淘汰落后生产能力。政策保障体系还有赖于执法政策的完善，行政检查的幅度与频度均需加强，更多一线人员的参与、执法水平的提高，以及执法力度的加强，有助于完善这方面的机制。经济激励与惩罚制度也应与发展匹配，财政补贴、税收减免、价格等经济政策能帮助更好地扶持发展，激励优势企业行业进行改革创新。但相应的惩戒措施也必须出台，通过经济措施来防治一些不利于长远开发的行为。

参 考 文 献

[1] 徐德龙，潘云鹤，李伟，等. 秦巴山脉绿色循环发展战略. 中国工程科学，2016，18（5）：1-9. 。

[2] 侯立安，杨志峰，何强，等. 秦巴山脉水资源保护及利用战略研究. 中国工程科学，2016，18（5）：31-38.

[3] 卢毅. 四川秦巴山区可持续生态补偿模式研究. 国土资源科技管理，2016，33（2）：69-74.

[4] 李秋林，卢毅. 四川秦巴山区绿色发展的软路径设计. 国土资源科技管理，2016，33（6）：6-13. 。

[5] 李美慧，卓琳，卢毅. 技术范式生态化转变下的四川秦巴山区绿色发展研究. 国土资源科技管理，2016，33（4）：24-30.

[6] 何家理，马治虎，陈绪敖. 秦巴山区退耕还林后续产业发展实证研究——基于陕、川、渝三省（市）后续产业现状调查. 政治经济学评论，2014，5（2）：211-223.

[7] 曾燏，周小云. 嘉陵江流域鱼类区系分析. 华中农业大学学报，2012，31（4）：506-511.

[8] 舒丽，张政权，吕娟. 涪江流域遂宁段生态环境监测与水质污染现状评价. 四川环境，2013，32（6）：49-53.

[9] 李学通，陈光洪，张星荣. 渠江流域洪水特性及防洪对策措施. 四川水利，2013，（1）：19-24，44.

[10] 袁梦，马力. 渠江流域汛期强降水时空分布特征. 高原山地气象研究，2014，（1）：15-21.

[11] 唐艳. 设立秦巴国家中央公园的法律体系框架分析. 国土资源科技管理，2016，33（6）：67-72. 。

[12] 杨金燕，赵曦林，刘本洪，等. 四川秦巴山区特色生物资源开发现状与潜力. 国土资源科技管理，2016，33（2）：90-95.

[13] 闵安民，慕长龙，王宇，等. 四川秦巴山区绿色食品产地环境质量评价. 四川林业科技，2005，26（2）：7-11.

[14] 梁增泰. 秦巴山区人口增长与人文景观的变迁. 经济地理，1984，4（4）：289-295.

[15] 杨耀，杨金燕，唐艳，等. 四川秦巴山区贫困特征及扶贫模式研究. 国土资源科技管理，2016，33（2）：63-68.

[16] 杨波，张勃，安美玲，等. 1961—2011年秦巴山区极端降水事件的时空特征分析. 水土保持

研究，2014，21（1）：110-116.
[17] 杨永宏. 巴中市气候变化特征与农业生产对策研究. 安徽农业科学，2012，40（24）：12124-12126. 。
[18] 杨耀，唐亚，杨金燕，等. 秦巴山区生态屏障建设的初步探讨. 国土资源科技管理，2016，33（6）：29-35.
[19] 胡锦涛. 坚定不移沿着中国特色社会主义道路前进为全面建成小康社会而奋斗——在中国共产党第十八次全国代表大会上的报告. 求是，2012，（22）：3-25.
[20] 成受明，李宸强，陈春华. 基于分型理论的四川秦巴山区城镇体系研究. 国土资源科技管理，2016，（6）：108-114.
[21] 国家林业局. 秦巴生物多样性生态功能区生态保护与建设规划（2013—2020年）. 2013.
[22] 卡比力江·吾买尔，宁奂文，小出治. 新型城镇化背景下的四川省秦巴山区空间发展战略研究. 国土资源科技管理，2016，（6）：73-85.
[23] 苏畅. 论“美丽中国”视角下的四川秦巴山区城乡建设. 国土资源科技管理，2016，（4）：37-41.
[24] 四川省人民政府. 川东北经济区交通发展规划（2014—2020年）. 2014.
[25] 陈春华，刘娟，成受明. 四川秦巴山区城镇等级规模研究——基于城镇化的多维度响应视角. 国土资源科技管理，2016，（4）：100-109.
[26] 国务院.《中华人民共和国国务院公报》简介. 中华人民共和国国务院公报，2015，30：114.
[27] 林敏，张江波，刘志斌. 四川秦巴山区绿色交通网络体系构建的要素研究. 国土资源科技管理，2016，33（2）：109-116.
[28] Froehlich J，Dillahunt T，Klasnja P，et al. UBIGreen：investigating a mobile tool for tracking and supporting green transportation habits. Proceedings of the SIGCHI Conference on Human Factors in Computing Systems. New York：ACM，2009.
[29] 张江波，林敏，刘志斌. 四川秦巴山区绿色交通网络体系耦合分析. 国土资源科技管理，2016，33（2）：102-108.
[30] 钱学森. 一个科学新领域——开放的复杂巨系统及其方法论. 上海理工大学学报，2011，（6）：526-532.
[31] 绵阳市发展和改革委员会. 绵阳市交通运输“十三五”发展规划. 2015.
[32] 巴中市发展和改革委员会. 巴中市综合交通枢纽发展规划. 2012.
[33] 达州市发展和改革委员会. 达州市“十三五”规划思路. 2015.
[34] 南充市交通运输局. 南充市交通运输局总结（2011—2014年）. 2014.
[35] 广元市发展和改革委员会. 广元市“十三五”交通发展规划. 2015.
[36] 巴中市发展和改革委员会. 巴中市山区现代农业发展规划. 2013.
[37] 黄玖菊，李永玲. 我国绿色交通研究综述. 福建建筑，2012，（9）：56-60.
[38] 林敏，张江波，何乐平. 交通网络建设机制及绿色交通规划初探——以四川秦巴山区为例.

国土资源科技管理，2016，33（4）：88-93.
[39] 国务院扶贫办. 秦巴山片区区域发展与扶贫攻坚规划（2011—2020年）. 2012.
[40] 肖齐天. BT融资模式在城市轨道交通基础设施建设项目中的研究. 天津大学硕士学位论文，2011.
[41] 杨波，李文勇，郑义恒. 基于绿色交通理念的桂林市城市交通规划研究. 公路与汽运，2008，（5）：35-38.
[42] 王燕. 城市绿色交通规划理论与实施措施研究初探. 西安建筑科技大学硕士学位论文，2006.
[43] 长江水利委员会水文局. 嘉陵江水土保持措施对长江三峡工程减沙作用的研究//国务院三峡工程建设委员会办公室泥沙课题专家组，中国长江三峡工程开发总公司工程泥沙专家组. 长江三峡工程泥沙问题研究（1996—2000）（第四卷）：长江三峡工程上游来沙与水库泥沙问题. 北京：知识产权出版社，1996：1-173.
[44] 潘庆燊. 长江水利枢纽工程泥沙研究. 北京：中国水利水电出版社，2003.
[45] 四川省水利厅，四川省统计局. 四川省第一次全国水利普查公报. 2013.
[46] 南充市水务局. 南充市水资源公报. 2014.
[47] 绵阳市水务局. 绵阳市水资源公报. 2014.
[48] 张仕春. 浅议达州市水资源现状与对策. 资源与环境，2014，（8）：119.
[49] 李万斌. 秦巴地区水资源保护和开发利用研究. 四川文理学院学报，2011，（2）：99-104.
[50] 黄文典，李嘉，李永，等. 四川秦巴山区水资源分布特征及平衡分析. 国土资源科技管理，2016，33（2）：31-37.
[51] 李永，黄文典，张陵蕾，等. 四川秦巴山区河流生态补偿体系构建——基于水资源开发影响. 国土资源科技管理，2016，33（2）：43-49.
[52] Fletcher R，Breitling J. Market mechanism or subsidy in disguise? Governing payment for environmental services in Costa Rica. Geoforum，2012，43（3）：402-411.
[53] Persson U M，Alpizar F. Conditional cash transfers and payments for environmental services——A conceptual framework for explaining and judging differences in outcomes. World Development，2013，43（3）：124-137.
[54] 段靖，严岩，王丹寅，等. 流域生态补偿标准中成本核算的原理分析与方法改进. 生态学报，2010，30（1）：221-227.
[55] 禹雪中，冯时. 中国流域生态补偿标准核算方法分析. 中国人口·资源与环境，2011，（9）：14-19.
[56] 李怀恩，肖燕，党志良. 水资源保护的发展机会损失评价. 西北大学学报（自然科学版），2010，（2）：339-342.
[57] 陈金月，王石英. 岷江上游生态环境脆弱性评价. 长江流域资源与环境，2017，26（3）：150-158.
[58] 余渊，姚建，昝晓辉. 基于成本核算方法的流域生态补偿研究. 环境污染与防治，2017，

39（5）：559-562，568.
[59] 姚建，王安，孙辉，等. 四川秦巴山区水质综合防治对策研究. 国土资源科技管理，2016，33（2）：24-30.
[60] 四川省国土资源厅. 四川省矿产资源总体规划. 2014.
[61] 王挽琼，郗爱华，冯明友，等. 四川秦巴山区矿产资源概况及优势矿产开发建议. 国土资源科技管理，2016，33（2）：13-17.
[62] 巴中市发展和改革委员会. 巴中市“十二五”能源发展规划. 2011.
[63] 达州市国土资源局. 达州市矿产资源总体规划. 2009.
[64] 绵阳市人民政府. 绵阳市矿产资源总体规划. 2009.
[65] 广元市人民政府. 四川省广元市矿产资源总体规划. 2010.
[66] 马杰，王玲玲. 江西省优势矿产资源可持续发展研究. 东华理工大学学报（社会科学版），2014，33（3）：221-225.
[67] 柳振江，刘家军，杨艳，等. 大巴山寒武系毒重石成矿带稳定同位素地球化学研究. 矿物学报，2007，增刊：295-297.
[68] 曾云，贺金良，王秀京，等. 四川省成矿区带划分及区域成矿规律. 北京：科学出版社，2015.
[69]《四川省矿产资源总体规划（2016-2020年）》正式发布实施. http://www.sc.gov.cn/10462/10464/10465/10574/2017/11/21/10438752.shtml[2017-6-13].
[70] 达州市国土资源局. 达州市矿产资源总体规划（2008—2015年）. 2009.
[71] 绵阳市矿产资源总体规划（2008—2015年）. http://www.my.gov.cn/public/501/1520671.html[2011-11-07].
[72] 广元市人民政府. 四川省广元市矿产资源总体规划（2008—2015年）. 2010.
[73] 四川省南充市矿产资源总体规划（2008—2015年）. http://gtzyj.nanchong.gov.cn/web/xxgk/jhgh/kczygh/2014/1224/2881.html[2014-12-24].
[74] 马燕玲. 对秦巴山区扶贫开发的战略思考. 甘肃科技，2012，28（12）：1-3.
[75] 谭霞. 对矿产资源开发与环境保护的思考. 中国国土资源经济，2008，21（4）：19-20，45，47.
[76] 毛琼，毛英，李芳，等. 中国西南地区主要矿山地质灾害及其防治对策. 2010年全国采矿科学技术高峰论坛，2010.
[77] 陈家彪，沈冰，刘飞燕. 西南地区矿山环境地质问题研究. 矿产综合利用，2007，（4）：43-46.
[78] 马小彬. 四川年鉴. 成都：成都年鉴社，2014：245-252.
[79] 古德生. 对西部矿产资源开发问题的思考. 矿业研究与开发，2001，21（1）：1-3.
[80] 李毅，张士运. 矿产资源的经济价值评价方法. 有色金属：矿山部分，2000，（5）：2-5.
[81] 司雪侠，戴斌. 浅谈我国矿产资源开发的环境问题及对策探索. 榆林学院学报，2010，

20（5）：64-66，80.
[82] 张梁. 我国矿山生态环境恢复治理现状和对策. 中国地质矿产经济，2002，15（4）：26-28，32.
[83] 朱训. 论矿业与可持续发展. 中国矿业，2000，（1）：1-6.
[84] 黄桂芝，董平. 预防矿山地质环境灾害的对策研究. 煤矿设计，2002，（10）：40-42.
[85] 唐勇，张命军，秦宏瑶，等. 国家集中连片特困地区旅游扶贫开发模式研究——以四川秦巴山区为例. 资源开发与市场，2013，29（10）：1114-1117.
[86] 陈艳秋，郭家秀，杨丹妮，等. 基于工业化与信息化融合的四川秦巴山区可持续发展研究. 国土资源科技管理，2016，33（4）：110-114.
[87] 尹华强，陈艳秋，郭家秀，等. 四川秦巴山区信息化建设研究. 国土资源科技管理，2016，33（2）：75-78.
[88] 杨丹妮，郭家秀，陈艳秋，等. 四川秦巴山区天然气综合开发利用问题研究. 国土资源科技管理，2016，33（4）：7-12.
[89] 朱玉娣，郗爱华，葛玉辉，等. 四川秦巴山区矿产资源绿色开发策略研究. 国土资源科技管理，2016，33（4）：1-6.
[90] 杨金燕，赵曦琳，刘本洪，等. 四川秦巴山区特色生物资源开发现状与潜力. 国土资源科技管理，2016，33（2）：90-95.
[91] 杨丹妮，郭家秀，陈艳秋，等. 四川秦巴山区特色农产品加工产业集群发展建议. 国土资源科技管理，2016，33（4）：13-17.
[92] 毛明志，余道敏. 山区信息化中的若干问题研究. 现代计算机，2003，（3）：31-34.
[93] 李宏媛，郑纪华. 以园区整合推进兰州市产业集群发展问题研究. 甘肃科技，2011，27（4）：1-4.
[94] 王敬锋. 吉林省农产品加工产业集群发展研究. 吉林大学硕士学位论文，2015.
[95] 马永生，蔡勋育，赵培荣，等. 四川盆地大中型天然气田分布特征与勘探方向. 石油学报，2010，31（3）：347-354.
[96] 侯忠建，周游. 四川天然气资源开发与利用对策思考. 西南石油大学学报（社会科学版），2009，2（4）：30-33，128.
[97] 韩学功. 中国天然气发展面临的主要问题. 中国石油和化工经济分析，2007，（10）：29-31.
[98] 王晓敏，朱世彬，顾扬，等. 煤层气的开发概述. 中国西部科技，2009，8（1）：3，11-12.
[99] 王国扣，张宏宇，蔡晓湛. 农产品加工产业集群的形成与发展优势. 农产品加工·创新版，2012，（10）：23-25.
[100] 黄磊. 产业集群是欠发达地区推进新型工业化的有效途径. 市场周刊，2009，（3）：48-49.
[101] 杨丹妮，郭家秀，陈艳秋，等. 四川秦巴山区的绿色未来——绿色食品产业发展国外经验借鉴. 国土资源科技管理，2016，33（6）：36-42.
[102] 龙从霞. 欠发达山区农村信息化建设策略. 情报杂志，2009，28（2）：187-189.
[103] 陈艳秋，郭家秀，杨丹妮，等. 开启四川秦巴山区智慧农业飞速发展之旅. 国土资源科技

管理，2016，33（6）：1-5.
[104] 陈书坤. 西南地区生物资源现状及其发展战略初探. 自然资源，1990，（1）：7-12.
[105] 刘进远，陈瑾，邓卉，等. 秦巴山区畜禽业发展模式探讨. 四川畜牧兽医，2015，42（7）：11-12，14.
[106] 王强，付亮，黄娟，等. 四川秦巴山区中药材产业发展现状及对策. 安徽农学通报，2015，21（16）：46，77.
[107] 朱泓宇，高世斌，张磊，等. 四川秦巴山区农林畜产业发展的地域差异. 国土资源科技管理，2016，33（2）：6-12.
[108] 梁宏，李永涛，马丽丽，等. 西部山区发展绿色循环农业的探讨——以四川秦巴山区为例. 国土资源科技管理，2016，33（2）：50-55.
[109] 叶文，王会肖，许新宜，等. 资源环境承载力定量分析——以秦巴山水源涵养区为例. 中国生态农业学报，2015，23（8）：1061-1072.
[110] 郭华，蒋远胜，邓良基，等. 浅析四川秦巴山区农林畜药业的绿色循环发展. 国土资源科技管理，2016，33（2）：56-62.
[111] 仇焕广，井月，廖绍攀，等. 我国畜禽污染现状与治理政策的有效性分析. 中国环境科学，2013，33（12）：2268-2273.
[112] 李玉红. 农村工业源重金属污染：现状、动因与对策——来自企业层面的证据. 农业经济问题，2015，36（1）：59-65.
[113] 赵健兵，吴平，郭华，等. 秦巴山区一、二、三产业融合发展问题探讨. 国土资源科技管理，2016，33（4）：70-76.
[114] 鱼晓惠，周庆华，刘培丹. 秦巴山地区绿色循环发展现行政策体系分析. 生态经济，2016，32（6）：129-133，178.
[115] 杨金燕，赵曦琳，刘本洪，等. 四川秦巴山区特色生物资源开发现状与潜力. 国土资源科技管理，2016，33（2）：90-95.
[116] 陈宇琳. 阿尔卑斯山地区的政策演变及瑞士经验评述与启示. 国际城市规划，2007，（6）：63-68.
[117] 王钺，陈叙笛，刘琼. 基于区域差异性分析的文化旅游产业特征研究——以四川秦巴山区为例. 国土资源科技管理，2016，33（4）：59-63.
[118] 马鹏刚. 秦巴山典型区生态功能区划研究——以陕西省平利县为例. 地下水，2011，33（6）：134-135.。
[119] 陈叙笛，王钺，何雨洋，等. 四川秦巴山区文化旅游资源评价及生态开发. 国土资源科技管理，2016，33（2）：96-101.
[120] 阙怡，曾源，熊豪，等. 四川秦巴山区非物质文化旅游资源保护及文化载体空间研究. 国土资源科技管理，2016，33（6）：101-107.
[121] 陈叙笛，王钺，何雨洋. 价值工程视角下的四川秦巴山区旅游经济探究. 国土资源科技管

理，2016，33（4）：53-58.
[122] 郭小红，王钺，刘琼，等. 秦巴山区生态经济系统协调度评价——以四川省广元市为例. 国土资源科技管理，2016，33（4）：31-36.
[123] 王钺，郭小红，阙怡，等. 基于AHP的土地生态安全评价研究与分析——以四川省巴中市为例. 国土资源科技管理，2016，33（6）：94-100.
[124] 何家理. 秦巴山区保护与发展生态型经济区政策研究. 生态经济（学术版），2010，（2）：81-84.
[125] 郭小红，王钺，陈叙笛，等. 旅游发展空间协调与绿色支撑体系研究——以四川秦巴山区为例. 国土资源科技管理，2016，33（4）：94-99.
[126] 贺立龙，姚乐野. 四川秦巴山区绿色跨越发展：现实困境与起飞战略. 国土资源科技管理，2016，33（2）：79-84.
[127] 中华人民共和国第十一届全国人民代表大会常务委员会. 中华人民共和国循环经济促进法. 2009.
[128] 秦巴山片区（四川部分）区域发展与扶贫攻坚实施规划（2011—2015年）. 川扶贫移民发〔2013〕429号，2013.
[129] 四川省人民政府. 川东北经济区发展规划（2014—2020年）. 2014.
[130] 世界经济论坛. 2009—2010年全球竞争力报告. 2010.
[131] 李志勇，贺立龙. 老少边穷地区旅游开发：反贫困与保遗产耦合的视角. 西南民族大学学报（人文社科版），2013，34（3）：138-141.
[132] 徐玖平，卢毅. 循环经济系统科学理论与技术及实现. 上海理工大学学报，2011，33（6）：508，709-732.。
[133] 阿周源源，赵巍，刘影，等. 瑞士绿色经济对四川秦巴山区发展的启示. 国土资源科技管理，2016，33（2）：38-42.
[134] 张欣莉，赵巍，阿周源源，等. 四川秦巴山区绿色发展政策优化研究. 国土资源科技管理，2016，33（2）：85-89.
[135] 颜锦江，蒋强，刘畅，等. 精准扶贫下的智慧山村模式——以四川秦巴山区为例. 国土资源科技管理，2016，33（4）：48-52.
[136] 四川省扶贫和移民工作局，四川省发展和改革委员会. 关于印发秦巴山片区（四川部分）区域发展与扶贫攻坚实施规划的通知. 2014.